U0051585

隱性偏見

為什麼我們無法平等看待每個人？
打破「慣性思維」的認知陷阱

Jessica Nordell
潔西卡・諾黛兒——著
姬健梅——譯

……而今甦醒
以他們的節奏
創造出某種
被撕裂而全新之物

——巴貝多詩人卡莫・布拉斯維特（Kamau Brathwaite）
《抵達之人》（*The Arrivants*）

CONTENTS

引言

在治療癌症多年之後，本．巴雷斯（Ben Barres）回憶他是如何措辭向腫瘤科醫師提出了請求。他問道：在切除我的乳房時，能否請你把另一個乳房也一併拿掉？由於他的家族有癌症病史，醫師便同意了，但事實是巴雷斯只是想要擺脫那雙乳房。他有個女性名字，身為女孩長大成人，但他對自己的女性身分一向感到不自在。四歲時他覺得自己是個男孩，青春期的身體變化令他難安，成年後要把自己塞進高跟鞋和伴娘禮服也令他不自在。那是一九九五年，是在變性人拉維恩．考克斯（Laverne Cox）和凱特琳．詹納（Caitlyn Jenner）成為家喻戶曉的人物之前，是在谷歌搜尋「變性人」會得到法律建議之前，甚至是在有谷歌之前。當時巴雷斯並不了解身為變性人是什麼意思，但是切除了雙邊乳房是種莫大的解脫。一年之後，他讀到一篇講一名變性男子的文章，他豁然了悟。

巴雷斯渴望展開荷爾蒙治療，但是他有一大顧慮：他的事業。當時四十三歲的他是史丹佛大學的神經生物學家，剛發現了神經膠質細胞的重要，這種大腦細胞的角色在那之前一直被低估，他的發現具有開創性。科學界的同儕一直視他為女性，他不知道他們對於他改變性別會有什麼反應。學生是否會不想再參與他的實驗室工作？他是否不會再受邀參加學術研討會？

科學界的確作出了反應，但不是以巴雷斯所擔心的方式。在他變性之後，不曉得他是變性人的那些人開始更仔細地聆聽他的意見，不再質疑他的權威。身為中年白人男子，在開會時不再有人打斷他。在證據不夠充分的時候，別人一次又一次地姑且相信他。他甚至在購物時得到更好的服務。在一場研討會上，他無意間聽到一個不知道他是變性人的科學家說：「本今天做的專題研討很棒，再說，他的研究成果要比他姊姊強得多。」

巴雷斯很驚訝。在變性之前，他很少察覺性別歧視，甚至連明顯的例子都沒注意到。巴雷斯還就讀於麻省理工學院大學部時，有一次他在一堂數學課上解開了一個難題，是全班唯一解開這道題的學生，教授說：「想必是你男朋友替你解答的。」這句話冒犯了巴雷斯。題目當然是他自己解開的，他甚至根本沒有男朋友。可是當時他不認為教授此言帶有歧視，因為他以為性別歧視已經不存在了。就算性別歧視還存在，由於他對女性身分缺少認同，不足以讓他覺得性別歧視會發生在他身上，他只氣憤自己被指控作弊。在變性之前，巴雷斯認為自己受到的對待就跟其他人一樣。

現在他有了驚人的證據，證明了事情正好相反。那簡直就像個科學實驗：他擁有同樣的學歷、同樣的技能、同樣的成就、同樣的職位。除了一個變數之外，其餘的變數都維持不變。巴雷斯清楚看出，他的日常遭遇、他的科學家生涯、他的生活全都由別人眼中所見的性別所塑造，以他自己以前不曾看出的方式。在變性之前，他的想法、貢獻和權威都遭到貶抑，雖然並非公開，也非全盤，但是當造成貶抑的因素忽然消失，這一切就變得清晰可見。如今，男性和女性所受到的差別待遇被看清了，就像花瓣在紫外線照射下呈現出新的圖案。

因此，二〇〇五年，當哈佛大學校長薩默斯（Larry Summers）表示科學界的女性之所以不多，可能係由於兩性在能力上的先天差異，巴雷斯無法默不吭聲。他在《自然》雜誌（*Nature*）上發表了一篇由衷的呼籲，要求科學界關注偏見的問題。

「這就是女性在學術界工作所佔比例不高的原因，」他說，「原因不在於照顧小孩，也不在於家庭責任。」他又說，在他改以男性的身分在科學界工作之後，「這個念頭在我腦中浮現了一百萬次：現在的我更受到重視。」

並不是說巴雷斯在變性之前從未在職業生涯中遇到過障礙和偏見，「只是我從來沒有看出來。」他告訴我。

我們當中許多人都曾在與別人接觸時有過經驗，使我們納悶偏見是否起了作用。但是我們呈現在外界眼中的樣子如果不曾有過戲劇化的轉變，我們可能就沒有機會來證實這些直覺。如果我們的體重有了可觀的增減，或是有了明顯可見的殘疾，我們或許能夠向自己證實這些直覺。如果我們去其他國家旅行，而我們的膚色在當地具有不同的意義，那麼我們或許也會看得出來。就像有個黑人學生告訴我，他在義大利旅行時有種奇怪的感覺，後來他明白那是因為他在商店裡**沒有**被懷有疑心的店員緊盯著。異性婚姻的夫妻，如果配偶進行了性別轉換，就往往會看出當他們還是異性婚姻的伴侶時多麼受到認可。最終，我們當中許多人都將會感受到老年人所受到的歧視和不尊重。但我們往往還是很難確定自己所遭遇的偏見。

雖然很難確知偏見在人際互動中起了多少作用，有愈來愈多的研究證實了差別待遇的確存在，幾乎遍及人類經驗的每一個領域，影響及於形形色色的社會群體。在最好的研究中，只有一個身分標記被改變，其餘的變數均維持不變。研究發現：如果你想被研究所錄取，而你的名字聽起來像是印度裔、華裔、拉美裔、非裔或女性，那麼你收到校方回覆的可能性就比你叫做布萊德・安德森時來得小。如果你們是一對同性伴侶，你們在申請房貸時就比異性伴侶更可能遭到拒絕，也可能會被收取更高的費用。一項研究發現：如果你是個有犯罪紀錄的白人求職者，你得到回音的可能性會高於有犯罪紀錄的黑人，甚至會高於沒有犯罪紀錄的黑人。

類似的例子還有很多。如果你是拉美裔或黑人，比起白人病人，你得到鴉片類止痛藥物的可能性比較小；如果你是黑人，即使你受了外傷或動過手術，情況也仍是如此。如果你是個肥胖的小孩，和苗條的小孩相比，老師比較會懷疑你的學習能力。如果你的嗜好和活動暗示出你成長在富裕的家庭，而非有個貧困的童年，你向法律事務所求職時就比較可能得到回音，除非你是個女性，在這種情況下，你會被認為不像富有的男性那麼全心投入。如果你是個黑人學生，比起有同樣行為的白人學生，你比較可能被視為惹是生非。如果你是個淺膚色的籃球員，播報員比較可能會評論你的大腦；如果你是深膚色，播報員就比較可能會評論你的體格。如果你是女性，你的疾病症狀比較不會受到重視；如果你是個女性而想在實驗室裡工作，你會被認為能力較差，理應得到比履歷相同的男性較低的薪資。一項經典研究發現：要想在學術機構成為研究員，女性的工作成效必須是男性的二點五倍，才會被評估為具有同等能力。

在全美各地的有色人種社區裡，偏見變成了恐怖事件。一項研究分析了六百多起由警察開槍造成的死亡事件，發現對警察幾乎不構成威脅的黑人被槍殺的可能性是白人的三倍。二〇一四年七月十七日，四十三歲、曾在史泰登島擔任園藝師的艾瑞克·加納（Eric Garner）被幾名警察攔下，警方懷疑他在販售私菸。一名警察以紐約市警局禁止使用的鎖喉方式將他壓制。加納在一小時之後死亡。根據法醫的報告，他死在警察手下，那是殺人罪。雖然警方在許多案例中辯稱自己的行為是適當的，但警方使用武力的差異化模式證明了：加納和佛格森市的麥可·布朗（Michael Brown）、法爾考高地市的菲蘭多·卡斯蒂爾（Philando Castile）、沃斯堡的阿塔提亞娜·傑佛森（Atatiana Jefferson）、克利夫蘭的塔米爾·萊斯（Tamir Rice），還有其他許多人之所以死亡，是因為警察對這些人——一個父親、一個未持械的青少年、一個蒙特梭利學校的營養師、一個醫學預科畢業生、一個十二歲男孩——作出了與面對白人時不同的反應。

時至今日，如果我是個女性而你是個男性，而我們寫出一模一樣的字句，我所寫出的（甚至就是這幾句）和你所寫出的就會受到不同的看待。如果我是白人而你是黑人，我們也會受到不同的對待，原因只有一個，就是我們的身體在這個文化中具有一種意義，而這個意義附著在我們身上，就像一層無法被剝除的薄膜。

當然，有些人因為屬於某個特定團體而存心貶抑他人，訴諸暴力的白人民族主義就證明了這件事實。有些人明顯懷有成見，並且蓄意造成傷害。變性男子所享有的優勢往往取決於旁人不知道他們是變性人，而這些優勢在轉瞬之間就可能消失：今日的變性人面對著可怕的身體暴力和性暴力，在接受醫療時受到騷擾，在工作場所、家庭和信仰社群中受到排斥。有色人種的變性女子尤其得要承受反對變性之偏見、厭女症和種族歧視這三者的惡性結合。赤裸裸的殘酷是真實的。二〇二〇年夏天喬治．佛洛伊德（George Floyd）被明尼阿波利斯市一名警察以慢動作殺害，揭露出一種恣意的野蠻行為，是如此泯滅人性而駭人聽聞，震撼了全世界。

可是大多數人在進入他們的職業時並未以傷害別人或提供差別待遇為目標。而那些有意作到公平也重視公平的人仍然有可能在行事中帶有歧視。在重視公平的價值觀和現實世界的真實情況之間所存在的這種矛盾被稱為「無意識的偏見」、「隱性偏見」，有時也被稱為「無意的偏見」或是「未經檢視的偏見」。這描述了某些人想要以一種方式行事，但事實上卻以另一種方式行事。本書的重點就在於我們該如何努力來終結這種偏見。

我成長於一九八〇和九〇年代，在許多方面都受到保護，乃至於我無法理解偏見，甚至察覺不出偏見。身為白人生長在一個白人居多的城鎮，雖是猶太人，但別人幾乎看不出來，乃至於我曾在一場聖誕節活動上受邀上台分享「耶穌對我的意義」。我就像大多數白人一樣在種族的地景上移動：像個備受呵護的嬰兒，從來無須認真應付種族歧視，總是能夠選擇不去考慮這個問題。學術界的結構在某種程度上也保護了我不受性別偏見的影響。在我就讀的那所小型天主教中學，如果我在微積分測驗取得高分，那就是不容爭辯的事實。我沒去參加誓師大會，而和對街吸食大麻的癮君子一起閒晃，這並不重要，而我是個女孩這件事似乎也並不重要。成績似乎遮蓋了我身體的具體特徵，保護我免於受到性別歧視。在大學裡，我主修物理。當我在各個領域的課堂上提出嚴肅的問題，有時會受到冷落或忽視，而我就像巴雷斯一樣，並沒有習慣性地把這些輕視和性別歧視連結在一起。我從小就一直在內化有關女性和自己的訊息，可是感覺上，偏見更像是背景中的嗡嗡聲而非警笛。

後來情況改觀。大學畢業幾年之後，我努力想投身新聞界，向全國性雜誌的編輯提出想法，但全都石沉大海。我灰心喪志，決定試著用一個男性名字寄出一篇文章，用自己來進行一次實驗。我建立了一個新的電子郵件帳號，再次向同樣的機構投稿，這一次用的名字是 J. D.。在幾個小時之內，我的收件匣裡就出現了一封回信：我的稿件被採用了。我花了好幾個月的時間試圖以潔西卡的名字來發表同一篇文章。J. D. 卻在一天之內就辦到了。

那篇文章開啟了我的職業生涯。身為 J. D.，我不僅更成功，在自我表達上也覺得更自由。我更為直接，較少道歉。我會寫只有一行的電子郵件，不多加解釋和說明。

我近距離觀察到偏見及其反面——優勢——乃是具有穿透力的動態力量，不僅會從外部對其接收對象產生作用，也會從內部改變他們。可是我不擅長說謊，說謊令我焦慮，管理這種雙重身分令我疲憊。過了幾年之後，我告別了我趾高氣昂的分身，開始寫有關偏見的文章。在這個過程中，我替許多組織工作過，累積了相當多在職場上因性別而受到差別待遇的經驗，例如我的想法被歸功於他人，或是被告知我的成功純屬僥倖。

人往往是經由自身經驗所打開的一扇門而涉入與正義有關的議題。性別偏見替我打開了那扇門，當時我還不了解它在一種多層面的大規模現象裡所佔的位置。我們很容易忽視各種形式的偏見之間的關聯，由於其背景和嚴重程度相去甚遠。如同一九五六年在第一屆「國際黑人作家與藝術家大會」上，巴貝多作家喬治·拉明（George Lamming）所作的解釋，當一個人的生活深深被一種壓迫所塑造，他很容易忽視「在威脅到他的災難和更廣泛的背景與情況之間的關聯，而威脅到他的災難就只是這個更廣泛的背景與情況最明顯的例子」。各種宗教、種族、民族、能力、性傾向、性別的人所經驗到的無意識偏見，其表現與惡毒程度有著巨大的差異，從失去工作機會到致命的身體傷害。但是在每一種情況下，那種粗暴的機制都一樣。行事帶有偏見的人是和一種預期而非現實打交道。這種預期乃是由文化中的人為產物所組成：新聞標題和歷史書籍、迷思和統計數字、真實和想像的遭遇，以及對現實的選擇性詮釋，以證實自己原先的信念。懷有偏見者眼中看見的不是一個人，而是一個人形白日夢。

隨著時間過去，我漸漸把偏見視為一種靈魂暴力，它不僅攻擊了個人生活的物質條件，攻擊了一個人能有的選擇和機會，也攻擊了一個人的自我意識。這種靈魂暴力在知名的「克拉克娃娃實驗」（Clark Doll Study）中有目共睹，這項研究曾在一九五四年的「布朗訴教育局案」判例中被用來作為取消學校裡種族隔離的證據。在這項研究中，心理學家瑪米・克拉克和肯尼斯・克拉克（Mamie and Kenneth Clark）把看起來是黑人或白人的娃娃拿給黑人小孩看。當那些小孩被要求指出漂亮的娃娃，大多數小孩選擇了白娃娃。當他們被問到哪個娃娃「看起來不乖」，他們選擇了黑娃娃。然後，當他們被問到哪個娃娃看起來和他們相像，那些小孩又選擇了黑娃娃。有些小孩心裡非常難受，他們哭了起來，或是跑出了房間。數十年後，肯尼斯・克拉克在接受訪問時說，他們的實驗結果是如此令人不安，乃至於他們將實驗數據擱置了兩年之後才加以發表。

克拉克補充說明，雖然在這方面已經有了進步，當代的種族歧視卻更為陰險。今日的種族偏見，不管是明是暗，都繼續在改變一個人的內心經驗。如同詩人妲恩・蘭迪・馬丁（Dawn Lundy Martin）所寫：「壓抑成為你的一部分，乃至於你幾乎感覺不到……看見警車駛過時，你的心跳加速，而警車一轉過街角，你就感到鬆了一口氣。」偏見隨著寒冷的氣流從外在世界進入一個人的內心深處。

我愈是研究這個問題，就愈發想知道可以做些什麼來解決。遭遇偏見的人所得到的建議不勝枚舉。（給職場上的女性：行事不要太咄咄逼人，穿著展現女性輪廓的服裝！給黑人男性：把你的駕照擺在一眼就能看見的地方！）但是這些指示並沒有解決問題，只是交換了解決問題的責任。事實上，一系列的研究發現，「挺身而進」（Lean In）式的訊息使人認為職場的性別不平等乃是女性的錯，而解決這個問題的責任也在於女性。這些指示是不夠的：再大的笑容、再柔軟的毛衣、再謙虛的語氣、再明顯可見的行照和駕照，都不足以避免另一個人作出錯誤的判斷。

然而，如果那些承受偏見的人無法阻止偏見，誰能做到呢？有什麼辦法可以減少歧視本身嗎？

新聞業關心的通常是發現問題和探究問題，而非解決之道；把樂觀主義留給公關公司和勵志書籍。但是這個問題**已經**被探究並且被證實。我想要弄清楚如何能夠克服它。為了發掘補救的辦法，我開始尋找那些成功減少日常生活中基於種族、性別、宗教、能力……而起的偏見與歧視的人群和場所。我找出了諸如醫院、幼兒園、警察分局等各種不同的場所，並且參考了一千多份研究報告，包括實驗研究、田野調查和個案研究。我進行了幾百次訪談，對象包括學者、從業人員和普通市民，在地理分布及使用方法上力求廣泛。我尋找那些不僅改變了人們的偏見思維而且也改變了其真實行為的干預措施，不是在未受污染的實驗室環境裡減少偏見，而是在實際生活中混亂而不完美的職場、學校和城市裡。

當我尾隨創傷外科醫師，參加警察的訓練，並且與社會心理學家和神經科學家會晤，我發現了一個由干預措施構成的隱藏地貌，一群創新的組織、學者和普通人透過好奇心、創意以及從錯誤中不斷摸索而拼湊出根除歧視的做法。有時候這些做法完全發揮了預期的功能，有時候解決問題的人意外地找到了解決之道：原本是想普遍改善一個程序，而在無意中使得這個程序比較不帶有偏見。

我也遇到了障礙。在科學中，我們透過大量的證據來接受某事為真，像是地心引力的存在和盤尼西林的效用。由於研究人員試圖改變無意識的種族歧視、性別歧視或其他形式之歧視的時間還不長，我納入此書的許多干預措施還不曾被多次複製。我們應該把它們視為帶來希望，但還不是絕對可靠。

此外，有關成見的研究主要偏向於性別偏見和種族偏見，因此本書也把重點放在這兩類上。針對有關階級和身體障礙的無意識偏見所作的研究比較少，針對有關年齡的偏見所作的研究更少。另外，有關性別偏見的研究假定了男性／女性的二分法，而在美國的種族偏見研究則大多是處理針對美國黑人的偏見。關於愈來愈多具有多重種族身分的人，或是由不同身分的結合所引發的新的歧視，這方面的數據還不夠嚴謹。

有關性別偏見的研究主要集中於白人女性的經驗，有關種族偏見的研究則主要集中於黑人男性的經驗，使全面的理解受到局限。例如，在職場上，黑人女性比白人女性或任何種族的男性受到更多騷擾、犯錯時受到更多懲罰、升遷的障礙更多。但比起白人女性，她們在表現出強勢行為時受到的反彈也可能比較小；而和白人男性相比，黑人男性在表現得強勢時比較會招致負面的看法。身為具有終身職的白人教授，擁有男性的外觀，能夠選擇是否要揭露自己乃是變性人，巴雷斯在變性之後獲得了遠非變性男子普遍擁有的優勢。舉例來說，黑人在變性成為男子之後會開始受到黑人男性尤其會受到的種族歧視，包括警察的騷擾。一個從事藍領工作的黑人男子開始被要求在演習訓練中扮演嫌犯。變性之前他被視為一個「惹人厭的黑人女子」，如今則被視為一個「令人害怕的黑人男子」。另一個變性後的黑人男子則一再被告知他「具有威脅性」。不同的偏見加在一起並不是單純的加法；偏見的交集是獨特的，就像藍色玻璃和黃色玻璃疊在一起會創造出一種全新的顏色。

我們必須正視我們知識中的這些缺口。有關原住民、亞裔和其他族群所面對之偏見的研究很少，反映出這些族群從公眾意識中更廣泛地被抹除。如同出身圖拉利普部落的心理學家史蒂芬妮·弗萊貝格（Stephanie Fryberg）所指出，要真正理解偏見，不僅要考慮到行動，也要考慮到遺漏。例如，美國原住民所面對的歧視往往根本沒被納入考量。這也是偏見的一種形式。沒有被納入，甚至是沒有被察覺的東西就始終沒有受到關注和處理。這種遺漏甚至被寫進了偏見的研究史中。我不止一次地發現，由白人社會學家作出的觀察和發現早在幾十年前就已經由學術圈外的黑人女性在著述中提出。「發現」乃是由那些能夠取得工具並且進入機構中工作的人所作出。詩人艾德麗安·里奇（Adrienne Rich）寫道：所有的沉默都具有意義。

在寫作此書的過程中，我也遇到了自己的沉默——我本身所特有的知識決定了我能否看見某些細微的差異，決定了我知道和不知道要問的問題。這個挑戰反映出要解決偏見的問題根本上的一個更大挑戰：舉例來說，屬於多數族群的人所看見的現實往往和少數族群所看見的現實截然不同。社會心理學家伊芙琳·卡特（Evelyn Carter）

指出，文化主流群體可能只看得見有意的偏見行為，而少數族群可能也會注意到無意的歧視。白人也許只會注意到一句帶有種族歧視的話語，而有色人種也許會意識到更微妙的舉動，例如某個人在公車上稍微挪開一點，而白人可能甚至不會注意到自己正在這麼做。偏見交織在文化中，就像一條銀線交織在布料裡。在某些光線下它明亮可見，在另一些光線下則幾乎難以分辨。而你相對於那條閃亮絲線的位置決定了你能否看見它。

當然，歧視不僅是時時刻刻對個人的扭曲：歧視也是制度化和結構化的，而且過去會影響現在，例如針對某些族群的合法壓迫和偏見，還有財富與資源結合給另一些族群帶來的優勢。個人的偏見行為是一種龐大而分散的遺緒的集中表現，就像光線通過鏡片聚集在單單一個燃點上。為了減少不公正和不公平所作的任何努力也都需要法律和政策上的解決方案作為基礎。可是法律和政策並非超自然的發明：它們係受到眾人支持，由眾人來撰寫、通過，並且執行。如同心理學家珍妮佛・艾柏哈特（Jennifer Eberhardt）的實驗室所呈現的，人們心中的偏見預示出他們會支持的政策；在一項研究中，監獄人口被描述得愈「黑」，白人選民所接受的政策就愈具有懲罰性。此外，法律和政策雖然創造出護欄，但它們並未規定在護欄範圍之內所發生的事。如同民權律師康妮・萊斯（Connie Rice）所說，法律就只是限制了最糟糕的歧視情況。法律改變不了更加微妙、轉瞬即逝的人際互動。法律創造出下限，眾人則決定了上限。

在下限和上限之間的空間裡，人際互動的時時刻刻至關緊要。它們的累積效應危及了個人和社會。教育中的偏見會局限學生的成就，醫療提供者的偏見會減損醫療保健的結果，而警察的偏見則可能是致命的。總而言之，這些人際互動可能會使人失去工作和事業，破壞家庭與鄰里的健康和安全。就這樣，偏見不僅剝奪了個人的未來，也剝奪了各個領域的人才，剝奪了公司的點子，也剝奪了文化的進步。偏見剝奪了科學界的突破，剝奪了藝術與文學的智慧，剝奪了政治的洞察力。藉由限制了由誰來提出問題，偏見塑造了被提出的問題，壓縮了人類的知識範圍。這種習慣縮限了個人的潛力，並且損害了整個社會的天賦和資源。

在變性之後，巴雷斯由衷地感到憤怒——不僅是為了他本身所受到的待遇，而是為了所有那些面對著無謂障礙的人，就像他看見他任職的大學聘用黑人教師，只為了在幾年之後讓他們離開。「我們毀掉了他們。這些都是最優秀的人才，而我們就只是毀了他們。」

「這些年輕科學家拚命努力許多年，以培養自己成為科學家，」巴雷斯說，「當他們正準備好要貢獻社會，卻遭遇了障礙……給半數的頂尖人才設下障礙是荒唐的。」

雖然巴雷斯對特權的撻伐並不普遍，當社會學家克莉絲汀・席爾特（Kristen Schilt）就變性男子的職場生活進行訪談，許多人都對男性和女性受到不同的待遇表達出不可置信和憤怒。「你知道我有多聰明嗎？」一位受訪者談到他變性之後的生活，「我現在更常是對的。」其他人述及他們更常被要求提供意見，也得到更多支持；一名變性男子指出，當他在一場會議中表達意見，大家都會把他的意見寫下來。從前被視為負面的人格特質現在被視為正面。「以前我被認為咄咄逼人，」一個變性男子說，「現在大家會說：『我喜歡你這種掌控全局的態度。』」

相形之下，變性女子可能會碰到巴雷斯所遇到的情況的鏡像版。白人生物學家瓊安・拉夫加登（Joan Roughgarden）在五十多歲時變性，她說如今她對數學概念提出任何質疑，別人都會假定她不理解這個概念。這種情況在以前從未發生過。同樣地，教牧協談師寶拉・史東・威廉斯（Paula Stone Williams）在六十多歲時變性，別人開始懷疑她的專業能力，這令她感到震驚。她的自信心動搖了。「別人愈是用『你不知道自己在說什麼』的態度來對待你，你就愈加懷疑你究竟是否知道自己在說些什麼。」

看見旁人懷有偏見的證據可能令人震驚。看見自己的偏見被證實也可能令人深深感到不自在。在寫作此書的過程中，我逐漸看清了自己的假設和反應中的缺陷，彷彿它們是用隱形墨水寫成的，如今在解碼的火焰上顯現出來。像許多人一樣，起初我拒絕接受我看見的東西。當別人指出我在一篇文章裡作出了專斷的假設，我的反應是否認。然後我感到憤怒。我也會為自己辯解：**假如我作成了那一次訪談，我就不必作出假設**。否認、憤怒、討價還價——這是些熟悉的反應。如果我是在哀悼什麼，也許我哀悼的是我失去了自己的純真。當伊莉莎白・庫伯勒—羅斯（Elisabeth Kübler-Ross）首次提出了哀傷的五個階段，它們原本是用來描述那些得知自己患病的人，而不是失去親人的人。以此而言，我的疾病是一種文化病變，浸透之深，我花了好幾年才看清。關於昔日的偏執如何污染了當代的想像，作家克勞蒂亞・蘭金（Claudia Rankine）在**理解**和**領悟**之間作了區分。在展開這個寫作計畫之前，我也許理解了，但是並沒有領悟。

在這趟旅程中伴隨著我的情緒在這些年裡起了變化，從憤怒到好奇，再到深深的謙卑，最後則是殷切的希望。因為這些習慣能夠改變。我從我在書中介紹的那些人身上看出了這一點，他們修正了自己對待別人的方式；我也在一些場所看出了這一點，它們改變了運作的方式以求做到更為公平。我在一些數據中看出了這一點，它們衡量偏見行為能夠減少到什麼程度。我在自己身上看出了這一點，我學會了暫停，留意我自己的反應，並且把我的反應放在陽光下檢視。我也看見了對偏見的深刻理解激勵了眾人去對抗偏見。在巴雷斯於二〇一七年去世之前，他為此大聲疾呼，遊說「美國國家衛生研究院」和「霍華德・休斯醫學研究所」設計出減少歧視的流程來表彰科學家及提供獎助金，從而推動了學術界和科學界的進化。

在生態學的領域中，有一個「邊緣」（edge）的概念，這是地景中兩種不同的生態系相遇之處，像是陸地與海洋相遇之處的鹽沼，或是溪流切割山坡的河岸地帶。這個邊緣往往是一整片地景中最肥沃也最有生機的地方，替魚類提供了繁殖的場所，替候鳥提供了駐留的地點。一個人類與另一個人類相遇之處也是一個邊緣。那是偏見出現之處，是一個充滿潛在傷害的空間。但是在那裡我們也可以打破偏見，換個方式來看待彼此、回應彼此，來和睦相處，以此來取代偏見。在這個邊緣地帶的發酵過程中，能夠長出某種新的東西——洞見、尊重、一種我們失之已久的相互依存。賭注很高，後果很嚴重，但這個問題是可以被解決的。

我們能做的事很多。

而這本書是一個開始。

Part

One

偏見如何起作用

Chapter 1 追尋

這沒有道理。

派翠西亞·戴文（Patricia Devine）在她窄小的辦公室裡伏在書桌上盯著一張紙。她張開雙肘，用兩隻手撐著頭。當時她二十五歲。那張紙上有兩張圖表。她瞇起眼睛。**沒有，還是沒有。**「這快把我逼瘋了。」她對她的同事說。她以這個姿勢坐在書桌前已經好幾個星期了，試圖弄清楚這兩張圖表的意義。她會眨眼，凝視，走去附近的溫蒂漢堡買東西吃，然後再走回來繼續凝視。她的生活已經縮減為在視線中變得模糊的圖表和雞肉三明治，偶爾去參加俄亥俄州立大學提供的有氧運動課程。她開始感到絕望。

「這些數據怎麼可能錯得這麼離譜？」她自問。「**我**怎麼會錯得這麼離譜？」那是一九八五年三月。她本來應該在八月前完成論文答辯，然後立刻展開她的第一份學術工作。可是這個實驗正在分崩離析。她把她的整篇論文都押在她精心設計並且執行的這個實驗上。她的指導教授甚至曾經試圖勸她不要做，說這個實驗的風險太大，說這種做法需要新的工具。何況這個主題也遠遠超出了他的專業領域。但是她說服了他相信這是個好主意。「也許他是對的，」現在她難過地想，「也許我不適合作研究。」事實上，戴文的實驗將會替我們理解偏見的方式打開一扇新窗。不久之後，它將使社會科學從此改觀。

戴文著手檢測的是那些說自己反對種族歧視的白人有多真誠。當時，在一九八○年代中期，心理學家被一種或許可稱為「偏見悖論」（prejudice paradox）的現象弄得一頭霧水。一方面，美國白人壓倒性地反對種族偏見：如果被問起，他們否認持有種族歧視的信念。另一方面，許多人仍舊表現出種族歧視的行為，不管是在實驗室環境還是現實世界。面對這種矛盾，那個時代的知名心理學家作出結論：這些人為了維護自己的形象而隱藏了他們真實的信念。說自己不是種族歧視者的白人是在說謊。

戴文不那麼確定。這個論斷在她聽來並不為真——它不符合她與人相處的經驗，也不符合她對這個世界的認識。那些積極對抗種族歧視的白人要怎麼說？難道他們也是在假裝嗎？她是白人。她知道她由衷地反對種族歧視。要說所有這些白人都是在參與一場大規模的偽裝遊戲，這種說法她很難接受。在他們的大腦中發生的想必另有其事。

對不同種族所持態度的相關數據並不能追溯到很久以前，因為對種族偏見的研究並沒有很長的歷史。在十九世紀和二十世紀初，歐美科學家根據初步的印象接受了白人比較優越的說法。研究人類學和醫學的學者（主要是盎格魯—撒克遜人的白種男性）試圖證明種族有高下之分，有時採用了怪異的方法，像是在人類頭骨中注入水銀和胡椒粒來估算腦容量。到了世紀之交，心理學家也加入了此一探索，發表並宣傳揑造的「證據」來證明白人的優越。例如，一八九五年《心理學評論》（*Psychology Review*）上的一篇論文述及少數幾名黑人及美國原住民受試者的反應速度比白人受試者快，並將之視為前者「原始體質」的證明。同一篇論文也主張男性的反應速度比女性快，乃是因為男性的「大腦發育」更好。至於要如何調和這兩個論點，顯然是留給讀者自己去解決。

黑人學者早已譴責這種做法（一八五四年，弗雷德里克・道格拉斯（Frederick Douglass）貼切地把這些論點總結為「片面、膚淺、徹底破壞人類幸福，並且侮辱上帝的智慧」），而諸如杜波依斯（W.E.B. DuBois）、鮑亞士（Franz Boas）、托馬斯（W.I. Thomas）等黑人與白人社會學家都強力反對這種後來被稱為「科學種族主義」的信念。可是當時科學界的財務資源、權威機構和出版許可大多是為了「白人至上主義」服務：證明被白人科學家視為「劣等」的族群具有遺傳上不可改變的差異，使他們在自然的等級制度中居於低位。另一方面，「白人」這個被發明出來的類別所具有的含義（以及這個「優越」族群究竟包括哪些人）一直在改變，在幾百年間有時擴大，有時縮小。（一項研究得出的結論是：北歐人比地中海一帶的歐洲人更先進，宣稱「白色人種在心智上的優越」。）儘管如此，一直到二十世紀，社會學家大多把我們如今認為是偏見的想法視為事實。

然後，在一九二〇年代和三〇年代，心理學界展開了一場大變革。過去被視為「證據」的說法在審視之下瓦解。例如，一次大戰入伍新兵所作的智力測驗顯示出來自美國北方各州的黑人新兵的分數事實上要高於來自南方各州的白人新兵。[1] 一九三〇年，分析了軍方測驗結果並且作出白人較為優越之結論的心理學家卡爾・布里格姆（Carl Brigham）公開撤回他的結論，理由是「缺乏根據」（雖然那是在該結論被用來鼓吹優生學和限制移民之後）。美國的黑人民權運動和全球的反殖民運動進一步促使心理學家開始把「白人至上主義」的信念視為偏見，認為應加以研究。此一演變可能也由於少數族裔移民進入了心理學界而加快了速度，包括猶太裔和亞裔的新進學者；而來自歐洲關於希特勒使用「種族學」的駭人消息也提供了額外的刺激。最後，就連曾把北歐人拱上心智王座的心理學家也表示：心理學家「實際上準備好接受種族平等的假說」。此時心理學家的任務轉為去理解這種不理性、不道德的思考方式從何而來。

那就好比天文學家突然決定要探究為什麼有那麼多人相信月亮是乳酪做的，在他們花了幾十年來設法分開它的凝乳和乳清之後。在這個劇烈的轉變過程中，研究者並未質疑自己的「優越理性」，心理學家兼歷史學家薩梅爾松（Franz Samelson）揶揄地這樣指出。

然而，直到二次大戰期間，美國政府才開始收集有關人們對種族所持態度的資料。政府此舉並非出於道德考量，而是因為種族歧視威脅到投入戰爭的努力。一九四二年在底特律，三K黨及其他白人示威者發起了暴動，抗議替遷至北方的國防工業黑人勞工建造住屋，這些工人在工廠裡製造子彈、滾珠軸承和B-24轟炸機。隔年，兩萬五千名白人生產線勞工罷工抗議，反對和黑人同儕並肩工作。如同歷史學家赫伯特·夏皮羅（Herbert Shapiro）所指出，底特律的戰備生產被視為贏得戰爭的關鍵：種族歧視現在妨礙了勝利。

種族歧視還給政府帶來了另一個問題：它損及了這場戰爭的合法性。美國黑人被要求代表國家去粉碎納粹有關種族優越論的意識形態，而美國本身的種族歧視卻迫使他們成為二等公民。如同「美國有色人種協進會」（NAACP）刊物《危機》（*The Crisis*）的一篇社論所言：「《危機》對歐洲人民所遭受的殘暴、血腥和死亡感到遺憾……但是向歐洲大聲疾呼宣揚民主打動不了我們。我們想要在阿拉巴馬州、阿肯色州、密西西比州和密西根州實現民主……」如朗斯頓·休斯（Langston Hughes）所寫，我們認為希特勒是壞人，但他是從三K黨那裡學來的。

事實上，這些相似之處並不只是巧合：在將反猶主義制度化時，納粹律師仔細研究過美國的「種族法」。一份一九三四年的會議紀錄揭露了希特勒的法務部長等人曾

1 軍中測驗的題目包括Percheron（馬的一個品種，原產於法國西部）是山羊、馬、牛或綿羊，還有Crisco（起酥油）是藥物、消毒劑、食物還是牙膏。

討論美國「種族隔離法」的好處，該場會議旨在制訂「消除民族體內之異族元素」的細節。國務秘書在司法部說，如果這些法律把猶太人納入，那麼美國的法律體系就「完全適合我們」。

當底特律的年輕黑人男性把徵兵令撕成兩半，扔向警察，華府的警鐘響起。新成立的「戰爭情報局」委託調查白人與黑人對種族所持的想法。這是頭一次大規模地收集此類數據，而這項調查證實了美國黑人「深深忠於美國的理念，只要求這些理念在與他們自身有關的情況中也能被實現」。該項調查也顯示出：法律與政府機構中的種族歧視（要再過十年，種族隔離的學校才被裁定為違憲）在個別的美國白人腦中滋長。在一九四二年和一九四四年接受訪查的那數千人當中，絕大多數不認為黑人應該享有同等的工作機會。他們贊成黑人與白人應該分開居住，不贊成跨種族婚姻。他們認為學校最好採取種族隔離。

在接下來的那五十年裡，「美國民意研究委員會」、「蓋洛普公司」及其他機構繼續進行這些訪查。到了一九八〇年代晚期，那是在廢除種族隔離之後，在民權運動帶來的改革之後，這些數字翻轉了：大多數白人不贊成住房歧視與隔離，並且表示黑人應該和白人享有同等的工作機會。只有極少數白人支持學校採取種族隔離，乃至於這個問題從問卷中被刪除。如同社會學家勞倫斯．波波（Lawrence Bobo）所寫，美國白人對合法歧視的信奉已經瓦解，到了二十一世紀初，至少在公開場合改由「廣泛支持平等待遇、種族融合與大度包容」來取代。

然而，有別於這些表達出來的意見，種族歧視在八〇年代並未消失。事實上，種族歧視無處不在：黑人租屋者和購屋者遭到拒絕的比例過高，黑人求職者得到面試機會或被雇用的可能性低於同等資格的白人，黑人員工被派到比較不理想的職位，黑人申請貸款遭到拒絕。這些案例被告進法院。一九八五年，一位聯邦法官判定紐約州的揚克斯市故意把黑人居民限制在一平方英里內。一九九三年，美國連鎖餐廳Shoney's因被指控把黑人員工推向低薪工作而付出將近一億三千五百萬美元的和解金。一九九九年，農業部由於在十多年裡歧視申請貸款的黑人農民而支付了超過十億美元的和解金。

心理學家發現，這種言行不一的情況也表現在個人層面。白人否認自己懷有偏見，卻被觀察到暗中表現出各種歧視性的行為：在實驗中，他們對黑人表現出更多敵意，而且只要有機會，就會把身體從黑人身邊挪開。在一組如今會被視為不道德的實驗中，研究者提供了白人男子用於電擊的假控制器。他們被告知他們參與的這項研究旨在檢驗懲罰如何影響人們的學習。當他們被引導去相信受到電擊者是黑人時，他們施加了更強烈的電擊。

目睹白人在問卷上的回答和他們的實際行為脫節，社會學家得出結論：那些使人感到樂觀的問卷不可信賴。人們在說謊，否則無法解釋言行之間的鴻溝。一切都是假象。

就連這些研究本身也充滿了偏見。如同心理學家妮可．薛爾頓（Nicole Shelton）

所指出，就連在有關偏見的研究中，白人傳統上也佔據了較高的地位：這類研究旨在從白人受試者的行為學習，黑人被要求扮演被動的角色，而且被視為同質群體。如果研究的是黑人的內心經驗，重點往往被窄化於他們如何應付壓迫。這種情況也常發生在受到歧視的其他族群身上。聲稱要探討偏見的研究充斥著帶有種族歧視意味的假定，過去如此，現在依然如此。

戴文成長於紐約州同質性很高的社區，在一個天主教家庭的八名子女當中排行第六，她父親換過一個又一個的工作，每次他辭職或是被解雇，一家人就會搬家再重新安頓下來。戴文避免引起注意，把上學當成工作，雖然她非常不擅長考試，更不擅長拼字。有一次，她母親看見她和哥哥打拳擊，把她拽進屋裡，要她罰寫「我是個女生」（I am a girl）五百遍。戴文寫了五百遍，每次都把「girl」寫成了「gril」。

大學幾乎是一場災難。她找不到志同道合的同儕，她的哲學教授說她問的問題是他聽過最愚蠢的。她很迷惘。她已經決定要乾脆退學，這時一位名叫羅伊．馬爾帕斯（Roy Malpass）的心理學教授邀請她擔任他實驗室的助理，因為他在她身上看出了一種特質，一種認真的態度。馬爾帕斯研究犯罪的目擊者，他們一起策劃演出犯罪行為。這有趣極了。在一個實驗中，他們策劃了一場發生在大學課堂上的犯罪行為，在三百五十名學生面前。那個「罪犯」（其實是他們招募來協助實驗進行的一個中學摔角手）砸壞了一個電子設備的架子，對著教授大喊髒話，然後奪門而出，跳上一輛載他逃跑的汽車，戴文充當司機。

此一實驗的目的在於檢測目擊者在指認嫌犯時是否會作出不同的反應，如果警方在要求他們指認嫌犯時給予不同的指示。當時，真實犯罪案件的目擊者往往就只是被要求從排成一列的幾個人當中挑出嫌犯。但是這種指示帶有偏見，因為它暗示了嫌犯就在其中。馬爾帕斯想要看看，如果指出嫌犯可能在、也可能**不在**那一列人當中，是否會改變誤認的次數。當目擊學生看著排成一列的可能嫌犯時，有些人得到了帶有偏見的指示，另一些人則得到了不帶偏見的指示，指出那個搗亂的學生可能並不在其中。

收集完數據之後，戴文草草寫在實驗室的黑板上。然後馬爾帕斯走進來，而戴文看見他的眼睛亮了起來。那些數據顯示出，當人們得到不帶偏見的指示，他們就比較少犯錯：他們比較不會誤認一個嫌犯，但同樣可能正確地指認嫌犯。人們對旁人的觀感不總是與現實一致，可是當他們被提示要謹慎一點，這些觀感就可能會改善。

戴文發現，在心理學中，你可以作出有關人類行為的一個預測，然後排演一場戲來加以檢測。而且你能夠學到一點新的東西。不僅對你來說是新的，對這個世界來說也一樣。戴文迷上了心理學。她奔向俄亥俄州立大學的心理學研究所，開始尋找一個有趣的論文題目。

當時，種族偏見並未被廣泛納入大學的心理學課程。心理學教授詹姆斯・瓊斯（James Jones）剛寫了一本開創性的書《偏見與種族歧視》（*Prejudice and Racism*），指出不同層次的種族歧視——個人層次、制度層次和文化層次——相互影響的方式，並且認為制度或文化可能透過習俗與政策而帶有種族歧視，即使其成員並無意如此。在俄亥俄州立大學有開設「種族關係」的課程，但是並沒有針對「偏見」所開的課。

「偏見悖論」令她感到困惑。說所有的白人都在說謊，以掩飾他們懷有種族歧視的態度，這個結論無法解釋那些對種族歧視感到不安的人。戴文開始請求國內各地的研究者提供研究資料的副本。

與此同時，她讀到了心理學界的一個新發現，叫做「促發」（priming）：把一個念頭植入一個人腦中，將可能影響此人對世界的感知。例如，如果你把類似「不小心」這樣的字眼秀給受試者看，再給他們看一個有關急流泛舟者的故事，他們比較可能會把這個泛舟者視為「魯莽」。如果你給他們看的是「獨立自主」和「自信」之類的字眼，他們就會把這個泛舟者視為「具有冒險精神」。就好像一旦有一個概念穿過大腦的劇場後門，它就會潛伏在舞台兩側，而把其他概念推向舞台中央。

而且即使是下意識的「促發」也會影響人們的反應。如果你讓「敵意」這個字眼在受試者眼前僅只閃現一微秒的時間，他們就會把另一個人模稜兩可的行為判斷為更有敵意，即便他們並未察覺自己曾經看見這個字眼。這個字眼會觸及視網膜，經過視覺系統進入大腦，活化「敵意」這個概念，然後影響人們的評估，而他們並未意識到。

除了引發人們的反應，「促發」似乎也開闢了一條新途徑，來理解知識在大腦中如何被組織起來。例如，如果讓受試者先看見「麵包」這個詞，再請他們從一張清單上挑選單詞，他們認出「奶油」一詞的速度會比認出「椅子」來得快。這暗示出「麵包」和「奶油」在大腦中的關聯緊密。知識似乎是以網絡組織而成，每一個概念都和無數個其他概念相連結，就像一張網子。輕觸一個概念似乎就也會觸動這個網絡中的其他概念，一如扯動一張網中的一條細繩就會掀動整張網。

綜觀之，這些發現暗示出如今有了秘密的方式來調查一個人的內心。當戴文讀到有關「促發」的文章，她開始想像這或許提供了一種方法來評估白人對其他種族的真實態度。也許你可以不僅是用一個特定物件，例如「麵包」，來作促發，而是用一個社會類別，像是「白人」或「黑人」。她尋思，如果白人真的是種族歧視者，「黑人」這個類別在他們腦中就會與一整個網絡的種族歧視信念和刻板印象相連。如果你只用這個類別來促發他們，他們腦中種族歧視的概念網絡就會導致他們以種族歧視的方式來解讀另一個情境。因為你可以在暗中促發受試者，他們的解讀將會真實反映出他們的信念網絡。他們不會知道他們對其他種族的態度正受到檢測，就不會有機會撒謊。

反之，戴文推論，如果人們的確**沒有**偏見，他們腦中就不會有一個種族歧視的信念網絡與「黑人」這個類別相連。不會有刻板印象之網可以扯動，不會有可供活化的假定。用「黑人」這個類別來促發他們，不會影響他們對另一個情境的解讀。試圖從一個不懷偏見的人身上引發刻板印象式的反應，就好比在真空中試圖劃亮一根火柴。

如果白人說他們沒有偏見，而用「黑人」這個類別去促發他們也沒有影響他們的行為，這將表示他們的確說了真話。她想像「促發」這個方法將會照亮人們心中隱藏的信念，是一種使人吐露真情的藥物，是她可以施用的。

戴文的指導教授不同意。他提醒她，「隱式促發」（subliminal priming）在當時還很新。這樣做是有風險的。她不可能及時發展出她所需要的專門技術。但是戴文堅持要做，最後她的指導教授讓步了。

一九八五年春天，戴文著手工作。她發給一百二十九名白人學生一份問卷。在與政治和性別有關的問題當中嵌入了「現代種族歧視量表」（Modern Racism Scale）中的問題，該量表是在幾年前發展出的一種工具，用來間接地發掘出種族偏見的跡象。學生被問到他們是否同意「要理解美國黑人的憤怒很容易」以及「對黑人的歧視在美國不再是個問題」這類陳述。根據他們的回答，她把他們標為「高度懷有偏見」或「低度懷有偏見」。

幾星期後，她把學生帶進實驗室，告訴他們將要參與一個與視覺感知有關的計畫。當學生來到實驗室，她要他們把下巴擱在一個名叫「視速儀」（tachistoscope）的裝置上，那是一個能夠快速閃現字詞或影像的盒子。他們把前額抵在一條皮帶上，透過護目鏡凝視螢幕中央。戴文告知他們將會看見閃光。那些「閃光」其實是字詞。有些是用來讓人想起「黑人」的概念，例如「黑色」、「非裔」或「哈林區」。其他的則是像「某物」和「水」，並沒有打算讓人特別想起什麼。一組學生看見的大多是與黑人有關的字眼，另一組學生看見的大多是中性字眼。因為這些字詞出現的時間以微秒計，學生可以知道他們看見了一道閃光，但是並未意識到他們看見了特定的字眼。

短暫休息之後，受試者被告知還有第二個與先前那個實驗無關的實驗，關於人們如何形成對旁人的印象。他們被要求閱讀一個短篇故事，關於一個名叫唐納的人，文中故意沒有說明他的種族。在唐納的生活中，他拒絕支付租金，直到他的公寓被粉刷過；他也買了一樣東西，然後要求退費。

戴文請學生分享他們對唐納的印象。他有多可靠？多不友善？多無聊？多有趣？多和善？多自負？多有敵意？之前的研究確認了敵意是美國白人對美國黑人持有的一種帶有種族歧視的刻板印象。戴文預測那些懷有高度偏見的白人受試者（在「現代種族歧視量表」中得分較高者）如果先前受到大量暗示「黑人」的字眼促發，這種刻板印象就會漫溢到他們對唐納的看法中。他們會特別把他視為具有敵意。

她也預測：相反地，那些在種族歧視量表中得分較低者不會把唐納視為更加具有敵意，就算他們受到同一組使人聯想到黑人的字眼的促發。她推論：這些人並不持有種族歧視的信念，所以用「黑人」這個類別去促發他們，並不會活化負面刻板印象的網絡。戴文預測，如果這些人沒有判斷唐納具有敵意，就能證明他們一直都是真誠的。這將能證明他們的腦中沒有種族偏見。

可是她收集到的數據粉碎了她的假說。

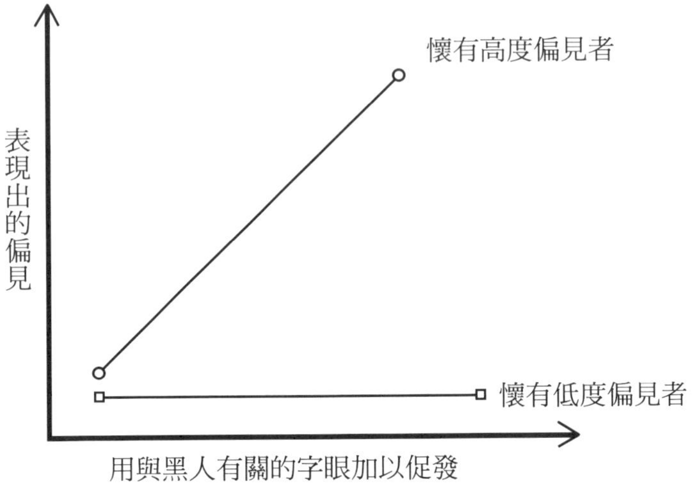

這是她預期會看到的。

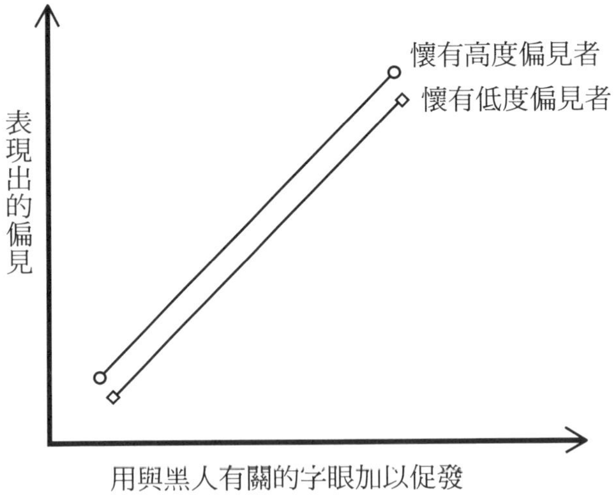

這是她所看到的。

戴文所發現的，亦即她面前令人不解的圖表所呈現出來的，是那些潛意識的訊息影響了**每一個**被大量與黑人有關的字眼促發過的人。持有和不持有偏見信念的兩組受試者都判斷唐納具有敵意。他們沒有用一般的負面印象（無聊或不友善）來形容他，而是特別透過種族歧視的鏡片來看他，視他為具有敵意。

這說不通。為什麼那些在歧視量表上得分低的人會表現出偏見？那些「促發」意在扯動人們已經持有的信念之網。對於不懷偏見的人來說，不該有任何種族歧視的刻板印象可供觸發。

「我怎麼會這麼笨呢？」戴文自問。「為什麼我設計不出好的實驗？」還是說每個人的確**都是**種族歧視者，如同其他心理學家所作出的結論？

在絕望中，另一些想法在戴文的腦中打轉。其中一個想法來自認知心理學的領域。研究者開始看出人類的大腦具有兩種不同的運作模式：費力、刻意的思考和快速、自動的思考。第一種模式在我們從事需要大量注意力的事情時發揮作用，例如第一次騎腳踏車，或是聆聽一段艱深的對話。第二種模式則發生在我們做某件熟悉的事情時，像是第一百次騎腳踏車，或是在鍵盤上打字。當我們反覆從事相同的行動或是反覆思索相同的念頭，它們就成為毫不費力的心智習慣。這兩種模式似乎能夠獨立運作，甚至可以互相矛盾：研究顯示出人們可以不假思索地以一種方式行事，而在反省之後決定自己做錯了，並且努力去加以糾正。在同一個人類大腦中，不假思索的反應和刻意的反應有可能互相對立。

慢慢地，戴文理解了這兩張圖表，然後她豁然貫通。

「這一切都在我腦中匯聚，」她告訴我，當我們在威斯康辛州麥迪遜市碰面，如今她在那裡任教。「我能夠理解自動思考的過程會使人上當而犯錯。我能夠理解主張平等之人的困境。我就在那個時候意識到：偏見可以是一種習慣。」

戴文推論出：人們可以一方面自覺地拒絕偏見，另一方面卻出於習慣而做出有偏見的行為。他們也許意識到自己根據有意識的信念所作出的決定，但是對於自己受到深層聯想之影響而作出的反應沒有警覺。她作出結論：這些深層聯想乃是習慣，而人們可以不假思索地做出習慣性行為，就像一個人可能會習慣性地咬指甲，一直等到咬到肉了才意識到自己正在做什麼。

人們的行為可能受到從腦中暗室偷偷出現之刻板印象的影響，戴文遠遠不是第一個提出這種說法的人。莉娜・奧利弗・史密斯（Lena Olive Smith），明尼蘇達州第一位當上律師的黑人女性，在將近一百年前就精準地分析了此一現象。她在一九二八年寫道：「眾所周知，一種感覺可以處於休眠狀態，受制於一個人的潛意識，使人渾然不知它的存在。可是在適當的刺激之下，它就會冒出來，而且往往使人誤以為是正義在對他說話；事實上那是偏見，使他無視一切公平正義。」在戴文作出此一發現之前的那些年裡，也有其他研究者提出：人們也許懷有自己並未承認或面對的偏見，而深埋在腦中的刻板印象可能會影響他們作出的反應。約翰・多維迪奧（John Dovidio）、山姆・葛爾特納（Sam Gaertner）和另外幾位心理學家都談到：人們也許自認為主張平等，但是在面對其他種族的人時會感覺不自在或是有其他的負面反應。

戴文的論點是，要解釋「偏見悖論」無須以「白人乃是在說謊」為必要條件：人類的大腦可以包含人們有意識地認可的信念，以及他們並未認可的刻板印象或聯想。她聲稱：信念是人們主動選擇的，而聯想則是從環境中吸收而來，是他們在並未同意甚至並未意識到的情況下所獲得的文化知識。以這個觀點，一個信念就像你刻意訂閱的一份電子報；聯想則像是一家以某種方式取得你電郵地址的公司所發送的垃圾郵件。你並沒有選擇要收到這些垃圾郵件，也不想要收到，但它們還是塞滿了你的收件匣，而你似乎無法把自己從對方的收件者名單中被移除。另一方面，那些明顯懷有偏見的人則並未感受到所選擇之信念與隱藏之刻板印象之間的衝突。他們訂閱了那些垃圾郵件。

此一區分替「隱性偏見」的概念奠定了基礎。這是思考歧視行為的一種新方式：一種根植於深層聯想的習慣性反應。根據這個觀點，信念和聯想都存在於大腦中，而且兩者都會左右我們對旁人的反應。當人們的言行相反時，這種矛盾可能源自於內心的一種掙扎，在他們所珍視的價值觀和他們並不珍視的刻板印象之間。而且這些刻板印象可能會不請自來地派上用場，就好比一個人可能下班後一路開車回家，完全沒意識到自己曾左轉或右轉。歧視有可能是無意的，甚至是無意識的，那是我們的文化所留下的污漬，在我們的行為中隨處可見。

戴文於一九八九年發表了她的發現。她寫道：在那些自稱沒有偏見的人身上，「活化刻板印象可以產生自動效果，如果並未有意識地加以監控，就會製造出類似有偏見之反應的效果。」戴文的辦公室同事瑪札琳・貝納基（Mahzarin Banaji）對戴文說她揭露了「心智的黑暗面」。戴文不同意這個說法。帶有偏見的聯想並不表示你是個壞人，而表示你生活在一種文化中。

隱性偏見的概念指出偏見起作用的方式就像電路。這個電路始於我們從周圍世界吸收「文化知識」，當家人、媒體、課堂、鄰居給予我們有關不同群體的大量資訊。這些知識當中有些是真實的，例如，從統計數字來看，男性和女性的平均身高的確有差異。有些知識則並不為真：平均而言，男孩的數學成績並不優於女孩。隨著時間，這些訊息變成深埋在我們腦中的聯想和刻板印象。當我們遇見觸發了這些聯想的某個人或某件事，我們的文化知識就會影響我們對當下情況的反應，包括我們會有什麼行動，會說些什麼，以及會有什麼感受。因此而出現的歧視行為會助長差異，而差異又會進一步餵養引發這整個過程的文化知識。而且我們每一次所看見的並非單一層面的身分，而是多重類別的身分，包括種族、性別、年齡以及其他，每一種身分都帶有可能被融入感知者腦中的聯想。

把隱性偏見視為一種電路，這個概念有助於解釋許多遭遇。以小男孩小傑・鮑威爾（JJ Powell）為例。四歲時，小傑聰明而且合群。他能熟練地寫出自己和弟弟的名字，喜歡玩上學的遊戲，通常行為良好。可是他在家鄉內布拉斯加州奧馬哈市去上幼稚園的第一年春天，他母親圖妮特・鮑威爾（Tunette Powell）開始接到電話，要她去接小傑回家。他因為把口水滴在同學身上而被停學。另一次是因為他扔了一張椅子，還有一次則是在午睡時間不聽話。鮑威爾感到不解。她那個優秀、樂觀的兒子？「哇！」在一次訪談中她回憶說，「我是個失敗的家長。」

可是後來她參加了小傑班上一個同學的生日會，開始和幼稚園的其他家長交談。有一個母親說她兒子狠狠地打了一個男孩，對方因此進了醫院。她的兒子並沒有被停學，她就只接到了一通電話。更多的家長說起自家小孩的行為問題。並沒有其他小孩被停學。事實上，其他的家長甚至不知道學校會使用這種懲罰。小傑被停學了三次。就鮑威爾所知，唯一的差別在於她的小孩是黑人，而其餘的小孩是白人。

鮑威爾的兒子不是特例。德州的一項研究檢視了幾百萬份的學校成績單和懲戒紀錄，其中有每一個在二〇〇〇年至二〇〇二年之間開始就讀七年級的學生一直到十二年級的在校紀錄。這些紀錄包括所有違反行為規範（例如遲到或是服裝不整）的懲戒處分。校方可以自由裁量針對這些違紀行為的反應，可以做出校方認為適當的任何處罰。這項研究發現，黑人學生在第一次犯規時就被罰停學的可能性超過兩倍。

多項研究證實了此一模式。在心理學家菲利普・阿提巴・戈夫（Phillip Atiba Goff）及其同事所進行的一組研究中，受試者得知一個男孩的故事，這個男孩有反社會的行為，範圍從輕罪到重罪。接著受試者被問了一些問題，關於這個孩子的行為責任，以及在他行為背後的意圖。在評估同樣的行為時，如果這個男孩是黑人，受試者就認為他更應該為他的行為受到責備；他們也高估了他的年紀，多達四歲以上，例如一個十三歲半的男孩被認為是個成年人。比起一樁輕罪，黑人小孩被視為更應該為一樁重罪受到責備；對白人小孩來說，情況則正好相反：當他行為的嚴重性增加，白人小孩被認為所需負的責任更小。在另一項研究中，研究者把一名行為不檢的學生的在校紀錄拿給幾位老師看。如果那個學生是黑人，那些老師就更可能替這名學生貼上「惹是生非者」的標籤，而且更可能把第二次違規視為一種更嚴重的不良行為模式的一部分。

按照隱性偏見的概念，小傑的老師吸收了帶有種族歧視的有關黑人兒童的刻板印象。當小傑拒絕午睡，她腦中的刻板印象影響了她對他和他的行為的解讀，使得她把這種行為看得比白人小孩的同等行為更嚴重，而把小傑視為更應該受到懲罰。

在一個名叫郭伽（Philip Guo）的年輕計算機科學學生身上，有偏見的待遇對他有利。郭伽成長於一個華裔美國家庭，家人都主修人文科學。他在六年級時嘗試自學 BASIC 程式語言，但因為太難而放棄。後來，他在中學修了一門計算機科學課，那門課的老師在開課前幾週才學了教材。這激發了他對撰寫程式的興趣，可是當他在二〇〇一年上了大學，他基本上是個初學者，尤其是相對於他的同學而言，他的許多同學在大一時就已經擁有十年撰寫程式的經驗。他修了入門的計算機科學課程，開始做暑期實習，這時他注意到一件不尋常的事。他回憶說：「在開會時，別人似乎總是假定我知道自己在做什麼。」其實他並不知道。當他因為感到茫然而沉默，同事以為他沉默是因為他懂了。

在學年當中，郭伽冒昧地寫電郵給教授，得到了一個研究職位。在接下來那幾年裡，他得到了一個又一個的工作，而他知道自己其實尚未擁有這些工作所需要的技能。在這些工作上，他有機會習得知識，同時還獲得報酬，一直受益於別人對於他專業能力的假定。他回憶：「技術水準與我相似的其他人並未得到我所得到的鼓勵。」

郭伽的主管可能吸收了一種刻板印象，把他那種背景的人和技術專業能力連結在一起。當他們看見他在苦思一個問題，這些刻板印象就在他們腦中跳出來，影響了他們對他的所言所行、他的疑問乃至他的沉默的解讀。郭伽的經驗凸顯出偏見的一個重要面向：偏見不僅會在某些情況下造成不利條件，也會在另一些情況下創造出優勢。同一個群體可以受到有利於他們之刻板印象的影響，也受到有害於他們之刻板印象的影響，有時候甚至是同一種刻板印象。例如，亞裔美國人給人的「模範少數族裔」刻板印象掩蓋了諸如騷擾、種族歧視、貧窮、暴力和歧視的種種難題；這種刻板印象暗示出並不存在的同質性。在學校裡，它掩蓋了學生對於資源與支持的需求。而且它無法保護人們不受到剝奪人性的待遇：一項針對哈佛大學入學申請紀錄的分析甚至表示亞裔申請人經常在「個性」這一項的評估中得分較低。

對生物學家本．巴雷斯來說，這個偏見迴路在他變性之前與之後發揮了不同的功能。在變性之前，別人透過對女性之刻板印象的鏡片來看待他，認為女性的科學能力比較差。這種刻板印象影響了同事對他的工作與言行的看法。他們認為他比較缺少權威、才華和價值，於是以打斷他、質疑他、否定他的專業能力作為回應。在變性之後，巴雷斯有了相反的經驗：他被視為更有能力、更有知識、更有權威，而且比較不適合被打斷。假如巴雷斯是屬於另一個種族或族裔的科學家，或是有某種身心障礙，他在變性前後的經驗就會有所不同。

二〇一五年的一段影片即時揭露了這種偏見迴路，當矽谷一家大型創投公司的董事長在彭博電視台接受訪問。當他被要求解釋該公司的合夥人當中何以沒有女性，他迅速回答：「我們常常思考這件事，我希望這麼認為，也真的相信我們不會去注意某個人的性別。」接著他舉例說明他們新近雇用了一位史丹佛大學畢業的年輕女性，「她跟她的同儕一樣優秀。如果有更多像她一樣的女性，我們就會雇用她們。」但是他又加了一句，說：「但是我們沒打算降低標準。」

科技界取笑他的失言，認為他是一時說溜了嘴。事實上，那是一個啟示。這場訪談顯示出偏見迴路的作用：那位董事長並沒有被問到新近雇用的那名員工是否「和她的同儕一樣優秀」，也沒有被問到他是否願意降低用人的標準。他只被問到有關女性的問題。可是單只是提到雇用女性就立刻引發了他對公司用人標準的辯護，揭露出女性讓他自動聯想到缺乏能力。

隨著訪談繼續，這位董事長的回答顯示出一個人要察覺偏見有多麼困難，不管是源於自身的偏見，還是自己所受到的偏見。他把雇用女性的困難歸因於女性很少攻讀科學，並且說他的公司樂意雇用那些「對科技真正感興趣」的女性。可是在那之前他才剛剛說了他進入創投業時對於科技一無所知，也沒有這個領域的經驗。他原本主修歷史，後來擔任記者，他被雇用是因為公司創辦人在他身上「冒了個險」。他沒有科技界的業績紀錄，也沒有科技背景。

事實上，科技業主管蘇金德・辛・卡西迪（Sukhinder Singh Cassidy）針對頂尖創投業者所作的分析顯示出：名單上百分之八十的女性擁有理工科系的學位，但男性則只有百分之六十一擁有理工科學位。那位董事長宣稱所有的女性都必須具備將近四成男性並不具有的理工科背景。而他的結論是問題出在女性身上。

隱性偏見的概念指出歧視未必出於惡意或是強烈的成見。有些舉止帶有歧視的人是毫不掩飾的種族歧視者或性別歧視者。可是另有許多人雖然持有平等信念，卻做出有害的行為。心理學家瑪札琳・貝納基（戴文從前的辦公室同事）和安東尼・格林華德（Anthony Greenwald）把這種現象稱為「隱性種族歧視」，這種看似替惡劣行為卸除責任的解釋有何好處，學界對此有許多爭論。

與此同時也有其他想法出現，例如「社會支配理論」（social dominance theory），該理論提出偏見之所以持續存在，是因為所有的社會都是以這種方式組織而成：一些族群支配著另一些族群，而把比例過大的資源留給自己。雖然個體對等級制度的偏好程度有別，不同族群之間的不平等乃是一種更大的社會秩序的一部分，此一社會秩序係圍繞著維持權力而形成。從這個觀點來看，隱性偏見和支撐它的刻板印象就只是用來維持建立在族群上之不平等的許多工具之一，這是人類社會的一種模式，在世界各地長期存在並且適應力強，印度幾千年來的種姓制度就是證明。根據「社會支配理論」，最重要的不是人們如何對彼此懷有刻板印象，而是哪個族群具有支配其他族群的能力，以及人們想要維持自身族群地位的動機有多強。壓迫永遠無法被根除，只能被減輕。該理論的共同創造者詹姆斯．西達紐斯（James Sidanius）跟戴文說她是「樂觀主義女王」，而他自己則是「黑暗王子」。

一九九〇年代末期，安東尼．格林華德和同事發展出「內隱聯結測驗」（Implicit Association Test，簡稱ＩＡＴ），這是一種工具，有可能查明隱性偏見，藉由量測社會身分與一個人腦中特定的聯想或刻板印象之間的關聯有多強烈。在一份設計用來評估反同性戀偏見的「內隱聯結測驗」中，你可能會看到一串詞語，像是「微笑著」或是「靡爛」或「同性戀」，然後被要求逐一決定要把該字眼歸入「同性戀**或**壞的」那一類，還是「異性戀**或**好的」那一類。（因為「微笑著」是好的，適合歸入「異性戀或好的」，而「靡爛」是壞的，因此適合歸入「同性戀或壞的」。）接著，你會看到另一串詞語，並且被要求將之逐一歸類，可是這一次的類別是「同性戀**或**好的」和「異性戀**或**壞的」。如果你把這些詞語歸入「同性戀**或**壞的」的速度快於歸入「同性戀**或**好的」，這就表示在你腦中「同性戀」和「壞的」的連結要強過「同性戀」和「好的」的連結，揭露出同性戀在你腦中的內隱負面聯想。

檢視超過兩百五十萬份的這類測驗，揭露出大多數作測驗的人（當中百分之八十五來自美國）顯示出偏好異性戀勝過同性戀，偏好身體健全者勝過身障者，偏好年輕人勝過老年人。在許多案例中，屬於被污名化之族群的人本身也顯示出對文化上優勢族群的偏好。體重過重的人表現出反肥胖的偏見。白人、美國原住民、亞裔、拉美裔和多種族的人都顯示出對白人的正面隱性偏見。黑人是唯一沒有對白人表現出正面隱性偏見的族群；某項研究發現傳統黑人大學的學生表現出對黑人的內隱偏好。

這些測驗也揭露出大多數人更容易把男性和工作或是科學聯想在一起，更容易把女性和家庭或人文學科聯想在一起。所有的族群，包括黑人在內，都更容易把黑人和武器聯想在一起。菲利普．阿提巴．戈夫、珍妮佛．艾柏哈特和另外幾位心理學家所作的研究發現：白人受試者內隱地把黑人和猿猴聯想在一起。把源自非洲的人類描述為不完全的人類，這種特殊的非人化在十八世紀歐洲的撰述中很明顯，而在十九世紀透過主流醫學和學術界而更形加速。這個謊言在它被發明之後幾百年仍然存在於白人的意識中，證明了它是多麼徹底而積極地被推廣，雖然有些人可能難以面對此一現實。艾柏哈特在她的著作《偏見的力量》中敘述就連她在科學界的同事都不相信這些發現能夠證明種族歧視的刻板印象，而緊緊抓住基於「顏色相配」的別種解釋。

「內隱聯結測驗」起初似乎是研究內隱偏見的聖杯：一道雷射光指向偏見行為的源頭。但是這個觀點後來也受到了質疑。這個測驗有好幾個缺點，其中有兩個特別有問題。第一，用科學術語來說，「內隱聯結測驗」的「再測信度」（test-retest reliability）低：同一個人在不同的時候得到的分數可能不同。（如果浴室裡的磅秤今天說你的體重是兩百一十磅，明天說你是一百九十磅，你可能會對這個磅秤感到懷疑。）第二，一個人的測驗分數和他的實際行為之間的關係不大。得分顯示出一個人懷有偏見，未必表示他會以歧視性的方式去對待別人，而分數顯示出沒有偏見，也未必預示出此人會公平對待別人[2]。

不過，「內隱聯結測驗」的這些缺點其實可能指出了一種更複雜、更微妙的方式來理解內隱聯想。研究者假定受試者在不同時間的測驗得分不同可能表示出這些聯想並非穩定不變的，而是不穩定且具有可塑性的連結，受制於一個人的心理狀態。例如，在一個實驗中，受試者如果被提示專注於食物的滋味，他們會對口味濃重的食物產生正面的聯想；如果被提示專注於健康，他們對口味濃重的食物就會產生負面的聯想。聯想也會由於情況背景而有所不同。當我看見一個壯漢拿著一把刀，如果他是在一條暗巷裡，我會有一種反應；如果他是在舞台上，我會有另一種反應；而我若是躺在手術台上，我的反應又會有所不同。從這個觀點來看，我們就不會期望內隱聯想是固定不變的，不會期望在再次測試時結果一致。

而且它們雖然不能完美地預測個人是否會有歧視行為，但外顯的信念也不能。事實上，沒有一種心理結構能夠精準地支配一個人的行為，因為個人還受到社會規範、個人目標、旁人期望……的指引。「內隱聯結測驗」所量測出的內隱聯想，其最大的用處也許是被視為一種文化的寫照。它們的確揭露出社會趨勢：對特定族群的相同偏好在幾百萬份測驗中重複出現。以一個群體來看，這些聯想也許揭露出一種文化中的人接觸到特定知識的程度；它們呈現出一個社會所具有之刻板印象的輪廓，也揭露出文化可能會隨著時間而改變。最近對數百萬份測驗結果的一次檢視發現，在過去這十年裡，對種族和性傾向的內隱偏見明顯減少了，而對老年人和體重超重者的負面聯想則仍然存在。

但是內隱偏見並非「偏見悖論」的唯一合理解釋。另一個觀點認為，信念和聯想並不是兩件事。根據此一觀點，一個人的真實信念也許被埋藏起來，但是在適當的條件下就會顯現，例如針對一個邊緣族群。心理學家羅素．法齊奧（Russ Fazio）指出：這種真實信念會浮現還是繼續隱藏，取決於一個人在多大程度上具有揭露或隱藏其真實信念的動機和機會。如果有人在「內隱聯結測驗」中表現出他們把女性和不稱職連結在一起，這意味著他們沒有隱藏自己真實態度的動機或機會。的確，「內隱」的刻板印象尤其會在人們疲倦或緊張、有時間壓力，或是別種耗費心神的情況下影響其行為，而比較「外顯」的信念則是在人們具有動機和心神資源來仔細思考自身行動時居於主導地位。

這是否意味著人們在撒謊？未必。有可能許多人就只是不曾充分檢視自己的信念，特別是那些與自身價值觀有所牴觸的信念。的確，戴文的原始研究仰賴一份問卷來把

2 目前也不清楚「內隱聯結測驗」是否只量測了深層聯想：它可能也量測了人們控制自己對測驗之反應的能力。例如，眾所周知，一個人自我控制的程度可能會隨著年齡增長而降低。年長的成年人在「內隱聯結測驗」的得分顯示出他們比較懷有偏見，但是這也可能是由於他們控制自己對測驗之反應的能力比較差。

受試者區分為「低度」或「高度」具有偏見。但是有可能這些人在回答問卷時仍然懷有未經審視的種族歧視信念，而就是這些潛在的信念後來被觸發，而後顯現在那些圖表上。「偏見悖論」也許並不表示人們在說謊，而只表示出他們不曾徹底審視自己的內心。在這種情況下，有所衝突的也許並非人們主張平等的真實信念和習慣性的聯想，而是人們未經檢視的信念和他們的道德價值觀。

「隱性偏見」的概念指出在有偏見者和無偏見者之間有明顯的區別，但是這個區別也許並不那麼明確。就連我們腦中有兩種涇渭分明的過程——一個是自動的，另一個是刻意的——這個觀念也還有爭議；有些人認為兩種過程這個想法過於簡化。心理學家認為：在任何刺激與任何反應之間，都有**許多**過程在一個人的腦中展開，例如在看到一組詞語和按下一個按鈕之間，或是在看見一位女性人選的履歷和作出有關她適任與否的判斷之間。我們的行為可能係由自動的過程、刻意的過程和結合兩者的過程來支配。

人們的行為也可能受到互動對象的影響。事實上，心理學家妮可・薛爾頓曾主張：檢視個人的偏見和歧視，這件事本身是有缺陷和局限的，因為偏見發生在人與人之間，乃是動態的。人們並非只是把刻板印象投射到被動的他人身上，而是雙方都會對彼此的行動作出回應；誤解和感知上的差異會立刻改變行為。每一個在互動中的人都向對方的行為施加壓力。

有些研究者開始乾脆避免使用「隱性偏見」一詞，而稱之為「隱性量測」出的偏見，區分的是工具，而非態度。戴文則比較喜歡稱之為「無意的偏見」。關於與一個人的價值觀對立的偏見，一個更直截了當的說法是「未經檢視的偏見」。實際上，這種偏見和其他更公然之偏見的差異是：在一個人有意識的意圖和對方所感受到的意圖之間有著巨大的鴻溝。

使心存善意的人做出偏見行為的心理事件是以什麼樣的次序發生，這仍然是個難解的問題。事實是，對我們這些把人人平等當成價值觀的人來說，面對性別不同、種族和民族不同、宗教不同、年齡不同、能力不同、性傾向不同的人，我們的行為可能源自我們並不認同的聯想和我們並未徹底檢視過的信念，而且我們並不知道這個聯想和信念的組合是怎麼形成的。重要的是，以帶有偏見的方式行事和我們的價值觀相牴觸。當我們為自己的行為感到不安或內疚，那也許是我們的良知在說話，替改變自身的偏見行為創造出重要的切入點。在接下來這幾章裡，我們將仔細探索可能改變自己偏見行為的許多途徑。我們可以從探索人類心智的內部運作開始。

Chapter 2 有偏見的大腦

如果你湊巧在二〇一五年四月瀏覽臉書，你也許會看見電影《衝出康普頓》（*Straight Outta Compton*）的廣告，一部關於美國西岸知名音樂團體 N.W.A 的傳記電影，歌頌這群「幫派饒舌音樂」的先驅。如果你點進這個廣告，你會看見該樂團真實成員德雷博士（Dr. Dre）和冰塊（Ice Cube）的紀錄片片段，他們正開車穿過他們成長的街區。你會聽見德雷談起 N.W.A 乃是一種非暴力的抗議形式，談到該樂團為了激勵下一代所作的努力：「我們把一切都放進我們的音樂中——我們的挫折感，我們的憤怒。」你會看見這兩個男子擁抱來自鄰里街坊的年輕人。「我非常感激，」一家理髮店裡的一個男子說。「我只是想讓火焰不要熄滅。」接著，從這一小段紀錄片切入電影片段，你會看見這些音樂人在工作，一個白人經紀人談起天生的才華。你會看見這幾句話從螢幕上閃過：「在美國最危險的地方，他們的聲音改變了世界。」至少，如果你是黑人的話，這就是你會看見的廣告。

如果你是白人，呈現在你眼前的就會是段不同的影片：在前二十秒中，一個黑人女子揮動著一把獵槍。燈光和警笛聲，年輕黑人男子在酒吧裡喝深色烈酒。警察替冰塊戴上手銬，然後把他摔向一輛汽車。Eazy-E問道：「錢在哪裡？」一個身穿內衣的人回答：「你為什麼這麼無情？」然後：Eazy-E從行李袋裡抽出一把獵槍，一排黑人男子面朝下趴在人行道上，那個白人經紀人要求釋放他旗下的歌手。

《衝出康普頓》是「環球影業公司」首次使用了臉書的「種族相似性」（ethnic affinity）標籤來替一部電影進行目標行銷。環球影業沒有製作出給所有觀眾看的預告片，而製作出依種族打造的預告片。你會看見哪一個，取決於臉書對你膚色的認定。而如同作者兼記者安娜莉·紐維茲（Annalee Newitz）所指出：「看起來就像是他們在替兩部截然不同的電影打廣告。」

這部電影的票房收入是兩億美元，環球影業的行銷執行副總道格·尼爾（Doug Neil）說這部電影的叫座有一部分要歸功於這種針對種族而製作的廣告。尼爾說，這部片的成功出人意料。然後他糾正自己，說：「我不該說出人意料。這是一部爆紅之作。」

這種廣告手法為何發揮了效果？為什麼這種萬花筒式的黑人刻板印象會令白人觀眾感到興奮？一個可能的解釋是證實自己所懷有的刻板印象使人感覺愉快。在不確定的情況中，刻板印象提供了確定的假象；發現自己的想法沒錯，這也是一種肯定。就像聽音樂，或是把拼圖拼好，看見自己持有的刻板印象得到證實甚至可能帶來生理上的愉悅。

這些活動的共同點在於它們都涉及某種預測。當我們聆聽音樂，我們的大腦預測接下來會出現的每一個音符，而我們從聽見自己所預期的模式中得到樂趣。拼出拼圖也是一種預測：我們猜想一片拼圖的位置，當它恰好嵌進去時，我們就感到愉悅。在這兩種情況下，結果都是不確定的，而研究指出：正確預測出一種不確定的結果在我們大腦中引發的感覺就像愉悅。

形成刻板印象也是一種預測不確定結果的舉動，例如，看見一個女性，同時假定她的數學很差。如果後來發現她的數學果然很差，那麼這個預測就是正確的。即使正確地預測了某件負面的事也能讓人感覺愉快，就像一個習慣遲到的朋友晚到了一個小時，我們會感覺洋洋得意：「看吧！不出我所料。」這雖然令人惱火，但也奇怪地令人滿意：我們事先就**知道**將會發生什麼事，而且我們想得沒錯。那就好比我們的大腦持續在播放一部影片，關於我們預期將會發生的事，就在事情實際發生的幾毫秒之前，然後把電影拿來和現實相比較。如果我們所預期的現實和實際的現實相符，我們的大腦就會亮起來。我們的大腦喜歡自己想得沒錯。

我們也不喜歡出錯，當我們基於刻板印象的預測沒有成真，我們覺得惱怒和受到威脅。溫蒂・貝里・曼德斯（Wendy Berry Mendes）和另外幾位心理學家所進行的一系列研究揭示出此一現象。曼德斯請白人和亞裔大學生和研究者雇來當演員的拉美裔學生互動。一些拉美裔學生把自己描述成「社經地位高」，父親是律師，母親是慈善家或教授，暑期擔任志工或是去歐洲四處旅行。另一些拉美裔學生則把自己描述成「社經地位低」，父親失業，暑期當服務生打工賺錢。然後，參與實驗者被要求一起拼拼圖。

研究者發現，當參與者和那些看起來出身富裕、因此不符合美國人刻板印象的拉美裔學生互動，他們的生理反應就像是受到了威脅：他們的血管收縮，心臟活動發生變化。在這些互動中，參與者也認為那些違反了刻板印象的學生比較不討人喜歡。參與者在遇到其他類不符合預期的人時也會表現出類似的反應，例如講話帶有濃重南方口音的亞裔美國女性——她們是受過口音訓練、被雇來參與實驗的演員。

因為不符合刻板印象而被嫌棄尤其是女性常有的經驗。當女性的舉止不同於一般人對女性的刻板印象，例如不夠親切、不樂於助人，她們就被視為令人不悅、不討人喜歡。如此一來，**描述型**的刻板印象很容易就會變成**規定性**的。即使是所謂的正面刻板印象也可能會有負面的後果，因為沒能符合這個刻板印象就成為被譴責的理由。事實證明，這種「反衝」（backlash）的現象可能有著神經科學上的解釋：這是大腦獎賞系統的一種憤怒抗議。

在替「白人」製作的那支 N.W.A 預告片裡，黑人男子的畫面被飾以槍枝、毒品和警笛，反映出對黑人男性犯罪的刻板印象，這種刻板印象無處不在。片中甚至有個白人救主以經紀人的角色出現，白人救主也是長期存在於美國人想像中的人物。對於被吸引進戲院的白人觀眾來說，預告片中呈現出的刻板印象滿足了他們的期望，因此在大腦中留下愉悅的印象。

自己的刻板印象獲得證實所帶來的獎勵會由於預測的另一個特點而增強。當預測只是間歇性正確，預測的行為就很難停止。這就是我們為何很難改掉去重新檢視收件匣或是瞄一下手機的習慣：它們提供了所謂的「間歇性獎勵」（intermittent reward）。心理學家威爾．考克斯（Will Cox）認為，形成刻板印象也屬於同一類別。我們的預測有時正確，有時錯誤。這種不一致使得對旁人形成刻板印象成為一種典型的「間歇性獎勵循環」。在神經層面上，我們形成刻板印象的傾向可能是一種依賴。如同媒體學者崔維斯．迪克森（Travis Dixon）所寫：「以刻板印象的方式思考幾乎會令人上癮。」

可是這些預期最初從何而來呢？我們如何成為這種人，覺得刻板印象帶來神經上的獎勵？要理解這個過程，最好的辦法就是即時觀察它的發展，追蹤那些原本沒有刻板印象的人如何轉變成懷有刻板印象的人。換句話說，要理解我們如何從不懷偏見變成懷有偏見，我們得從觀察孩童開始。

二〇一〇年的一個春日，麗貝卡．比格勒（Rebecca Bigler）走進德州奧斯汀市一所私立小學的大門，來查看一項實驗的情況。當時比格勒是德州大學奧斯汀分校的一位發展心理學家，她在該校研究偏見將近二十年。她的目標是去理解偏見如何形成，而她在進行研究時經常和學校合作。在她此時走進的這所學校裡，孩童的年紀還很小，只有三、四歲。而她的實驗出了狀況。

比格勒還記得，那一天，與她合作的那位老師在走廊上衝到她面前，說：「我們必須取消這個實驗，妳把我的學生變成了怪物。」

比格勒的實驗是嘗試以人為的方式增加教室裡的性別偏見。這個實驗計畫是她一項更大的研究的一部分，她想找出導致偏見增長和消滅的條件。為此，她會改變孩童教室裡的各個面向，然後看看他們的態度和行為有了什麼改變。當比格勒有系統地改變孩童所處的環境，她的行為就像是一位植物學家在調整土壤成分、光線強度和養分，以觀察它們對植物的影響。

要研究偏見，學校是個好用的實驗環境，因為偏見開始得很早。三、四歲大的孩子就能夠表現出性別偏見；到了六、七歲，女孩對女性才智的信心就會降低，她們會避開那些別人告訴她們需要「非常非常聰明」才能玩的遊戲。根據膚色而產生的歧視大約在五、六歲時出現，雖然新近的研究顯示：白人孩童可能在四歲就開始在種族和性別的交集上形成偏見，對黑人男孩的反應要比對黑人女孩、白人女孩或白人男孩的反應更為負面。

關鍵的是，小孩子來到這個世上時並不帶有任何這些偏見。可是孩童渴望把他們所見到的東西分門別類，而且他們在這方面很有天賦。嬰兒時期的孩子已經對「狗」這個類別有足夠的認識，能夠把一隻毛茸茸的動物和卡通插畫連結起來。而且雖然狗和貓都有四條腿，也都有毛皮，有著毛茸茸的腳爪和動來動去的尾巴，嬰兒還是能夠看出牠們屬於不同的種類。

孩童具有這種特殊天分是件好事。分類——藉由把屬於同一類別的事物歸類來把原始的知覺資料轉換成有意義的資訊——使人類能夠感知這個世界，作出關於這個世界的預測，並且做為一個物種存活下來。如果一頭獅子出現在草原上，你必須知道要逃跑，可是首先你得要正確地認出那是一頭獅子而不是你祖母。分類至關重要。

這些分類還不斷被強化，這是比格勒在造訪學校時注意到的。小學老師一整天都在替孩子貼標籤：「女生排成一列」，「男生坐女生旁邊」，「早安，男孩和女孩」。比格勒自己於一九八二年在明尼蘇達州的聖克勞德市高中畢業時，校方希望所有的女生穿白袍，所有的男生穿藍袍。「他們想要標明性別，」比格勒對我說，「根本沒有理由這樣做。」

她認為這種無處不在的貼標籤行為可能造成了嚴重的後果。首次提出這個想法的人是心理學家先驅桑德拉．貝姆（Sandra Bem），而比格勒想要加以探究。在一九九〇年代早期，比格勒說服了中西部一所夏季學校的家長和老師來參與一項實驗。一組教室裡的老師被指示把男女分類作為組織孩童的主要方式。他們把所有女孩的課桌椅放在教室的一側，把所有男孩的課桌椅放在另一側。他們給男生和女生不同顏色的名牌。他們要男生先坐下，或是要女生先排成一列。當這些孩童畫了自畫像，老師把男生的畫像貼在一個告示板上，而把女生的畫像貼在另一個告示板上。老師並沒有偏袒哪一個性別，只是強調每個孩子所屬的類別。反之，在另一組教室裡，老師被指示用名字來稱呼孩童。

在實驗開始時，比格勒測試了所有的孩童，看看他們有多少關於性別的刻板印象，尤其是他們在何等程度上認為特定職業「只適合男性」或「只適合女性」，例如打掃房屋或水管工人。在實驗開始時，兩組孩童對於男性和女性的刻板印象是相同的。然後她追蹤這個情況在老師每天替孩童貼上性別標籤之後如何改變。在四週之後，她發現被貼上性別標籤的那一組孩童要比控制組有更多關於性別的刻板印象。他們把更多職業描述為只適合男性或只適合女性，也更可能把大多數女孩描述為溫柔、整潔、愛哭，而把大多數男孩描述為喜歡冒險、喜歡數學、擅長運動。

最重要的是，老師被指示不要提供孩童任何額外的訊息，不管是事實還是虛構的，關於男孩或女孩是什麼樣子或是有什麼樣的職業。老師只是不斷地讓孩童去注意到性別。單是堅持讓孩童去注意到性別似乎就助長了他們剛萌生的刻板印象。

在接下來那二十年裡，比格勒繼續探究這個想法，亦即強調分類乃是偏見的前奏。例如，她意識到她所進行的研究有一個缺點，就是那些孩童在來到教室之前就已經接觸到有關性別的刻板印象。用科學術語來說，他們是受到污染的樣本。那些實驗雖然顯示出刻板印象可能被加深或淡化，但卻並未揭示出刻板印象是怎麼出現的。為了捕捉到一種刻板印象的誕生，比格勒首先得要創造出一種以前不存在的分類。於是，她帶著幾箱兒童尺寸的T恤，展開了一系列的研究，在這些研究中從零開始創造出偏見。

在一個實驗中，她讓一個暑期課程中所有的孩童都穿上黃色或藍色T恤，她稱之為「工作衫」。那些孩童在每一天開始時穿上同一件T恤，比格勒和她的助理會在每天夜裡把這些T恤洗乾淨。在一組教室中，她請老師絕口不提T恤的顏色。在另一組教室中，老師被指示根據孩童的T恤顏色來組織他們：穿藍色的先排成一列，或是穿黃色的先去拿美術用品。藍衫孩童的課桌椅被集中在一起，黃衫孩童的也一樣。藍衫孩童和黃衫孩童的作品被張貼在不同的告示板上。每天早晨，被指示去注意孩童T恤顏色的那些老師跟學生打招呼時會說：「早安，藍衫同學和黃衫同學！」

隨著時間過去，比格勒發現，那些孩童的確開始培養出關於藍衫和黃衫的信念，但是只在老師強調T恤顏色的那些教室裡：黃衫組認為黃衫組比較聰明，而藍衫組則認為藍衫組比較聰明。在老師不在乎T恤顏色的那些教室裡，孩童也不在乎T恤的顏色。用心理學的術語來說，比格勒創造出了「內團體」（in-groups）。內團體是一個人自覺所隸屬的團體，而人們往往偏袒自己所屬之內團體的成員。可是只有當這些孩童生活在這些顏色類別具有意義的世界裡，這些以顏色來區分的內團體以及隨之而來的偏袒才會出現。

當然，在真實世界裡，團體從來都不是中性的：地位無處不在。有些群體擁有聲望較高的工作或是比較大的房子，而孩童也隨時在吸收這種資訊。有些群體擁有更多權力。如同詹姆斯．鮑德溫（James Baldwin）所寫：「這個世界有無數種方式讓人得知、感受並畏懼這種差異。」在後來的一項研究中，比格勒複製了藍色與黃色T恤的實驗環境，但是她使之更加符合現實：這一次她給予其中一組較高的地位。她用表現傑出之黃衫孩童的照片來裝飾所有的教室：拼字冠軍、學生領袖和體育冠軍，全都穿著黃色T恤。實驗按照平常的模式進行。在某些教室裡，老師在和孩童談話時強調T恤的顏色；在另外幾間教室裡，老師從來不提黃色和藍色，雖然表現出黃色T恤之優越性的證據仍舊被展示出來。

在老師強化T恤顏色之重要性的教室裡，孩童不僅發展出刻板印象，而且黃衫孩童變得非常確定自己所屬團體的偉大。看見黃衫的優越性在他們周圍被反映出來，同時被告知T恤的顏色很重要，這個高地位團體形成了一種初生形式的偏見。另外幾間教室裡的孩童雖然也被同樣的資訊所圍繞，但是老師沒有提到T恤的顏色，他們就沒有形成這種偏見。也就是說，孩童只有在被教導去注意群體差異時才會發展出刻板印象。有關不同群體的環境訊息需要一個骨架才能黏聚成偏見，而老師堅持區分這些群體就提供了所需的架構。

看來，替偏見奠定基礎的並不是人與人之間感知得到的差異，而是文化告訴我們這些差異有多重要。把聚光燈對準了性別，比格勒能夠提高針對性別的刻板印象。藉由強調T恤的顏色，她能夠喚起過去不曾存在的刻板印象。藉由將孩童置於黃色T恤具有較高地位的文化中，她能夠創造出黃色T恤的優越性。重要的是，當教室裡各組之間根本不存在真正的天生差異（那些T恤是隨機分配的），刻板印象還是出現了。

基於道德理由，比格勒沒有能夠複製真實世界的一個重要元素。在日常生活中，孩童不僅學到某些群體有錢有勢，而也學到另一些群體更常是無錢無勢或是被監禁。比格勒沒有在牆壁上張貼顯示出藍色T恤地位低下的海報。可是，孩童當然也會吸收所有這類資訊。

至於在那所私立學校做的實驗，那是她第一次用幼稚園學生來作研究，實驗成功了，而且成功得危險：那些按照性別來將孩童分類的老師如今在教室裡面對著一群難以駕馭、無法管理的孩童。孩子把自己按照性別分隔開來，拒絕和異性孩子一起玩。研究被取消了，比格勒回憶說，隔天她匆匆走進教室，試圖扭轉這場實驗的效果，讓那些孩子回復到比較沒有受到影響的狀態。那項研究本來打算要持續數週，結果才三天之後就叫停了。

可是為什麼單只是堅持讓孩童去注意誰是男生誰是女生，或是誰穿黃衫誰穿藍衫，就會使他們形成刻板印象？這似乎和大腦對分類的處理有關。事實證明，進行分類替大腦中直接導致歧視的大量現象開了路。

例如，當我們把生物視為屬於一個特定群體，我們開始相信有一些生物學上的基本特質把該群體中的所有生物結合在一起，有某種看不見的本質使得一隻狗成為狗，一隻貓成為貓。我們看待人類的方式也一樣：如果我們被告知一種分類很重要，我們就推論出屬於這個類別的人都具有一種基本的本質。我們把他們縮減為本質。一種分類愈是被強調，我們就愈加認為其成員有一致之處。強調的一種形式是把不同的群體隔開。例如，在北愛爾蘭，比起不分宗教之學校的孩童，就讀區分宗教之學校的孩童更容易相信天主教徒和新教徒之間有著根本上的差異。

從本質化到形成刻板印象是個直接的過程。如果一個群體的所有成員都有根本上的共同點，就很容易只根據他們屬於該群體的身分作出有關他們的假設，並且任由這些假設來指引我們的行為。分類、本質化、形成刻板印象——這個順序在世界各地的研究中都曾被觀察到。

針對心理健康問題，醫學界的趨勢是強調其生物學基礎，從這個趨勢中我們可以看出本質化的影響。對二十五項研究所作的分析發現：人們愈是相信心理疾病有神經生物學的基礎，亦即相信在有心理疾病和沒有心理疾病的人之間存在著本質上的差異，他們就愈發覺得患有心理疾病的人是危險的，也愈發想要避開他們。他們也認為那些在心理健康上有問題的人比較不可能康復。強調心理疾病乃是一種源於生理的疾病，就像糖尿病，提出這個想法的原意是想對抗歧視。事實上，它使得污名化更加嚴重。

本質化是大腦進行分類時所用的一種手法，可是大腦在進行分類時也還會表演別種特技。當有兩種類別存在，我們高估了它們之間的差異。我們低估了每一類族群本身成員之間的差別，把該族群想像成一個整體。我們也傾向於把自己所屬的族群視為美麗多樣，而把自己族群之外的人視為具有同質性。描述此一現象的科學術語是「外團體同質性」（outgroup homogeneity），舉例來說，這有助於解釋美國媒體何以用不同的方式來報導暴力事件。如果信仰基督教的白人犯下了「仇恨犯罪」（hate crime），主流媒體大多把他們描述為心理有問題的個人，他們的行動源自本身特殊的心理狀態。由一個穆斯林所犯下的罪行則可能不會被歸咎於個人的病態，而被歸咎於族群身分：來自被邊緣化之群體的人所犯下的罪行被視為反映出他們所屬的群體。有「黑人對黑人的犯罪」這種說法，但卻並沒有「白人對白人的犯罪」這種說法，雖然在美國，殺人罪行的白人受害者有八成以上是被別的白人所殺害。在文化想像中，白人犯罪者和白人受害者沒有被視為一個有意義的群體的一部分。如同哲學家喬治・揚西（George Yancy）所說，白人就「單純只是人類」。

教導孩童如何將他人分類，這是我們不斷地、不假思索地做出的簡單行為。每一次孩童看見某個群體的人從事某一種工作，或是住在城裡的某一區，就學到這些分類很重要。每一次我們按照性別、種族、民族、宗教、年齡來區分別人，不管是藉由語言、注意力還是人們在空間裡的位置，我們就在宣揚這些不同類別的重要，並且指出構成這些類別的基本本質。每一次老師說「早安，男孩和女孩」，孩童就學到了這兩者之間的區分是重要的。

這種指示通常是在不知不覺中發生的，可是在我自己的人生裡曾有過一個難忘的例子，能夠追溯出一個類別從無到有發展出來的過程。中學時代我曾經去法國當交換學生，我的寄宿家庭住在洛林區，靠近德法邊界。我從他們那裡學到怎麼當個法國人：如何在晚餐過後吃乳酪，用小小的杯子喝咖啡，中午從學校回家吃午餐。在星期當中，我跟著接待我的當地學生在她就讀的中學從一間教室去到下一間教室。有一天，課間休息時我獨自一人，一群我不認識的法國學生示意要我加入他們。他們對我以及我對法國的印象感到好奇，想知道我愛聽的音樂和我看的電影。我們躺在校園的草地上，在一團香菸煙霧底下說說笑笑，每個人都大膽嘗試用對方的語言說話。等到下課時間結束，我揮揮手向我的新朋友道別，然後回到教室。

後來，一個負責接待我的當地學生悄悄走過來，讓我知道我剛才是和阿拉伯人玩在一起。原來，校園裡那些孩子是和他們的家人隨著移民潮從摩洛哥和阿爾及利亞來到法國的。由於我不了解法國的政治或社會背景，我沒有注意到這些說法文的學生和其他學生有何差別。我來自威斯康辛州東北部一個以白人天主教徒居多的小鎮，在當時，「阿拉伯人」這個類別在我們鎮上並不具有直接的意義，因此我對阿拉伯人沒有刻板印象，沒有成見，而且最重要的是，我甚至沒有注意到我那些新朋友有任何與其他人不同之處。任何可能表明他們乃屬於「阿拉伯人」這個群體的特徵都沒有引起我的注意。

有可能我甚至沒有看見這些特徵。研究指出，我們的視覺本身也有一部分是我們文化的產物：我們學到的類別和聯想會影響我們對視覺訊息的處理。例如，艾美・克羅許（Amy Krosch）和另外幾位心理學家所作的研究顯示：當美國白人感覺受到威脅，他們會覺得黑人的膚色更深。他們也會更快速地把混血兒的臉孔歸類為「黑人」。同樣地，當美國白人感覺受到威脅，那些把阿拉伯人和危險聯想在一起的人會覺得他們的臉看起來更憤怒。心理學家珍妮佛・艾柏哈特發現，在下意識中促發「黑人」這個類別也會改變人們眼中所見。在她的研究中，當人們在下意識中看見黑人臉孔的圖像，他們就能更加快速地從一張低解析率的圖像裡辨識出一把槍。同樣地，當人們在下意識中接觸到暗示犯罪的圖像（例如，槍或手銬的照片），他們的眼睛更容易聚焦在黑人臉上，而非白人臉上。

身為置身外國的美國青少年，一旦我學到了阿拉伯人是一個類別，我就注意到了新的細節。我看見頭髮和皮膚的顏色，也注意到這些學生習慣聚在一起。當我的視覺適應了我學到的分類，我經歷了一個孩童經歷的過程。別人教給我一個類別，告訴我這個分類是重要的，然後我開始注意到那些我以前不知道要去注意的屬性。

然而，去分類的衝動雖是普遍的，我們所區分的類別的界線卻不是。任何社群要如何界定群體的界線以及誰屬於其中，這是可以改變的，而且完全視時代和地方而定。例如，性別二分法遠非舉世皆然。歷史上，有無數美國原住民文化的性別系統包含男性、女性和一種後來被稱為「雙靈」（two-spirit）的人，一種獨特的第三性別。這些個體可以承擔不同於其性別所決定的角色。「雙靈」男性可能成為熟練的織工，而「雙靈」女性可以成為戰士。在印尼南蘇拉威西省的布吉族文化中，在歷史上有五種性別：生理性別為男性，也擔任男性角色；生理性別為女性，也擔任女性角色；生理性別為男性，擔任女性角色；生理性別為女性，擔任男性角色；還有第五種性別，稱為bissu，其性別被視為不重要，而且他們被認為超越了性別。他們擔任祭司、巫師和治療師。事實上，在東南亞原住民的宇宙論中，神祇集男性與女性於一身，包含這兩種元素的雙靈人被視為更近似神。即使是在當代的美國，性別二元論在許多地方也變得不那麼僵化。

我們圍繞著種族和民族類別所劃出的界線也是可塑的。雖然「民族」這個詞如今也許係指擁有共同祖先的人，考古學研究指出：例如在古埃及，不管你來自何處，只要你說話、祈禱、穿著、舉止像個埃及人，你就可以被認為是「埃及民族」的人。身為「埃及民族人」，你可以享受埃及社會的好處。無論你是來自如今黎巴嫩的淺膚色迦南人，還是來自如今蘇丹地區的深膚色努比亞人都一樣。

民族的區分長久以來就被承認，但種族群體的概念——認為人們可以被廣泛地分類為具有遺傳上、生理與心理上之生物性差異的類型——則是比較近期的一種發明，可以追溯到十六、十七世紀對非洲人的奴役。早期歐洲各地的奴隸通常是喬治亞人、亞美尼亞人和索卡西亞人，slave（奴隸）這個英文字源自 sclavus，亦即「斯拉夫民族的」。當鄂圖曼帝國於一四五三年征服了君士坦丁堡，阻斷了這個地區的奴隸來源，於是奴隸買賣大多轉移到撒哈拉沙漠以南的非洲。黑人乃是一個「種族」的概念於是產生。歷史學家伊布拉．肯迪（Ibram X. Kendi）把黑人構成一個統一群體的概念追溯到一個名叫戈梅斯．德祖拉拉（Gomes de Zurara）的葡萄牙作家，該作家於一四五三年記錄了葡萄牙的一次奴隸拍賣，敘述了對非洲奴隸的買賣，其中包括許多民族的人，有些「膚色較白，相貌俊美」，有些「黑得像黑色礦石」。合在一起，他們就成了「那個可憐的種族」。事實上，奴隸制度直接創造出對黑人的種族歧視，歷史學家大衛．布里翁．戴維斯（David Brion Davis）寫道：「在奴役變得幾乎僅限於黑人之後，自古以來被用在奴隸和農奴身上的負面刻板印象，不管他們屬於哪個民族，最終都轉移到黑人奴隸身上，再轉移到大多數的非洲後裔身上。」

歐洲思想家興致勃勃地繼續探索種族的概念，設計出各種編排並且加以修訂。一六八四年，法國醫生弗朗索瓦·貝尼爾（François Bernier）提出了一個分類系統，由四個群體組成：（一）美國原住民，來自北非、印度及亞洲部分地區的人，以及除了「莫斯科大公國部分地區」以外的所有歐洲人；（二）來自撒哈拉沙漠以南地區的人；（三）來自亞洲其他地區和中東的人，包括「住在幼發拉底河沿岸往阿勒坡方向」的人；（四）來自芬蘭的拉普蘭人，他們的臉「和熊很像」。與此同時，在美洲的殖民地，由於奴隸制度的種族化，「白人種族」的概念正在成形。人類學家丹尼爾·西格爾（Daniel Segal）寫道：「把『非洲人』描繪成一個單一的種族階層，這意味著來自歐洲的殖民者……成為一個單一種族。」到了十七世紀末，散布在美洲各殖民地的歐洲人被普遍描述為「白人」。

使用「高加索人」一詞來指稱一種人類群體係於一七八五年由德國哲學家克里斯多福·邁納斯（Christoph Meiners）所提出，他把人類分成兩種類型：高加索人和蒙古人。高加索人是凱爾特人或斯拉夫人。（邁納斯認為前者比較具有靈性和美德。）在邁納斯看來，歐洲的猶太人不是高加索人，而是「亞洲」人。十年後，德國醫生布盧門巴赫（J. F. Blumenbach）提出了他的五種族系統：高加索人、蒙古人、衣索比亞人、馬來人和美國原住民。這些分類係根據他廣泛收集的人類頭骨，他也同意邁納斯對猶太人的看法，聲稱猶太人的眼睛「散發出亞洲氣息」。

「白種人」的界線在幾世紀當中變動很大，以符合不斷改變的社會秩序。種族化的奴隸制度意味著所有歐洲人都被合稱為「白人」。一八八〇年以後，當一波波來自南歐和東歐的移民引發了對「不受歡迎」之白種人的敵意與恐懼，「白種人」就又被細分了。一八九七年，「美國移民局」印行的《種族與民族清單》（*List of Races and Peoples*）列出了四十六類的「種族或民族」，當中包括羅馬尼亞人、波蘭人、南義大利人、北義大利人。移民限制使得南歐人與東歐人可取得的簽證數量銳減，包括義大利人和猶太人在內。在那之後，歐洲各民族又再次合併成為單一的「白人種族」。

除了學習識別我們的文化認為重要的類別，孩童當然也學到每一種類別的意義。身為男孩或女孩意味著什麼？身為一個種族、具有一種性傾向意味著什麼？孩童有動機去找出這些名稱的意義，比格勒說。「孩童聽見『女生排成一列』和『哈囉，女孩們』，他們就會想『我最好弄清楚什麼是女生』。」

而特定類別使我們聯想到的意義就跟這些類別群體的界線一樣取決於文化。雖然歷史經常被概念化為一條直線，走向愈來愈普遍的啟蒙和平等，但歷史的幾何圖形更接近一個螺旋。認為女性乃是逐步參與經濟活動，而在二十世紀進入職場，這種想法與歷史不符；家庭婦女這個典型乃是十八、十九世紀白人菁英的發明，其實女性一直都在經濟中扮演重要角色。新石器時代的女性就會碾磨穀物，十九世紀的女性就從事調查報導。古代美索不達米亞的文字紀錄顯示出女性在西元前二十世紀就經營紡織業；她們經營亞麻布和毛料作坊，並且和丈夫與兒子協商織品的販售，她們的丈夫和兒子會前往其他城市出售這些織品。在一封信裡，一個企業家質問她的兒子：「為什麼你沒有把我生產的紡織品的利潤寄給我？」

同樣地，現今的「內隱聯結測驗」顯示出男性使人聯想到領導力，女性則使人聯想到支持者。但是在其他時期的其他文化中，女性使人聯想到權威和權力。事實上，現有最古老的崇拜圖像之一是西元前三千年的瓦爾卡祭祀瓶，描繪一列男子將禮物奉獻給一位女神。古代蘇美人建立的城市烏魯克和巴比倫被認為係受到女神伊南娜的保護，她主司性愛、繁殖和戰爭。在世界的其他地方，女性佔據權威地位的程度遠超過今日。一一四二年成立的北美原住民「易洛魁聯盟」（Iroquois Confederacy）包括奧農達加族、莫霍克族、塞內卡族、奧奈達族、卡尤加族以及後來加入的塔斯卡洛拉族，聯盟中的女性參與所有重大決策並且擔任重要的領導職務。女性有權否決任何戰爭行動，有權選擇酋長，並且可以取消酋長的資格或解除其職務。她們也主持正義；對於犯下性侵罪行的男性，她們可以指定用放逐、留疤或處死來懲罰。

事實上，女性在「易洛魁聯盟」中扮演的角色令早期的歐裔美國人感到困擾，他們對女性參加條約簽署和其他政治會議感到不悅。正如奧奈達族酋長科諾夫奇森（Conoghquieson）在一七六二年的說明：「讓女性出席這種場合一向是我們的習俗，因為她們在我們當中很受尊重。」同一年，在與「易洛魁聯盟」的一場會議上，英國印第安事務大臣威廉·強森（Sir William Johnson）表達了他的困惑：

> 各位弟兄，
>
> 當我召集你們來參加這次會議，我實在看不出有任何必要讓女性在場……雖然我很感謝你方婦女有意促成良好工作的熱忱，而且我知道她們習慣出席這類場合，但我衷心希望不要有超出處理開會事務所需的人來參加任何會議。

也許就是因為這種平等，許多被美國原住民俘虜的歐洲婦女即使在有機會返回之後仍選擇留在俘虜她們的人身邊。

一如與性別有關的屬性取決於文化，膚色的意義也一樣，而「白人至上」的觀念是一種現代的虛構。舉例來說，並沒有證據顯示努比亞人在古埃及受到因膚色而起的歧視。事實上，他們在古埃及的軍事和政治機構裡都晉升到最高階層。一座被挖掘出來的古墓揭露出一個名叫邁赫佩里（Maiherpri，這個名字的意思是「戰場雄獅」）的努比亞人與當時最有權勢的埃及統治者葬在一起，被大量的財富圍繞，包括一個箭筒，裝著有削石箭頭的弓箭，還有他的狗群所用的鑲金皮項圈。混合了努比亞風格和埃及風格的烹飪用具乃是表示出努比亞人和埃及人通婚的考古證物。[3]

膚色在古代承載著不同的價值和意義，有些是我們如今無法認出的。古希臘醫生希波克拉底和他的門生提倡一種觀念，認為一個人身心的構成係由其體液（痰、血液、黃膽汁和黑膽汁）所決定，而體液又是由氣候來決定。根據希波克拉底一篇用來指導旅行醫生的文章，歐洲北部濕冷的氣候使皮膚變得蒼白，並且產生濕氣，這又使人變笨。相反地，埃及和衣索比亞炙熱的陽光使皮膚變黑，使體液變乾，使得非洲人智力高。這種世界觀在古羅馬的一些科學手冊裡可以看到。古羅馬作家、建築師兼軍事工程師維特魯威（Vitruvius）寫道：「南方民族理解力強，議事睿智」。古羅馬作家維蓋提烏斯（Vegetius）感嘆：「我們的財富總是及不上非洲人，在詭計和謀略上也不如他們。」

在這些古代人的心目中，炎熱乾燥的非洲氣候既帶給人缺點，也帶給人好處。如果說體液乾燥給了衣索比亞人智力，當時人認為這也使他們變得懦弱，因為他們在戰場上不能流什麼血。相反地，北方人體液充沛，勇敢好戰。只可惜勇敢無法彌補愚鈍。由於北方人魯莽地向敵人進攻，維特魯威寫道：「他們的進攻被擊退，他們的計畫受挫。」古羅馬詩人與演說家弗羅魯斯（Florus）寫道：「他們具有野獸的精神。」如果說蒼白的北歐人粗壯但遲鈍，是古羅馬世界的「呆傻運動員」，非洲人就是書呆子。

古羅馬人毫不害羞地展示出對「內團體」的偏袒，在自己身上看見了各種特質的完美融合。維特魯威寫道：「義大利人在強壯的身體和強健的心智這兩方面都很出色……義大利享有南方與北方之間無與倫比的溫和氣候。因此，它能夠用計謀阻擋野

3 這並不表示基於群體的敵意或支配欲在古埃及不存在。圖坦卡門國王的鞋底釘著利比亞人和努比亞人的圖片，讓他可以把對手踩在腳下。但是這種反感是政治上的，而非種族上的。

蠻人的攻擊，而用力量戰勝南方民族的狡詐。」普林尼（Pliny）寫道，這種溫和的氣候有助於「溫和的習俗、清晰的思緒、以及開放的性情，能夠了解大自然的一切」。換言之，古羅馬人擁有一種迷人的均衡：既有源自寒冷的蠻力來擊退更聰明的非洲人，也有促進腦力的南方陽光來智取自北方入侵的蒼白暴徒。[4]

膚色與美麗之間的關係也一直在改變。淺色皮膚比深色皮膚更美麗的觀念如今遍及全世界。像是Fair & Lovely（白皙可愛）這樣的美白面霜從馬利到中國和美國都有販售。這些產品含有包括汞和氫醌的有毒成分，是一個價值數十億美元的產業。在反對聲中，Fair & Lovely於二〇二〇年改名為Glow & Lovely（煥發可愛）。

當然，全球對白皙皮膚的這種渴望符合目前的種族等級，但這也可能至少有部分歸因於考古學上的一個錯誤。啟蒙時期的思想家對古希臘羅馬時期的大理石雕像感到驚嘆，得出結論，認為古代的審美觀偏好乳白色的皮膚。由於他們目錄中的雕像是蒼白的，他們就認為古羅馬人想必崇尚蒼白的皮膚。可是古羅馬雕像根本不是白色的：根據新的技術分析，包括紫外線攝影，揭露出在博物館和我們想像中那些具有代表性的雪白大理石雕像原本有著鮮豔的色彩和奔放的圖案。古羅馬人並不認為白色美麗，在他們眼中，北歐人看起來就像是被漂白了。弗羅魯斯寫道，他們在壓力之下出汗「就像白雪在陽光下融化一樣」。

雖然人類的所有這些分類連同其界線和意義都是經由教導而來，我們學習這些分類的方式卻很少被注意到或記錄下來。當托妮・莫里森（Toni Morrison）在文學經典中搜尋，她在小說中發現了實際的做法，在芙蘭納莉・歐康納（Flannery O'Connor）的短篇小說《人造黑鬼》（*The Artificial Nigger*）中，故事背景是一九五〇年代的喬治亞州。故事中，一個白人帶著孫子尼爾森上了一列火車。一個身材發福、衣著體面的男子從他們旁邊經過，而那個祖父要求孫子描述那個人。一個男人？不，祖父說。尼爾森提議：一個胖子？然後又試了一次：一個老人？而祖父說：「那是個黑鬼。」這堂課完成了。「尼爾森必須被教育，」歷史學家妮爾・厄文・潘特（Nell Irvin Painter）寫道，「尼爾森必須經歷這個過程，無視一個衣著體面的男子，而重新看見一個黑鬼。」

對孩童來說，這些課程很少發生得如此直接。而是孩童觀察他們眼前的世界，看見有些群體富有，另一些群體貧窮，有些擔任社會地位高的工作，有些從事社會地位低的工作，有些被關在牢裡，有些是自由的。他們從自己的父母身上學習，甚至是心存善意的父母，這些父母也許並不了解自身行為造成的影響，當他們移開視線，或是在公車上換座位，避開屬於另一個族群的人，由此洩漏出他們的偏見。

當然，孩童也透過媒體來學習，亦即對這個世界的模擬和重述，如今就揣在我們

4 並非每個古代人都同意。羅馬公民阿普列尤斯（Apuleius）堅稱氣候並非命運。「哲學家阿那卡爾西（Anacharsis）不就出生在愚蠢的斯基泰人當中嗎？米雷提德斯（Meletides）那個白癡不就出生在聰明的雅典人當中嗎？」

口袋裡。我們可以從加拿大卑詩省一個伐木小村莊的稀奇案例中看見這個過程如何展開。一直到一九七〇年代初，這個村子都沒有電視。該地區的其他村莊有電視，可是這個村子由於地理位置特殊而沒有電視，因為該社區位在落磯山脈深處，周圍的山峰阻擋了所有的收視訊號。由於距離最近的可以收到訊號的地方還在五十英里之外，村民就不看電視。

到了一九七三年，村民聽說他們終於能夠收到訊號了。當時任教於英屬哥倫比亞大學的社會學家譚妮斯・麥克貝斯（Tannis Macbeth）心想：電視的來臨也許首度提供了機會來見證電視帶來的影響。用科學術語來說，這將會是一次「自然實驗」（natural experiment），因為這些事件發生在真實世界，沒有受到研究者的干預。麥克貝斯趕在該村莊裝設電視之前去到那裡。她和同事把該村莊稱為 Notel（No Television，意思是沒有電視），以保護村民的隱私，並且發給村民一系列的測驗和問卷，收集各種數據，從他們的娛樂方式到他們的暴力程度，再到他們認為哪些工作和行為適合男性和女性。他們詢問孩童，男生有多適合洗碗、從事粗暴的運動、炫耀自己？女生呢？男生或女生應該成為醫生、圖書管理員或是加拿大總理嗎？這些研究者也調查了鄰近的社區，以便把 Notel 拿來和已經看電視長達十五年的附近居民相比較。

在電視進入 Notel 之前所作的調查顯示：和附近村莊裡的孩童相比，該村孩童一般而言較少有性別刻板印象，比較不會把某些角色或行為只與男生或女生連結在一起。可是在 Notel 有了電視兩年之後，麥克貝斯又回到該村，發現很多事情都改變了。體育活動比以前少了，老年人參與公眾生活也比以前少了。孩童變得更有攻擊性。而且他們懷有刻板印象的程度也提高了：如今大約和那些看電視已經很多年的孩童相當。看見電視上對性別的描繪，窄化了孩童的視野，關於哪些工作適合男性或女性，哪些活動適合男孩或女孩。現在他們更可能表示總理一職只適合男性來擔任，而洗碗只適合女孩。除了引進電視之外，在Notel沒有發生其他的重大改變。

孩童學習並且吸收每一種社會類別的界線，以及每一種類別的成員應該如何；就像沙子倒進桶中，孩童所身處的文化帶著資訊湧來。然後孩童長大成人，各式各樣複雜的新訊息隨著成年而輸入：更廣大的世界，朋友和鄰居，報紙和廣播，電視新聞和社群媒體[5]。童年時期所建立的類別填滿了愈來愈多的文化碎片[6]。例如，每一次一個人看見科學家是男性，這個聯想就被強化，隨著聯想被強化，它們就更可能在腦海浮現。一個人愈常把「科學家」和「男性」聯想在一起，「科學家」這個字眼就會更加

5 社群媒體可能會進一步強化刻板印象：研究者分析 IG 上的數百張自拍照，發現這些照片比雜誌上的廣告更具有性別刻板印象。

6 雖然孩童所懷有的刻板印象、信念和偏見往往比他們成年後所懷有的要更為僵化和粗糙，有證據顯示兒時所形成的偏見會一直留下痕跡，即使是在表面之下。例如，羅莉．魯德曼（Laurie Rudman）和其他幾位心理學家的研究指出：比起那些小時候由苗條母親養育的人，小時候由體重過重的母親養育的人在長大後對於體重過重的人有較多正面的內隱聯想，即使表面上他們偏好瘦子。

自動地召喚出男子的形象。

當然，有些刻板印象是有事實根據的。例如，一般人對荷蘭人的刻板印象是他們個子高，而平均而言他們也的確個子高。企業領導人被假定是男性，而大多數的執行長也的確是男性。基於在現實世界感知到的差異而作出的差別對待，經濟學家稱之為「統計歧視」（statistical discrimination）。這種歧視有很多問題：首先，根據群體的平均差異來判斷獨特的個體會造成錯誤，就像跟一個六呎二吋的女生說她不能打籃球，因為女性的平均身高只有五呎四吋。其次，我們對不同的群體形成刻板印象往往不是根據最常出現的特徵，而是根據我們感覺上該群體最獨特的特徵，哪怕這些特徵根本不是那麼常見。例如，一般對共和黨員的刻板印象是他們富有，因為財富在共和黨人當中要比在民主黨人當中更明顯，可是共和黨地區家戶收入的中位數要低於民主黨地區家戶收入的中位數。如果一個特徵在一個群體中比在另一個群體中更常見，它就會成為一種刻板印象，並且被用在該群體的每一個成員身上。此外，統計上的差異往往有著複雜的原因，可是人們往往傾向於支持簡單的本質主義論點，而忽視了這些原因。

重要的是，人們所接收的關於族群的文化知識往往並未反映現實。雖然某些政客經常詆毀墨西哥移民為罪犯，「加圖研究所」（Cato Institute）的一項研究檢視二〇一七年德州的定罪和逮捕紀錄，發現無證件移民被定罪的次數比在美國出生的美國人少百分之四十七。合法移民被定罪的次數比土生土長的美國人少百分之六十五。德州的艾爾帕索（El Paso）是一個勞工階級的城市，隔著邊界與墨西哥的華雷斯（Juarez）

相鄰，華雷斯屬於墨西哥最危險的城市。艾爾帕索大約有八成居民是拉美裔，其中大多數是墨西哥裔。如同犯罪學家艾倫・沙爾芬（Aaron Chalfin）所指出，如果說墨西哥移民帶來了犯罪，那麼艾爾帕索就應該充斥著犯罪。然而，艾爾帕索一直到最近都是全美最安全的城市之一，殺人犯罪率是每十萬居民有二點四件，相當於安全的世界都市，如倫敦。這份安全在二〇一九年被撕裂了，當一名白人在一次反拉美裔的攻擊事件中開槍射殺了二十三個人[7]。另一項分析發現由穆斯林犯下的恐怖攻擊行為在新聞中受到比例過高的報導。研究者發現：從二〇〇六年到二〇一五年之間，如果控制在攻擊中死亡的人數，比起由非穆斯林所犯下的恐怖行動，穆斯林所犯下的恐怖行動受到的新聞報導多出百分之三百五十七。

媒體這種呈現鞏固了我們的聯想，幾年前的一個下雪天使我切身察覺此一事實。當時我捲起書本和寫作材料，步行前往家附近的大學圖書館。我希望能有愜意的寧靜，而我運氣很好。那一週適逢期末考，所以閱覽室雖然坐滿學生，但是除了敲擊鍵盤的聲音以外都很安靜。空位很少，我在其中一個輕輕坐下，開始工作。大約一小時後，我聽見窸窸窣窣的聲音，抬起頭來，看見一個年輕人沿著走道走向閱覽室末端人

7 另一項研究追蹤調查了亞利桑那州的犯罪情況，在一項立法導致出生於國外的人口減少之後。財產犯罪減少了百分之二十，但這是由於國外出生的年輕男子在外流的人口中所佔比例過高，而他們的犯罪率似乎並不比土生土長的美國年輕人高。

很多的地方。另一個人跟著他走。他們把捲起來的小祈禱毯攤開，跪了下來。當我看著這一幕，我感覺到自己掌心冒汗，心跳加速，呼吸變得很淺。我表現出恐懼反應的所有徵兆，因為我看見兩個穆斯林男子在祈禱，這令我自己也感到不解。

在那一刻之前，我都沒有意識到伊斯蘭教和恐懼在我腦中有著連結。事實是，我被一個持武器的幼兒殺死的可能性還大於被一個穆斯林恐怖份子殺死的可能性。可是在那個冬日之前的那幾年裡，我就像我們社會裡每一個看電視新聞和讀報紙的人一樣，看見了穆斯林和恐怖主義被連在一起。

研究也顯示，刑事司法系統中的白人和有色人種以不同的方式被呈現。對洛杉磯電視新聞所作的一項分析發現，和他們的實際人數相比，被呈現為警察的白人過多，而被呈現出的拉美裔警察則低於實際比例。同一份分析也發現，和犯罪報告相比，被呈現為受害者的白人人數高於實際比例，而被呈現為受害者的拉美裔人數則低於實際比例。研究也發現，黑人在歷史上被呈現為犯罪者的比例高於實際。他們也被呈現為更具有威脅性，新聞報導黑人男子被指控犯下暴力罪行時，更可能呈現出他們在身體上受到壓制，和被指控犯下暴力罪行的白人相比。這些聯想隨著時間而被強化：白人和秩序被聯想在一起，黑人和危險以及需要受到壓制被聯想在一起。由於地方性的電視新聞過度把黑人呈現為罪犯，難怪經常觀看這些新聞的人更可能把非裔美國人視為暴力份子，並且認為黑人嫌犯有罪。

女性做為一個群體在媒體中仍然以不同於男性的方式被呈現。二〇一九年，在好萊塢大片中飾演主要角色的女性只佔百分之三十七；在一九四二年，她們佔百分之三十三。對好萊塢兩千部劇本的分析發現，即使是在以女性為主角的電影中，例如迪士尼的公主電影，男性說的台詞也比女性多。女性往往被描繪為支持者，而非主角。同樣地，在電玩遊戲中，女性角色通常都是協助其他人，往往擔任一個男性主角的助手。在好萊塢製片人哈維・溫斯坦（Harvey Weinstein）性侵事件被揭發後的今日，事情愈來愈明顯，過去這幾十年來出自好萊塢的女性形象，甚至有一大部分是控制在一個不把女性當人看的人手中，把女性視為可以用之即棄。這種感覺對於當代女性概念的影響是難以估計的。

「女性」和「支持」之間的聯想如今也被深深嵌入我們生活的數位架構中。我們逐漸依賴用來播放音樂或發送訊息的聲控 AI 助理被預設為女性。我們有 Siri（在挪威語中的意思是「帶你走向勝利的美麗女子」），亞馬遜推出的 Alexa，還有微軟推出的 Cortana，係以一個體態豐滿的電玩角色來命名，她穿著一襲全像攝影的連體緊身衣。我們請求 Siri、Alexa 和 Cortana 協助，而她們愉快而流暢地提供協助。有些分析者把這個決定歸因於有研究指出人們偏好女性的聲音。然而，每一次由一個女性 AI 來處理我們複雜生活中的瑣碎事務，就加強了女性和卑屈之間的聯想。

我們的文化不斷用這些形象來轟炸我們。聯想會滲進我們的心理溝渠，就像淤泥一樣沉澱下來。而這些聯想一旦存在，就很難根除。刻板印象不僅會在我們腦中徘徊，我們的大腦一有機會就會加以使用。

它們被運用的一個方式是作為「自我增強」（self-reinforcement）。雖然「確認偏誤」（confirmation bias）的概念指出我們會高估支持自身信念的證據，但是當我們使用刻板印象，我們往往根本沒有得到任何證據。如果一個人假定女性能力較差，因此拒絕把一件具有挑戰性的任務分派給她，此人就不會得到有關她能力的回饋意見。如果一個人假定黑人男子是危險的，因此過到馬路另一邊以避開他，此人就不會得到自身假定是否正確的相關資訊。如果一個醫生對於女性或有色人種的刻板印象導致他比較不去認真看待他們的症狀，於是病人改去別處求診，這個刻板印象就不會被反駁。因此，刻板印象就可能一次又一次地被使用。

刻板印象可能難以消除的另一個原因是它們具有功能：它們幫助我們理解這個世界。在一個基本層面上，我們需要相信周圍的世界是合理的，於是我們尋找方法來理解我們的環境，並且向自己解釋事情何以是這樣。如果刻板印象是真的，那麼世界就是以一種公正而公平的方式組織起來的。如果一個國家禁止穆斯林，那他們肯定是恐怖份子。如果一個國家築起一道圍牆，無證件的移民一定是導致了犯罪率升高。刻板印象持續存在的部分原因在於它們在文化上具有用途：它們使現狀有了正當性。

以領導階層的女性為例。針對女性擔任掌權職位的比例不足，一個常見的論點是她們有某種特質使她們比較不適合這些角色。這些「內在」的原因包括女性比較不喜歡冒險和競爭，還有她們比較「神經質」，比較樂於助人，而且比較親和。當然，這種想法暗示著男性有某些內在特質使他們更適合領導。

這些關於女性基本特質的說法一經檢視就不攻自破。讓我們來看看「親和」，心理學家視之為「五大」性格特質之一。「親和」包括順從、利他和謙遜。可是女性也都高度受到激勵去做到這當中的每一項，因為她們經常由於**不夠**親和而受到懲罰。心理學家瑪德琳・賀爾曼（Madeline Heilman）所作的一項研究發現，當女性選擇不去幫忙同事，她們給人的印象比較差，可是男性不去幫忙同事則不會受到懲罰。另一項研究檢視了幾百位技術專業人員的實際績效考核，發現對男性的負面考評中只有百分之二點四包括針對其個性的批評。相形之下，對女性的負面考評中有百分之七十六包含對其個性的批評，告誡她們應該退讓，讓其他人更能發揮，或是要她們說話時用更溫和的語氣，或是行動不要太主觀[8]。簡而言之，她們應該要更親和。她們的工作就取決於此。

堅持說女性天生就比較親和，就像是給老鼠一匙魚肝油和一匙花生醬，每一次老鼠去碰花生醬時就給予電擊，然後作出結論，說老鼠天生比較喜歡魚肝油。測試女性的「先天特質」就只是測量那些被調教和強化的行為，因為那是唯一能被社會接受的選擇。可是這類刻板印象提供了一種有效的方式來解釋男性在領導上的優勢地位：女性就只是天生過於溫順和親和，使她們無法出人頭地。

8 不親和似乎並不會給男性帶來類似問題。事實上，在一組研究中發現，不親和的男性收入更高。

針對女性較少擔任握有權力的角色，另一個論點是女性不喜歡冒險。例如，有些演化心理學家認為，女性在演化過程中變得更為畏怯，男性則要去承擔風險，和其他男性競爭以得到配偶。可是指出女性較少承擔風險的研究往往專注於少數領域，像是賭博和投資。心理學家塞爾文．貝克（Selwyn Becker）和艾莉絲．伊格利（Alice Eagly）所作的一項研究發現，在某些情況下，女性比男性承擔**更多**風險：例如，在納粹對猶太人進行大屠殺期間，女性比男性更可能冒著生命危險去庇護猶太人。她們也更可能捐出一顆腎臟，這種行動對一個人本身的健康構成了重大風險。

此外，針對風險所作的研究一向沒把女性經常承擔的風險納入考量，像是生孩子可能會損及健康和財務安全，而投入親密的伴侶關係則構成了遭受暴力的風險。全世界有過伴侶關係的女性當中有三成曾有被伴侶施暴的經驗。生孩子也會使女性的薪水減少，所以對婦女來說，有小孩也對未來的收入構成風險。再者，如果一個人在職業生涯中更難受到肯定，承擔新角色這樣的改變可能會有更大的風險，因為倘若失敗，要從失敗中恢復可能更難。

事實可能是：女性並不是更厭惡風險，而是所有的人都有一個「風險預算」，而女性的生活含有額外的風險，是許多風險研究沒有正確計算在內的。女性表面上對風險的厭惡也許就只是她們正確的風險評估。

美國文化中另一個無處不在的刻板印象是所謂的「模範少數族裔」。的確，儘管亞裔美國人只佔美國人口的百分之五點九，他們卻佔了長春藤盟校學生數的五分之一。蔡美兒（Amy Chua）和傑德．魯本菲爾德（Jed Rubenfeld）合著的《虎媽的戰甲》（*The Triple Package*）聲稱：中華文化中的固有特質，像是「衝動控制」（impulse control），解釋了華裔美國小孩在學業上的成功。

可是社會學家李智英（Jennifer Lee）和周敏（Min Zhou）替亞裔美國人的學業成就找出了其他原因。一九六五年，當美國的「移民與國籍法案」向來自亞洲的移民開放，它鼓勵了技術人員的來到，像是科學家和醫生。這培養出中國移民的新形象；如今，超過半數的中國移民受過大學教育，相比之下，中國人口中只有百分之四的人受過大學教育，土生土長的美國人當中也只有百分之二十八。在中國，要進入頂尖大學就讀只根據單單一次考試的成績，而且有大量的課外補習；學生有時候每天讀書七小時。有技術專長的中國家庭把這種對補習的重視帶到了美國，在社區中心和教會開班授課，並且替七年級學生提供ＳＡＴ準備課程——比學生通常參加這項測驗的時間提早了四年。這些課外輔導通常是免費的，勞工階層的亞裔學生也可以參加，李智英和周敏認為這些學生吸收了重視課業的習慣和價值；而在美國文化中，測驗的準備課程一般是給家境富裕的學生上的。

此外，由於來自許多不同國家的移民被統稱為「亞裔」，來自這些國家的移民子女不僅受益於這種實際的課業協助，而且也受益於亞裔的高成就形象。李智英和周敏訪談過的一些華裔和越南裔學生甚至敘述他們被安排去上大學先修課程，雖然他們並沒有達到所要求的標準。李智英和周敏認為，在美國經常被認為屬於「基本」

亞裔文化的東西，其實是結構性地被引入的。因此，這些模式在其他國家未必存在。例如，在西班牙的華裔移民子女輟學的比例很高，在所有第二代移民族群中的教育期望最低。[9]

當我們看見這些模式，例如女性沒能登上握有權力的位階，或是亞裔學生在學校裡獲得成功，把這些模式歸因於固有的特質要容易得多。心理學家安德列．席姆潘恩（Andrei Cimpian）和艾芮卡．薩洛蒙（Erika Salomon）把這種趨勢稱為「在固有本質中尋找啟發」（the inherence heuristic）。相信各個群體之所以佔據他們現有的位置——在一家公司裡，在一個社會中，在這個世界上——乃是因為這些群體有某種天生固有的特質能夠解釋何以如此，這樣想比較不費腦力。要把社會模式視為偶然，視為人為干預的結果，或是去追溯是哪些微妙力量的累積導致了這些模式出現，這就困難得多。

由於我們想要相信固有的屬性解釋了這個世界的種種模式，刻板印象也可以被策略性地用來維持現狀。例如，在南北戰爭之前的美國，刻板印象被用來合理化奴隸制度。如同歷史學家喬治．弗雷德里克森（George Fredrickson）所寫：「如果奴隸能被視為安於現狀而且天生具有奴性，那麼就更容易證明奴役他們是合理的。」在南北戰爭之前，被奴役的人往往被描繪成溫順、懶惰，甚至快樂。這種呈現有助於認可對虔誠的基督徒來說無論在宗教上、倫理上、道德上都站不住腳的奴隸制度。

南北戰爭時期有一組名為「卡西的解放之夢」的漫畫，描繪了這種「懶惰」。在一幅漫畫中，一個黑人奴隸懶洋洋地坐著，蹺著腳看報紙；在另一幅漫畫中，同一個人穿著硬挺的燕尾服，夢想著「北方的輕鬆工作」。這些刻板印象替奴隸制度提供了穩定力量，奴隸制度依賴著對這種迷思的信念和宣傳。畢竟，如果被奴役的人是懶惰的，強迫勞動就有其必要；如果被奴役的人是滿足的，殘忍的做法就能被接受；如果被奴役的人像小孩一樣，那麼家長式的專制就是合理的。

廢奴主義者也使用刻板印象來支持他們的目標。廢奴運動的象徵是個半裸的奴隸，被鎖鍊綁著跪在地上，向一個不在畫面中的白人救主祈求——這創造出另一種刻板印象：無力自救的奴隸。美國黑人在呈現自己的時候刻意推翻這些刻板印象。弗雷德里克·道格拉斯（Frederick Douglass）是十九世紀最常被拍照的人，他刻意展現出具有力量和尊嚴的形象，直接抵制蓄奴者和廢奴者雙方所用的刻板印象。

內戰結束後，黑人公民開始擔任公職，而他們在經濟和政治上的自主與力量開始令白人感覺受到威脅，有關美國黑人的另類刻板印象漸漸凸顯出來。突然之間，那些曾被視為「天生懶惰」的人被視為危險，需要加以管制。如同歷史學家大衛·勒維林·劉易斯（David Levering Lewis）所指出，此一形象和內戰之前那種「可靠、忠誠」的

9 在美國，華裔移民第二代從大學畢業的比例和他們的父母相當，都是百分之六十。另一方面，第二代墨西哥裔移民從大學畢業的比例是父親輩的兩倍，母親輩的三倍多——從百分之五提高到百分之十七以上。

奴隸形象形成了強烈的對比。「現在，忽然之間，非裔美國人變得淫蕩、兇殘、有如惡魔、是個威脅。」的確，如同弗雷德里克所寫：「要在一個更大的歷史背景中來理解美國白人至上主義的意象，無論是在奴隸制度時期還是之後，關鍵就在於這種反覆出現的鮮明對照，在**安分守己**的『好黑人』和**不安分**的壞黑人之間。」一九一五年的電影《一個國家的誕生》（*Birth of a Nation*）就鮮明地呈現出這種明顯的威脅。片中一個黑人（由一個白人演員塗黑了臉來飾演）威脅並追逐一個白人女子，直到她跳下懸崖自盡。這部電影被放映給威爾遜總統、美國參議員，以及最高法院的首席法官觀賞。全美各地的報紙都稱之為「最偉大的電影」。

在《一個國家的誕生》出品一百年後，這些懷有敵意、使用暴力、身體必須被約束的黑人男子形象出現在幾百萬個瀏覽臉書的美國白人的螢幕上。背包裡的獵槍，面朝下被壓在汽車引擎蓋上的男子。一個白人救主確保了旗下樂手的自由，他不是廢奴人士，而是個經紀人。在《衝出康普頓》的預告片裡，這些影像重疊，直到結語從螢幕上閃過。白人觀眾被告知：這些男子是「世界上最危險的一群人」。

關於分類替偏見鋪路的這些證據也許指出了解決之道就是減少我們對分類的依賴。當然，如果我們從不曾在人與人之間作任何區分，偏見就很難產生。可是形成群體乃是人類的普遍趨勢，從家庭和親族到宗教、城市和國家。群體也會自然地出現和分裂：例如孩童在體育老師的命令下形成運動隊伍和競爭對手，而講人閒話會立刻創造出一個「內團體」。一如我們並非只是生活在宇宙中的一個家庭裡，而是生活在一個鄰里、一座城市、一個省分或一個國家，我們並非只是生存在人類之中，而是生存在社群之中。

即使我們能夠設法達到一種烏托邦式的無群體狀態，這種狀態是否理想也未可知。因為群體也給予我們一種歸屬感。傳統、文化和身分可以是自豪和意義的來源。此外，如果一個人屬於一個受到壓迫的族群，旁人若是試圖忽視此人身分的這個面向（例如「無視膚色」），就可能令此人感覺自己被抹煞。亞美尼亞裔的美國作家梅琳．圖馬尼（Meline Toumani）住在土耳其的時候，當別人得知她的背景，往往會乾脆轉移話題：如果她說：「我是亞美尼亞人！」對方會回答：「最近天氣真好，不是嗎？」她寫道：「我第一次感覺到被當成隱形人是什麼感覺。」當我們不去注意一個人身分的這些面向，或是假裝不去注意，就是無視他們的痛苦。

幸好，在觀察到類別和形成刻板印象這個連結上有一個重要的例外。心理學家伊納絲．蒂伯（Inas Deeb）研究以色列孩童，他們分別就讀於全是猶太人、全是阿拉伯人，或種族混合的學校，她發現隨著時間過去，就讀種族混合學校的孩童對於種族類別更加敏感，但他們的思考也變得比較不那麼本質主義。同樣地，一項研究發現，比起不熟悉不同種族的嬰兒，熟悉不同種族、因此在六個月大時就能將種族正確分類的嬰兒在日後比較少展現出種族偏見。與來自其他群體的人建立起有意義的關係能夠削弱本質化和形成刻板印象的傾向。這是我們將在後面幾章深入探討的一個觀念。

的確，基於無意識、並非有意、未經檢視的偏見而去歧視別人，這個傾向已被確定，可是尚待回答的問題是：這些重複出現的瞬間差異會在對待、行為和反應上造成多大的影響。有些形式的偏見會造成危及生命的明顯後果：一個病人的症狀被錯誤地忽視，可能會病得更重；一個人被誤認為帶有武器的嫌犯，可能會面對致命的威脅。可是轉瞬即逝的日常經歷會造成什麼影響？即使是那些在當時可能細微到被當事人忽視的經驗（如同巴雷斯的例子）？日常的偏見是否會在一個人的職業生涯中或是一生當中累積而成重大的影響？它們在多大程度上會形塑一地居民、一個社群或一種文化的發展軌跡？

我請教過幾十位研究偏見的學者，詢問他們能否量化日常的偏見所造成的影響，是否有扎實的數據可以捕捉到這個問題的某些層面。但是沒有人有答案。沒有人曾作過所需要的長期研究，追蹤個體幾十年，仔細地記錄每一次帶有偏見的互動，並且量測因此而產生的差異。

後來發現，要找到一個答案需要好幾個月的時間，需要一位電腦科學家的協助，還需要關於蟻群的實用知識。

Chapter 3
日常的偏見影響有多大？

習慣性、持續的偏見會造成什麼影響？這是十二位陪審員在二〇一五年一場性別歧視訴訟案中要討論的問題，提出告訴的是風險投資人鮑康如（Ellen Pao）。她曾是「凱鵬華盈」（Kleiner Perkins Caufield & Byers）的資淺合夥人，那是一家勢力龐大的風險投資公司，是谷歌和亞馬遜的早期投資者。當「凱鵬華盈」在二〇一二年將鮑康如解雇，她控告該公司。她的指控包括：性別歧視阻止了她和其他女性獲得公平的晉升和酬勞，也阻礙了她們成功的機會。她聲稱該公司不僅無視性騷擾，也忽視了無數比較不明顯的歧視。例如，她曾經被要求在一場會議上做記錄，並且被排除在與前副總統高爾的一場聯誼晚宴之外，因為女性會「破壞氣氛」。

鮑康如也被批評為「過於堅持己見」和需要「暢所欲言」，並且由於在男性同事身上並未受到質疑的行為而受到懲罰。她聲稱：相對於男性同事，她的貢獻被低估；她很早就提出了投資「推特」的理由，但被駁回，雖然公司在兩年後投資了「推特」。而且她沒有因為她的工作而得到應得的功勞：雖然投資一家科技公司的事係由她負責，但是得到功勞的是一位男性同事，他甚至還在公司董事會得到一席位子。她被解雇的原因呢？當中包括她的個性，如同報導該場審判的一位記者所記載，她被認為「防衛心很重，難搞，嚴苛，要求功勞」。可是她的一位男性同事也得到類似的描述，而他得到了晉升，儘管工作表現欠佳。

在審判結束時，陪審團的結論是性別歧視在此案中並沒有起很大的作用，認為鮑康如的性別並非她沒有晉升為資深合夥人的「實質動機理由」。如同法學教授黛博拉．羅德（Deborah Rhode）事後對一位記者所說的，鮑康如一案中的證據是矽谷的典型情況。「並沒有確鑿的證據；大多是社會學家稱為『微小侮辱』（micro-indignities）的事情。」就連前綴詞 micro（如同在 microaggression〔微冒犯〕這個字眼裡）也暗示著這些偏見是微不足道的：前綴詞 micro 意味著百萬分之一。實際上，在事後提供給媒體的一份聲明中，一名陪審員懷疑地指出鮑康如曾提到一段簡短的對話作為偏見的證據。那名陪審員表達出他的疑惑：為時這麼短的經歷是否真的會造成後果——碰上火速進行的銀行搶案或是倉卒完成的詐騙就很少有人會提出這種疑問。

幾年前，最高法院大法官安東寧．斯卡利亞（Antonin Scalia）也曾在另一案中作出同樣的結論，認為日常的偏見不會累積成重大的傷害。二〇一一年，他替一樁代表「沃爾瑪公司」一百六十萬名女性員工提起的集體訴訟案撰寫主要意見書。該訴訟主張「沃爾瑪公司」拒絕讓女性升遷，付給女性的薪資少於男性，而且把她們導向低薪職位。原告代表貝蒂．杜克斯（Betty Dukes）主張她被阻絕於機會之外，被阻止接受晉升所需的培訓，並且被推向低薪職位。原告引用了公司的紀錄作為歧視的證據，紀錄顯示出全公司的男女員工在薪資與升遷上的重大差異。原告的律師也提供了一百二十份女性聲明，說明她們所受到的歧視，包括被要求「打扮漂亮」，做的是經理的工作但沒有頭銜，為了同樣的違規行為而受到比男性更嚴厲的處罰。

可是認為個別經理人的行為導致了公司紀錄所顯示的巨大差異，這個想法對大法官斯卡利亞來說是太大的一步。在他所寫的主要意見書裡，他主張如果沒有一致的整體計畫來執行偏見，一家公司不可能達到像在「沃爾瑪公司」所見的這種差異。他寫道「很難相信」經理人會全都以同樣的方式進行歧視，除非他們被指示去這樣做。他寫道：「任何一家公司的多數經理人——而在一家禁止性別歧視的公司裡的多數經理人肯定是如此——都會選擇性別中立，**以工作表現為基礎作為雇用和升遷的標準**，根本不會產生可起訴的差異。」（以粗體字強調是我加上的。讀到他這個意見，讓人明顯覺得斯卡利亞從來沒在職場待過。）斯卡利亞思索：這些差異也許有其他原因，也許男性和女性員工的資歷不同。如果任由經理人自己決定，他們合起來絕對不可能製造出如在「沃爾瑪公司」所見到的那種在薪資與升遷上的差距。美國的最高法院如是說。[10]

這兩個例子的問題不僅在於一名陪審員對於惡行之起止時間的困惑，也不僅在於斯卡利亞相信人類的完美理性。問題出在評量偏見的典型方式。有關偏見的學術研究

10 最終，最高法院駁回這項訴訟，裁定那些女性員工沒有足夠的共同點能讓她們成為集體訴訟中的「集體」。

通常都是擷取一時一地的一個歧視實例，不管是針對性別、種族、還是LGBTQ性取向的偏見，也不管是在職場上、在教育中，還是在醫療照護上。它們記錄了一個特定時刻的現實，而沒有解釋人們實際上在真實世界如何感受到偏見。在真實世界裡，個體受到的偏見不是一次、兩次或三次，而是經年累月持續不斷。一如一張照片（甚至是一組照片）無法完全捕捉到一個物體的運動軌跡，對偏見拍下快照的研究也無法捕捉到偏見在長時間裡對人的實際影響。

這些快照式的研究也沒有捕捉到偏見那種動態、互動的本質。偏見存在於人與人之間，受到歧視可能會影響一個人之後的決定和行為，而這些決定和行為又會進一步形塑互動，再反過來影響更多的決定、行為和選擇。這種連帶效應可能導致改變人生的嚴重後果。心理學家傑森・奧科諾法（Jason Okonofua）指出：舉例來說，教育上的差異有一部分就來自於這種互動的累積。由於對黑人男孩懷有根深柢固的負面印象，老師也許更可能把黑人學生的行為貼上行為不檢的標籤。這個學生也許本來就擔心會受到老師不公平的對待，於是當他受到處罰，他可能會覺得老師對他不公平，並且發洩出來，這將證實了老師的偏見，並且導致更嚴重的處罰。奧科諾法寫道，這種多次發生的循環是一種反饋迴路，最終將導致更大的差異。「問題不單是來自老師或學生，而是來自雙方的互動以及對彼此的想法和誤解。」

這種反饋迴路可能也在「從學校直送監獄」（school-to-prison pipeline）這種現象中發揮了重要作用，這是指黑人學生受到停學或其他處罰的比例較高，之後輟學或是退學，最後被逮捕並且進入刑事司法系統。針對一千名學生所作的一項長期研究發現，當學生被退學，他們在當月被逮捕的可能性是他們尚未被退學時的兩倍。[11]至少部分係由偏見的反饋迴路所引發的停學和開除導致了更高的逮捕率。因此，在奧科諾法所描述的動態互動和改變人生的嚴重後果之間似乎有直接關聯。

不管法院的裁決怎麼說，鮑康如的案子也說明了偏見的本質乃是動態的、互動的。她的工作沒有得到功勞，這可能導致她更強烈地要求得到認可，這又使得她被視為「難搞」和「要求功勞」，而進一步縮限了她成功的機會。重要的並不是單一的例證，甚至不是全部經驗的總和。那是許多互動的複合效應，只會在一段長時間之後浮現。

大法官斯卡利亞和鮑康如訴訟案的陪審團也許會有不同的看法，如果他們把工作場所視為一個複雜系統，一個由許多個體成員組成的環境，透過他們的互動而產生一連串可能不容易預見或是憑直覺去想像的情況。一座城市可以被視為一個複雜系統，從居民的互動中形成。一個生態系統及其中的許多動物、植物、礦物和真菌類也可以被視為一個複雜系統。在一個複雜系統中，可能會出現出乎預料的結果：極端的、令人驚訝的結果可能會從看似有限的交流中出現。

以螞蟻為例。螞蟻根據一些簡單的規則來互動。牠們對化學氣味有反應，像是其他的螞蟻、幼蟲和食物的氣味，而牠們也會留下自己的氣味。牠們也會對聲音起反應。

11 在不傾向於擾亂課堂、打架或吸毒的低風險學生身上尤其是如此。

久而久之，這些行為混合起來，使蟻群能夠解決困難的問題，像是找到往返覓食的最佳路線，並且避免塞車。例如，在覓食時，牠們對彼此留下的化學痕跡作出反應，會自動形成一個公路系統：從食物源返回蟻巢的一條中央線道，被從蟻巢到食物源的兩條線道夾在中間。這些螞蟻並不是由一隻螞蟻領袖來指揮。牠們只是根據基本原則和彼此打交道。然而，如果我們只去檢視個別螞蟻的行為，我們可能永遠不會後退一步，看出隨著時間而出現的更大模式。而我們若是只看宏觀模式，而不去看這些模式和個體行為之間的關係，我們可能會像斯卡利亞一樣認為想必有一個中央集權的螞蟻當局發送出詳細的政策指令。

斯卡利亞無法想像巨大的差異會在沒有整體計畫的情況下出現。鮑康如一案的陪審團無法想像轉瞬即逝的偏見隨著時間累積起來可能導致一個人沒有獲得升遷，甚至是被解雇。如果把這些互動視為不相關的事件，這些結論是可以理解的。可是如果我們開始把工作場所視為一個複雜系統，就可能得到新的洞見。

要評估偏見造成的任何真實影響，我們不能只看單一時刻，而要去看許多次互動的結果。當我開始探究這種做法，我找不到真實世界的長期性研究，在一段很長的時間裡觀察一群個人和他們遇到的偏見。我開始意識到，要量化一種偏見的累積影響，我需要自己來進行一場虛擬實驗：建立一個電腦模擬，把一個特定環境視為一個複雜系統，讓我們能夠觀察隨著時間所發生的改變。

一位名叫肯尼．約瑟夫（Kenny Joseph）的電腦科學教授同意合作進行這項計畫，而我們決定設計電腦模擬來量化在工作場所的性別偏見，由於針對這類偏見模式已經有了很好的研究和紀錄，讓我們有豐富的現實世界數據可用。我們選擇了一個有層級之分的工作場所作為背景，讓我們能夠看出偏見在一個組織的各個階層造成的影響。我們借鑑了心理學家李察．馬特爾（Richard Martell）及其同事所作的研究，他們曾使用電腦模擬來評估性別歧視在工作場所造成的影響。不過，我們擴展了他們的研究，加入了女性每天都會遇到的十分具體的偏見類型。

建立電腦模擬的第一步，是設定一個虛擬的工作場所當作我們的複雜環境。為此，肯尼和我採用了由經濟學家湯瑪斯．謝林（Thomas Schelling）所創的做法，他在一九六〇年代尋找一種方法來表明人與人的互動可能會產生意料之外的結果。謝林注意到，當美國人在球場、俱樂部和鄰里中聚在一起，他們往往會按照年齡、收入和種族來安排自己的位置。他對個人選擇在這種模式中所起的作用感到好奇。個人偏好當然只是促成這種現象的眾多因素之一；以住房為例，結構性的歧視和劣勢，像是銀行拒絕貸款給某些人，合約採購、貸款機會的不平等都起了重大的作用。謝林想要更加了解人們的個人選擇是否也可能產生影響。

他借用十二歲兒子收藏的硬幣，展開了他的探究。他在茶几上弄出棋盤方格圖案，然後把那些硬幣擺在方格中。棋盤上的每一枚硬幣都最多有八個鄰居。有些硬幣是普通的銅板，有些則是二次大戰期間的灰色鋅幣，由於當時銅供應不足。這些硬幣代表兩群人。接著謝林開始測試，如果個別的硬幣具有「偏好」時會發生什麼情況？如果每個硬幣「偏好」至少有兩個同樣顏色的鄰居？謝林逐一移動硬幣到新的方格裡，直到滿足此條件。然後他又從頭來過：如果每個硬幣偏好有半數鄰居是同樣顏色呢？

謝林驚訝地發現，即使這些硬幣只偏好有一些相似的鄰居，也會出現極端的結果。例如，如果每一枚硬幣希望擁有半數相同顏色的鄰居，最後的結果幾乎總是完全的隔離：鋅幣和鋅幣聚在一起，銅板和銅板聚在一起。即使這個偏好是為了保持平衡，結果仍然是同質化。謝林的這個簡單模型有力地顯示出：從溫和的偏好就可能出人意料地產生巨大的分隔。而且就算沒有人真的想要這種結果，它們還是可能出現。

謝林的實驗被視為最早期對社會環境的模擬，以追蹤個體成員的行動所造成的影響。我心想，如果我們在模擬的工作場所注入鮑康如和「沃爾瑪公司」的員工所經驗到的具體偏見，會發生什麼情況？隨著時間過去，我們會看見在「沃爾瑪公司」明顯存在的種種差異嗎？微妙、轉瞬即逝或是日常所見的種種偏見是否會產生大的效應？

製作電腦模擬有點像是扮演上帝：創造出一個世界及其規則，設定初始條件，然後按下「開始」鍵，再看看會發生什麼事。在好幾個月裡，肯尼、我、後來還有他的研究生杜宇豪（音譯，原文 Yuhao Du），在幾行程式碼中設計出一個微型世界。

我們把這家公司取名為 NormCorp。公司組織分為八個層級，從坐在小隔間裡的低階員工到高階主管。初級職位的員工有五百人；我們可以想像他們在日光燈下的灰色方塊裡賣力工作。隨著層級上升，人數就會減少，到了辦公室裡有桃花心木鑲板的最高層級，就只有十個人。在 NormCorp 有各種技能和人才，而員工在一開始時有一個「可晉升度」的分數，決定了他們能否晉升。因為我們想要看看在引入偏見之後會出現哪些差異，在一開始時我們設定每個層級的男女數目都相等。

在 NormCorp，男性和女性的能力相當；「可晉升度」的分數呈現正常分布。全體員工都定期被指派任務，而男性和女性成功或失敗的可能性也相同。如果一名員工表現優異，任務成功，他們就會得到獎勵，「可晉升度」的分數會大幅提高。如果他們表現欠佳，而任務失敗，他們的分數就會下降。有些任務是單人執行，有些任務是團體項目。一年一度，每一個層級裡表現最佳的員工會被叫進一間有玻璃牆的辦公室（概念上的），被告知他們晉升了一級。他們的職級提高了，而下一輪的任務又再展開。

我們就在這裡引入了悄悄潛入職場互動中的幾種偏見。為了創造出一個逼真的模擬工作場所，我們挑選了五種已知會影響女性工作的主要偏見，就像鮑康如和「沃爾瑪公司」那些員工所經驗到的偏見，這些偏見也在研究和案例研究中一再出現。我們決定 NormCorp 不是一家性別歧視嚴重的公司，所以我們導入的偏見很小：男性和女性受到的待遇平均只有百分之三的差異。

必須說明的是，針對性別歧視所作的研究通常聚焦於白人女性的經驗，一如針對反黑人之偏見所作的研究往往聚焦於黑人男性，彷彿女性都被預設為白人，而黑人都被預設為男性。如同法學家金柏莉・克倫肖（Kimberlé Crenshaw）所指出：聚焦於單一的身分類別，諸如種族、性別、性取向、身障或宗教，會把許多族群的經驗排除在外，甚至是將之抹煞；例如，針對種族歧視或性別歧視所作的分析無法準確地反映出有色人種女性的經驗。

在現實中，視一個人的種族和族裔而定，性別偏見會呈現出不同的層面，更別提還有性傾向和其他特徵。「美國律師協會」的一項研究發現：雖然白人女性和黑人男性在法律界經驗到的歧視大約相等，黑人女性經驗到的歧視卻更多。黑人女性在職場上受到的騷擾也比任何其他族群更大。同時，研究指出，比起其他種族的女性，黑人女性可能比較不被期望要被動和親切。例如，一項研究發現，黑人女性在表現出強勢行為時不會給人負面的感受。另一項研究發現，當黑人女性面露微笑，會給人正面的感受，並且被視為格外有女人味。

心理學家羅伯特．李文斯頓（Robert Livingston）和管理學者阿希萊．謝爾比．羅塞特（Ashleigh Shelby Rosette）提出了理解這類差異的一種方式，藉由檢視一個群體對白人男性的威脅有多大，以及互相依賴的程度有多深，或是「從社會、生物或實用角度來看有多麼必要或多麼重要」。白人女性在工作上被視為不具威脅但是與白人男性互有關聯，因此她們可能會受到保護和誇獎，但也被視為不配擁有權力。相比之下，黑人女性被視為既不具威脅也不具有相互依存性。結果導致她們被邊緣化——被忽視，晉升之路受阻，但也許比較不會被審視她們是否符合性別期待。[12]

管理學者艾芮卡．霍爾（Erika Hall）及其同事認為，這裡發生的情況是：視一個人的種族而定，帶有性別偏見的評價會被放大或是淡化。例如，她指出：研究顯示黑人通常內隱地被與男性聯想在一起，而亞裔則內隱地被與女性聯想在一起。因此，霍爾提出：關於女性該有什麼樣的行為，黑人女性所面對的是減弱了的刻板印象，而亞裔女性所面對的刻板印象則被誇大了。例如，一項實驗性研究發現，做為同事，強勢的亞裔女性比強勢的白人女性更不討人喜歡：她們違反了明確的刻板印象，規定她們的舉止要被動而且合群。身為華裔女性，鮑康如可能由於她的自信舉止而受到格外強烈的抵制。

當然，不同的身分可能以無數種方式交叉引發不同形式的偏見。我們導入電腦模擬中的具體偏見雖然一般而言對女性有影響，但在真實世界裡，這些偏見的強度取決於個人身分的許多其他層面。

1 貶低女性的工作表現

相對於男性的工作表現，女性的貢獻習慣性地遭到貶低。例如，麻省理工學院的社會學家埃米里歐・卡斯蒂利亞（Emilio Castilla）發現：在一家有兩萬名員工的美國大公司裡，女性及少數族裔員工必須要達到更好的績效評比才能獲得與非少數族裔男性類似的加薪。並沒有具體的政策導致這種貶低，而是非白人男性員工的績效評比被「打了折扣」。另一項研究發現：當理科教授被要求替申請擔任實驗室經理的學生評

12 研究者指出，黑人男性被視為具有威脅性，因此在表現得強勢、自信時會受到負面的評價。

分，他們往往把男性申請者評為比女性申請者更有能力、更適合雇用，雖然除了申請書上的姓名不同，申請人是相同的。另外，針對超過五十萬次轉診介紹的一份研究顯示：在一次成功的手術之後，男性外科醫師獲得的轉診介紹加倍，女性外科醫師獲得的轉診介紹則是增加七成——差異為三十個百分點。

2 女性犯錯受到的懲罰更大

當男性和女性失敗時，女性受到的懲罰更大。上述針對醫師獲得轉診介紹的研究顯示：在一次結果欠佳的手術之後，女性外科醫師獲得的轉診介紹減少了百分之三十四，對男性外科醫師來說，這個減少微乎其微。在金融服務業，女性由於不當行為而失去工作的可能性比男性高出兩成，雖然男性做出不當行為的可能性是女性的三倍。研究顯示，黑人女性尤其受到比白人女性（或黑人男性）更大的懲罰。貝蒂·杜克斯由於輕微的違規行為（像是午餐超出時間）而受到處罰，而男性同事卻沒有因為同樣的行為而受到懲處。

3 功勞被歸於男性同事

正如鮑康如的功勞被歸於一個男性同事，心理學家瑪德琳·賀爾曼所作的一系列研究顯示：當男性和女性一起進行一件工作，雙方都認為女性對於工作的成功貢獻較小。經濟學家海瑟．薩森斯（Heather Sarsons）所作的一項研究發現：女性經濟學者和男性共同撰寫的論文篇數愈多，她們獲得終身教職的可能性就愈少。（男性不會因為與任何人合作撰寫論文而受到不良影響，而與女性合作撰寫論文的女性也不會受到這麼大的懲罰。）就連冰島歌手碧玉（Björk）都注意到這個模式：她的唱片大多數都是她自己製作的，可是當她最近和一位男性ＤＪ共同製作了一張專輯，他經常被引述為該張專輯的唯一製作人。「不是只有一位記者弄錯，每個人都弄錯了，」她對一位記者說，「我做音樂都有三十年了吧？我從十一歲起就在錄音室工作了。」在他們合作之前，那位男性ＤＪ從來沒有製作過一張專輯。

4 由於個性而受到懲罰

女性經常由於違反了要求她們和藹、恭敬的社會期望而受到懲罰。針對真實世界職場績效評估的一項研究揭露出：男性的負面績效評估幾乎從來不包括對他們個性的批評，可是在績效評估中對女性的批評有四分之三包含對她們個性的負評。針對矽谷女性所作的一項名為「谷中大象」（The Elephant in the Valley）的調查發現，百分之八十四的受訪者曾被告知她們「太好勝」。在這件事情上，亞裔女性可能面對著格外嚴重的後果：針對理工科教授所作的一份調查發現，亞裔女性由於自我推銷和堅定自信而受到的懲罰多過黑人女性、拉美裔女性或白人女性。事實上，鮑康如被同事描述為「用手肘頂開別人」，而她因此受到責備。一位男性同事被描述為「高度好勝」而得到了晉升。

5 在機會上的偏見

新的挑戰提供了成長和發展的機會，可以對一個人的職業生涯產生巨大影響，可是女性往往較少得到這種機會。例如，有百分之四十四的非白人女性律師提到她們得不到理想的任務，但只有百分之二的白人男性律師遇到過這種障礙。這種模式有部分歸因於一件事實，亦即當男性被評估該不該得到機會，經常是基於他們表現出多少潛力，預示出他們能在未來有所成就，而女性則是根據她們過去成就的證明而被評估。例如，在電影業，男性導演經常在只執導過幾部小型獨立電影之後就得到執導一部大片的機會，而就連已經執導過一部大片的女性往往也很難得到執導另一部大片的機會。

在我們的模型中，這些偏見在每一次一個員工完成一件任務時被考慮進去。當員工成功完成單人任務，他們的分數就會大幅增加，但是根據貶低女性工作表現的偏見，女性獲得的加分平均要比男性少百分之三。當任務失敗，NormCorp 的女性員工得到的扣分處罰也比男性多百分之三。當她們和男性合作，NormCorp的女性得到的獎勵要比那些獨力工作或是和其他女性合作的女性少百分之三。而當NormCorp的女性沒有得到應得的功勞，而要求她們的貢獻被承認，就像鮑康如，她們就被視為難搞和苛求，導致她們的得分又減少了百分之三。最後，「稍有難度」、能夠得到三倍獎勵的機會偶爾會出現，但是要得到這種任務，NormCorp的女性過去的成功率必須要超過男性兩成。

我們在模型中加入了這些偏見，然後進行了一百次模擬，以找出平均而言，偏見在二十個晉升週期裡如何影響了升遷。以下是我們的發現。

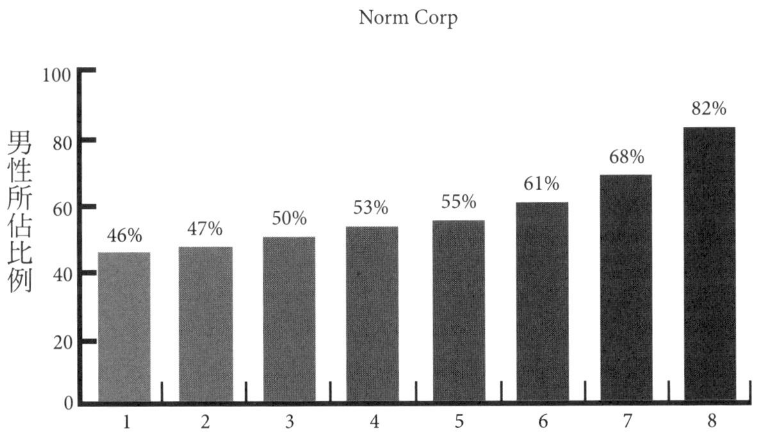

即便平均只有百分之三的偏見，在二十個晉升週期之後，男性在最高層級佔了百分之八十二。

最後，我們加入了最後一個偏見。研究指出，性別刻板印象會隨著組織中女性人數的減少而增加。因此，我們再進行了一次模擬，這一次引進了另一條規則：隨著女性在某一層級的人數減少，她們面對的偏見就會增加，而且她們所佔的比例愈小，她們要面對的偏見就會持續增加。一旦女性在某一層級所佔的比例降低到百分之三十，百分之三的偏見就增加為百分之四。一旦這個比例降到百分之十，偏見就增加為百分之五。這個被稱為「向下因果作用」（downward causation）的附加效應使我們的圖表看起來如下：

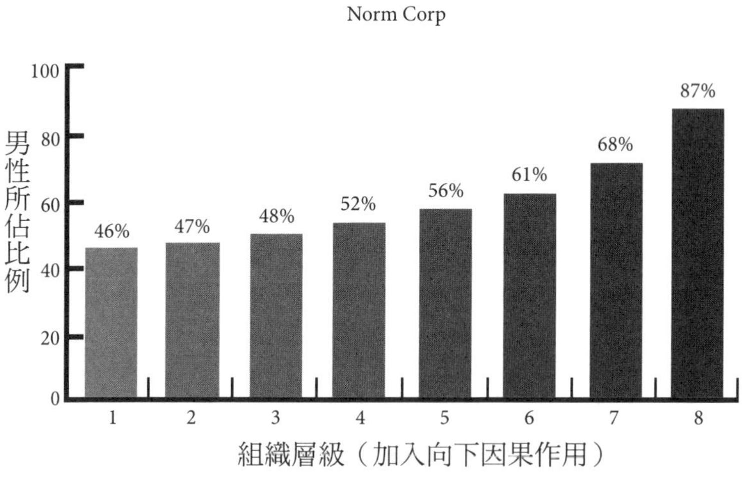

我們的模擬顯示出，即使是對待女性和男性在數學上的微小差異也能產生巨大的影響。經過許多次互動，這些差異可以累積成巨大的差距，使得女性實際上從公司高層消失。最大的差距出現在高層，在偏見有最多的時間來積累之後。大法官斯卡利亞認為要造成這麼大的不平衡需要一種協調一致、明訂的歧視，但這種差距在沒有明訂歧視的情況下也可能發生。它也可能發生在沒有人明顯有意造成傷害的情況下：我們這個簡化的模型並沒有包括額外的常見障礙，像是性騷擾。一個更完整的模型會包括女性成為母親時所面對的障礙、年齡歧視對性別偏見的具體影響、不同種族或族裔的女性所經驗到的偏見被放大或淡化多少……等等。在這個模型裡，即使只有少量的偏見，NormCorp 迅速成為一個領導人有百分之八十七是男性的工作場所。

可是偏見不僅藉由阻礙人們晉升而造成差距，它也會導致人們辭職。例如，在工作上遇到進步停滯的高原期，可能會使人相當理性地決定離職。「美國律師協會」所作的一項研究發現：美國百分之八十六的非白人女性律師會在八年內離開大公司——不是因為她們想要離開，而是因為「她們覺得自己別無選擇」。有些研究者作出結論，認為微妙的偏見所造成的後果可能比公然的偏見更加有害，因為曖昧不明在精神和情感上耗掉更多資源。一個人無法確定自己之所以沒有獲得晉升乃是由於受到歧視還是其他原因，使他們質疑自己的認知，這是一種內在的「煤氣燈效應」[13]。

此外，偏見也會侵蝕一個人成功的能力。這種現象被稱為「刻板印象威脅」（stereotype threat），擔心自己被別人用刻板印象看待，可能會使工作記憶遭到劫持，分散專注力，使人表現失常。如果刻板印象是能力不足，「刻板印象威脅」就會製造出一個自我實現的預言。一項研究發現：受到微妙歧視的女性會有「表現缺陷」（performance deficits）的問題，受到公然歧視的女性則不會。另一項研究發現：比起看見公然的歧視，看見微妙歧視的例子對非裔美國人的表現有更大的負面影響。

心理學家羅伯特・羅森塔爾（Robert Rosenthal）發現反之亦然。在一九六〇年代，他在一所小學的不同班級進行研究，隨機把某些學生貼上「大器晚成」的標籤。教師被告知他們可以期望這些學生會有卓越的表現。到了學年結束，這些學生在智力測驗的得分大幅提高，尤其是低年級生。換言之，如果別人認為你有天分，你就會變得更有天分。別人對你的看法也有助於提供克服逆境所需的勇氣和毅力。心理學家劉易斯・特曼（Lewis Terman）曾針對天賦進行長期性研究，一位參與者揭露了旁人對他的看法如何助長了他內心的動力。他說明，被貼上「有天賦」的標籤，推動他度過了他在「美國太空總署」擔任研究員期間最具挑戰性的時光。「有時候，問題變得非常複雜，」他回憶，「我會自問：我能勝任嗎？然後我會想，特曼博士認為我能。」關於我們的人生可以達成什麼，我們的願景可能有一部分係受到旁人之認可的推動。如果一個群體的人得到的認可比較少，他們的自信和決心受到的激勵也就比較少。

然而，在 NormCorp 明顯發生的不僅是偏見使得女性消失，而是在那之後留下了巨大的同質性。有關職場多元化的討論通常聚焦於把不同性別、種族及其他不同背景的人納入一個團隊或組織有何好處（或者是有何缺點）。雖然研究發現多元化的團隊能夠產生更好、也更有創意的點子，他們也可能在人際關係中遇到更大的衝突和挑戰。可是一如多元化有優點也有缺點，同質性也一樣。同質性高的團隊也許在溝通上比較順暢，但他們也可能會有嚴重的盲點。例如，研究發現：同質性高的團隊對自身表現的評估比較不準確。同質性高的陪審員往往會作出比較不準確的陳述，在裁決案件時所考慮到的事實也比較有限。

同質性甚至可能產生更深遠，而且出人意料的影響。例如，在二十世紀大部分的時間裡，科學家低估了合作在自然界所扮演的角色，認為生物之間的互動主要是競爭性的，是對立的陣營在爭奪有限的資源。事實上，合作無處不在，從傳粉昆蟲和花朵的互動，到森林和真菌的相互依賴。互利的互動對植物和動物的存活至關重要，也是以DNA為基礎之生命形式的起源關鍵。生態學家現在認為，地球上幾乎每一個物種都曾參與了某種形式的合作。

之前的科學家為什麼沒有發現這一點呢？生態學家保羅．凱迪（Paul Keddy）指出，一個原因在於科學界本身的同質性。二十世紀的生態學家和生物學家以男性為主，在西方的資本主義經濟體系中工作，彼此之間在科學上進行著激烈的競爭。凱迪認為

13 「煤氣燈效應」（gaslighting）是一種操縱他人心理的形式，以微妙的方式讓受害者開始懷疑自己認知失調。名稱出自一九三八年的一齣劇作《煤氣燈下》（*Gas Light*），劇中的丈夫藉由調暗煤氣燈光卻又否認燈光變暗，來讓妻子漸漸以為自己瘋了。

這種文化背景可能導致他們高估了競爭在生態中扮演的角色。他寫道：「科學家有意識和下意識地從自身的文化中擷取模型」，而且他們「只能從他們所知道的可能性中擷取模型」。生態學領域的知識進步可能受阻於一件事實：這些發表論文和進行辯論的科學家是同質性高的一群人。沒有人能夠提出替代性、合作式的模型來看待大自然。

如果不把工作場所當成一個複雜系統來理解，如果沒有深入理解人際互動久而久之如何影響結果，人們往往會回復到用簡單的說法來解釋差距。一個受歡迎的解釋是兩個群體之間的「固有差異」（inherent differences），就像十九世紀的論點，認為女性單純就是在智力上沒有能力對科學的進步作出貢獻。如果我們在某一個領域或是在組織的最高層級沒有看見女性或其他族群，我們可能會假定這是因為他們天賦較差、領導能力不足，或是資歷較差，如同大法官斯卡利亞所言。這種推理上的錯誤類似公共衛生領域所謂的「生態謬誤」（ecological fallacy），當我們在群體層次觀察到一種關聯，然後用來對構成此一群體之個體作出推論，就會發生這種錯誤。

同樣的推理發生在遠遠超出工作場所之外的情況下。例如偏見在醫療環境中的運作方式。研究顯示：種族歧視所造成的壓力長期累積會導致一個被稱為「風化」（weathering）的過程，加速了衰老，減損了健康和幸福感。此外，當一個人在醫療場所遇到種族歧視，這不僅會妨礙此人所受到之醫療的品質，也可能會影響這個病人將來是否還會尋求醫治，包括作必要的檢查和致命疾病的篩檢。再加上還有結構性的問題，像是藉由光線穿過皮膚來運作的脈衝式血氧機乃是依據淺色皮膚來校準的，用在深膚色的人身上可能會出現不正確的讀數。雖然這種種不公平累積起來的影響造成了不同族群在健康上的顯著差距，醫學教育往往將這些差距的原因過度簡化為「種族差異」。

由此可見，日常生活的偏見所造成的後果比一開始所能看見的更為廣泛。在NormCorp，個體的互動隨著時間而不斷惡化，導致了幾近同質化。即使是微小的行動也會以極大的方式影響他人，這使得終結無意的偏見變得更加重要。但是有偏見的行為不一定是永久性的。它是一種習慣，沒錯，而且是多餘的，也是無心的。可是它並非與生俱來，而是經由學習而來。如果它是後天習得的，就可以被拋棄。如果它是一種習慣，就可以被打破。

Part Two

改變想法

Chapter 4 打破習慣

二月裡的一個陰天，心理學家威爾·考克斯站在威斯康辛大學麥迪遜分校一間有高窗的長形教室裡。幾十名研究生在他面前排排坐。在他身後的螢幕上，他開始投射出一系列的字詞。「藍色」這個詞以藍色寫成，「紅色」這個詞以紅色寫成。考克斯給了這群學生一個任務：快速說出每個詞是以哪種顏色寫成的。這很簡單，學生異口同聲地喊出了那些顏色。接著考克斯秀出了另一組字詞，可是這一次「藍色」這個詞是用紅色的字母拼出，而藍色字母則拼出了「褐色」這個詞。學生在說出那些詞是以哪種顏色寫成時說得結結巴巴，他們笑了，發現當紅色字母拼出的是另一種顏色，要說出「紅色」有多麼困難。

考克斯說明，如此困難的原因在於習慣的強大力量。閱讀是一種強烈的習慣，可以自動自發地出現。要打斷這種習慣可能是一種挑戰。即使一個人有意去做一件事，也可能會在無意中做出另一件事。

考克斯接著投射出刊載於報紙上的兩張圖片，拍的是卡崔娜颶風過後的紐奧良。在其中一張上，一個年輕黑人手臂下夾著一箱汽水。黑水在他周圍翻騰，他身上的黃衫被浸濕了。在另一張圖片上，一對白人男女置身於水中，水的高度及於他們的肘部。女子身上有刺青，皺著眉頭，抓著一袋麵包。

考克斯大聲讀出隨著圖片刊出的說明。在那個黑人照片的下方寫著：**一個年輕人在洗劫了一家雜貨店後步行穿過及胸的深水**。在那對白人男女的照片底下寫著：**兩個居民在找到麵包和汽水之後涉過及胸的深水**。

「洗劫」，「找到」。在那幾排學生當中傳出一陣低語。

然後考克斯轉身，把演講交給了站在他旁邊的女子。

派翠西亞．戴文如今六十出頭。當她從那幾排學生旁大步走下來，她的聲音嘹喨，彷彿像是站在科技高峰會的講台上，而不是在大學教學大樓一間狹長的教室裡演講。

「有許多人非常真誠地想要放棄偏見，」她說，「可是他們容易受到思考習慣的影響。單有意圖還不夠。」她說偏見可以是習慣性的、自動的，就像看見用紅色字母寫成的「藍色」時會說出「藍色」，而非「紅色」。「我們今天不是要指責誰，」戴文繼續說，「重點不在於怪罪。我們的目標是一起合作。」

大約十年前，一個大學部學生向戴文提議創設一個工作坊，來設法減少人們的偏見。戴文同意了，從那以後，戴文和她的同事就一直在測試這個工作坊，使之更為完善。他們的做法是根據「認知行為療法」（cognitive behavior therapy）的原則。其想法是：要使人改變自己的行為，單是意識到自己的問題是不夠的。他們也要有足夠的動機來付出努力，而且需要使用具體的策略，使他們能夠用某種新的東西來取代原本的反應。

因此，麥迪遜工作坊包含三個部分。第一部分是設計來提高人們的自覺，知道他們可能會在沒有意識到的情況下做出懷有偏見的行為。第二部分是要讓他們有動機去停止這種行為。第三部分則提供一些策略來幫助人們作出改變。戴文及其同事在學生和教師身上以及在公司與組織裡測試過此一做法，目標是打斷人們的自動反應。而他們的研究結果顯示：以這種方式教導人們認識偏見能夠改變他們的行為。

「員工多元化訓練」（diversity training）如今是個年產值數十億美元的產業。全球五百大企業中幾乎每一家都採用了某種形式的多元化訓練。過去這十年來，訓練擴展到包括「無意識偏見訓練」，這在橫跨商業、法律、政府及其他領域的各種組織裡已經是必要的趨勢，並且助長了一個由培訓師、講者和顧問組成的小型產業興起。[14]多元化訓練的目標普遍在於減少歧視，加強人們和不同族群的人打交道的技巧，並且在組織中創造出更正面的互動。只有一個問題：訓練很少經過實地檢驗和評估。這是個問題，因為它們的確可能會產生**任何一種**效果。如同一位針灸師有一次在替我扎針之前坦言：「在針灸治療過後，你的情況可能會好轉，也可能會惡化，也有可能保持原狀。」

14 自從二〇二〇年爆發的抗議事件，這些做法漸漸包含了「反種族歧視訓練」。

當「多元化訓練」受到評估，結果往往是好壞參半。對兩百六十項多元化訓練的整合分析發現：「多元化訓練」影響最大的是人們對訓練本身的情緒反應，亦即他們對這項訓練的正面感受，而不是他們對待其他族群的態度。該分析也發現：雖然人們的確記住了在這些訓練中學到的概念，例如偏見如何造成了社會的不平等，但他們對待其他族群的態度後來又回復到原點。

在另一項研究中，社會學家亞歷珊德拉．卡雷夫（Alexandra Kalev）和法蘭克．多賓（Frank Dobbin）檢視了幾百家公司和它們在三十年的時間裡所採用的多元化舉措。這些舉措包括客觀的招募測驗、導師制度，以及專業徵才，也包括了多元化訓練。當研究者分析這些公司在採取這些措施之後的實際晉升率，他們發現：當經理人被強制接受多元化訓練，黑人女性在五年後當上經理的機率減少了百分之九。亞裔美國男性和女性當上經理的機率降低了百分之四到百分之五，而白人女性和黑人男性成為經理的機率則根本沒有改變。

雖然這項研究是相關性研究，並不能證明這些訓練導致了這些結果，但是這項研究的發現還是令人不安。研究者提出：這些經理人可能抗拒或憎惡任何使他們覺得會損及他們自主性的東西，也可能是這些經理人感覺受到了威脅。事實上，一項研究發現：當白人男性參與一次模擬的招募，如果被告知該公司強烈支持多元化，他們的心血管就會顯現出在受到威脅時的生理跡象。

這些訓練也可能在無意中傳達出錯誤的訊息。例如，「無意識偏見訓練」往往強調無意識的偏見很常見。然而，研究指出：當人們得到的訊息是每個人都會形成刻板印象，他們就可能會更常這麼做。如果人們認為懷有刻板印象是正常的，可能就比較沒有動機去改變。此外，致力於消除種族歧視的訓練若是在種族混雜的團體中進行，對非白人的參與者來說可能會耗費心神而且有害無益，他們可能會被要求去「教導」白人，或是被當成展覽品來對待，尤其是當主持人缺乏技巧時。

無法確定哪種做法才有效，這種不確定性在更廣泛的反偏見措施上也能見到。當心理學家伊麗莎白．利維．帕魯克（Elizabeth Levy Paluck）檢視數百種旨在減少偏見的干預措施，她發現只有百分之十一的研究使用了曾在實驗室之外測試過的實驗。換言之，針對反偏見之努力所作的絕大多數研究都不曾在我們生活與工作的真實環境裡測試過。由於旨在減少偏見的干預措施造成的負面影響可能很深遠，帕魯克主張：證明這類努力能發揮預期的效果乃是「道德上的當務之急，就跟醫療干預需要經過嚴格測試一樣」。

另一方面，任由人們自行其是也會帶來麻煩。碰到與多元化有關的問題，屬於多數族群的人往往會宣稱他們甚至沒看見差異：「我不會去注意膚色」，或是「我不會去考慮性別」。例如，第一章裡提過的那位創投公司董事長，他替自己公司過去沒有雇用女性的紀錄辯護，聲明：「我希望這麼認為，也真的相信我們不會去注意某個人的性別。」的確，在一個層級分明的社會裡，「差異」往往和位階有關，不去注意差異似乎很省事。

人們也可能會堅持自己的公正，聲稱自己是客觀的，因此不可能有偏見。擔心自己受到責難的人可能寧願把客觀性當成盾牌，而不願意承認自己的局限。強勢族群的成員如果缺少自我反省，甚至會相信自己是客觀的。可是研究顯示，這兩種策略——相信自己的客觀以及「無視」性別或膚色——不僅沒有效果，事實上還會使得偏見更為嚴重。

在一項研究中，參與者被要求想像自己在招募一個經理人。半數參與者首先被要求完成一份問卷，針對他們的客觀性，要回答的問題包括他們是否同意「我的判斷係基於對事實的合理分析」和「我作決定的過程是理性的」這類陳述。接著他們拿到對一位應徵者的描述。在隨機選擇的情況下，一些人被告知此人名叫「莉莎」，另一些人被告知此人名叫「蓋瑞」。對「莉莎」和「蓋瑞」的描述是相同的：技術熟練，但缺少人際交往能力。然後，參與者被要求對這位應徵者的資格實力評分，並且被問到他們是否會建議雇用這位人選。另外一半的參與者則在檢視過應徵人選之後才被問到有關他們客觀性的問題。

在這兩組中，將近九成的參與者認為自己的客觀性高於平均。可是研究結果發現：那些首先被引導去思索自身客觀性的參與者偏好「蓋瑞」勝過「莉莎」。他們也在「人際交往能力」這一項給予「蓋瑞」較高的分數，雖然對這兩個人選及其技能的描述完全相同。這種結果沒有出現在另外一組。換言之，當參與者覺得自己是客觀的，反而導致他們在作決定的過程中出現**更多**歧視。事實上，最近有另一項研究發現：認為性別歧視在他們的領域已經不再是問題的人，會把一個男性員工評定為比一個完全相同的女性員工更有能力，所建議的薪資也高出百分之八。

另一項研究探討「無視膚色」造成的影響，調查白人員工對種族與民族差異的態度如何影響了非白人員工的經驗。研究人員調查了一個醫療機構十八個部門的將近五千名員工，評估這些部門採行「無視膚色」或是「多元文化主義」的程度[15]。該研究發現：在差異被淡化的部門，非白人員工感受到更多偏見，自覺參與度較低。反之，當白人員工注意到差異並且欣賞差異，非白人員工覺得參與度更高，察覺到的偏見也比較少。

這似乎有神經學上的基礎：腦部影像研究指出，當人們被鼓勵去檢查有偏見的行為，他們會更加注意與種族有關的信號，然後設法遏制自己的刻板印象。要減少帶有偏見的行為似乎需要去注意差異，這和試圖「無視差異」正好相反。

「多元化訓練」的成效不明，但現狀的害處卻很明確，有鑑於此一難題，像「麥迪遜工作坊」所採取的做法提供了一條前進之路。不同於許多旨在消除偏見的訓練，

15 為了評估「無視膚色」的程度，這份問卷問的問題包括「員工是否應該淡化種族和民族差異」，以及「機構是否應該鼓勵少數族群去適應主流方式」。用來評估多元文化主義的問題包括「機構的政策是否應該支持多元化」以及「員工是否應該看出並分享種族與民族差異」。

它經過了嚴格的評估。不同於許多經過嚴格評估的干預措施，它在真實世界被測試過。它坦率，但是不作批判，而且著重於作出主動、自覺的努力來克服自己的思考習慣。它並不要求人們改變自己的內隱聯想，而要求他們去注意自己的習慣，並且改變他們的行為。

在威斯康辛大學的工作坊進行了一個小時之後，戴文捲起她藍色渦紋上衣的一隻衣袖，走向坐在第一排的一個黑人學生。「人們以為：『如果我不想根據種族來對待別人，那我就將無視膚色，或是無視性別，無視年齡』，」她說，「這個策略不是很有效。首先，這是做不到的。」她把她蒼白的手臂舉在那個學生的手臂旁邊。「差別是看得見的，」她說。學生們面面相覷。「誰是男性？」她繼續說，現在看著考克斯。然後她揚起了眉毛，指指自己。「誰是老年人？」

如果說指出一個人的膚色在一個旨在克服偏見的工作坊中顯得很奇怪，這就是重點所在。戴文主張：試圖否認這些差異會使得歧視更加嚴重。察覺區別是人類自然而然會做的事。畢竟，人類會看出年齡、性別和膚色：這就是視覺。人類對這些類別會有聯想：這就是文化。至於用這些聯想來評斷一個人——戴文認為這是一種習慣。看見差異不是問題，問題在於以有害的方式對差異作出反應。事實上，戴文用她的裸臂去靠近的那個學生事後對我說：「我有點驚訝，但是我也有點感謝。」

這個工作坊的概念是要減少有偏見的行為，透過認知心理學的三個支柱：自覺、動機和替代策略。在兩小時的說明裡，考克斯和戴文兼顧了所有這些面向。他們詳述了科學發現，關於人們如何可能在並不認同偏見的情況下做出有偏見的行為。他們仔細解釋偏見如何運作，也充分說明了偏見可能會造成多麼嚴重的後果。同時他們小心地避免助長羞恥感。

考克斯展示的一項研究揭露出社經地位如何影響了人們對一個學生學習能力的詮釋。參與者看見一個九歲白人女孩的一段影片，她名叫漢娜。一組參與者被引導去相信漢娜出身富裕的家庭：她的父母是專業人士，她住在郊區一棟寬敞的房子裡，而且她就讀於一所整潔光鮮的現代化小學。另一組參與者則被引導去相信漢娜出身貧窮：影片中的她在一個骯髒的院子裡，周圍是破舊的住宅，就讀的學校校舍低矮，操場鋪著柏油。接著，兩組參與者都看了同一段影片，拍的是漢娜參加一次考試。她答對了一些題目，答錯了另一些。然後參與者被要求去評估漢娜的智力和學習能力，並且描述他們何以得出他們所作的結論。

研究者發現，人們對漢娜所屬社會階層的印象影響了他們對她做為學生的看法。以為漢娜生活優渥的人，不僅把她的表現評為超出年級水準，而且替她的行為編造出解釋，例如，提到她有能力「把她所知道的應用在不熟悉的問題上」。他們也記住了更多她答對的問題。那些以為她出身貧窮的人則把她的表現評為低於年級水準；當他們被問到他們何以得出此一結論，他們的理由包括指出漢娜「在接受新的資訊時有困難」。

她的社經地位甚至影響了人們對那次考試本身的看法：那些以為漢娜家境優渥的

人把那次考試看得更困難，另外一組的人則把那次考試看得更容易。每個人都看見同一個小孩作出同樣的表現，可是這裡又出現了「驗證性偏誤」（confirmation bias）：我們傾向於去尋找能證實刻板印象的資訊，而忽視了與刻板印象相牴觸的資訊。我們把自己對現實的詮釋輕輕推向某個方向，以符合我們腦中的世界地圖。

工作坊進行到一半，考克斯和戴文邀請學生來討論這些想法和他們自身的生活有何關聯。每個人都有故事可說，進一步證實了偏見的普遍。一位女性述說，儘管她受過七年的化學訓練，她還是被引導去當銷售實習生，因為「她的個性這麼和藹可親」。另一個女性是位教師，說起一個黑人小孩和一個白人小孩在她任教的學校裡受到多麼不同的對待。兩個孩子都有自閉症，可是當那個白人小孩在不該唱歌的時候大聲唱歌，老師們說他「真可愛」。當那個黑人小孩做出類似的行為，他就受到了懲戒。一個留著長髮的白人男性表示別人經常假定他能提供大麻。他聳聳肩，表示整體而言這並不嚴重。

考克斯自己也有親身經驗。他在嬰兒時期被一個多種族的家庭收養。他母親是夏威夷的華人，考克斯和他父親是白人，而他的四個兄弟姊妹是波多黎各人，因此他目睹了偏見對他的父母和兄弟姊妹的影響。可是他的父母也是恪守教規的摩門教徒，因此，當考克斯向家人表明自己是同性戀者，從前他看見自己家人遭遇到的偏見現在衝著他而來。

「我們當時搭車行駛在佛羅里達州塔拉赫西的六線道高速公路上，」考克斯回憶，

「我爸爸拿起我的背包，打開車門，把背包扔到一條溝裡，說：『你給我下車！』然後他就把車子開走了。」隔天，考克斯到銀行去，想把他打工送報存下來的錢領出來，結果發現那四千美元都被他爸媽領走了。在那之後，他睡在別人家的沙發上，和一個比較年長的男子同住。最後他在佛羅里達州上了大學，然後進了威斯康辛大學麥迪遜分校的研究所。「因為偏見，我失去了我的家人，」他告訴我，「所以我這一生致力於對抗偏見。」

在工作坊的最後一部分，戴文和考克斯提出了一些策略，教大家如何克服自身的偏見。他們建議大家在刻板印象出現時加以留意，然後主動用替代形象來取代。替一個人的行為尋找情境理由，而非假定那是來自於某種固有的特質。找出那些與自己不同的人，並且設法去了解他們。

他們也建議大家嘗試設想對方的觀點。研究指出：如果一個人能夠真正體會對方的世界觀，這個做法就會更加有效。在一項研究中，一些參與者被要求去想像自己是色盲；另一些人則藉由一個虛擬實境頭盔而能親身體驗紅綠色盲。事後，當他們被要求去協助一位色盲的學生做作業，那些曾經親身體驗過色盲的人為了協助那位學生而付出的時間是那些僅只想像過自己是色盲的人的兩倍。

心理學家奧科諾法曾在研究中廣泛地檢測過這些改變行為的策略。為了減少學生受到停學處分，奧科諾法及其同事和五所中學的數學老師合作，把同理心帶入對學生的懲戒中。在間隔兩個月的座談會中，老師們認識到班上學生行為不當的其他原因，也得知良好的關係如何能幫助學生成長和成功。他們被勸阻不要給學生貼上惹事者的標籤，並且被鼓勵去採取學生的觀點，閱讀有關學生感覺被老師理解的故事。換句話說，他們被要求去考慮學生行為的情境原因，打破刻板印象，並且去想像學生的觀點。這項訓練的用意也在於尊重教師的自主權和能力，把他們視為能夠幫助別人的專家。他們被要求去思考如何在自己的教學中使用這些方法，並且被告知他們的文章將被分享，以協助其他教師。

這種介入並非專門用來對抗偏見的訓練，目的在於培養具有信賴、尊重和互相理解的環境。而且，研究者謹慎地指出：這並非要鼓勵老師避免懲戒學生或是必須同意學生的觀點。但是和對照組相比，這使得一個學年中的停學處分減半。非裔美國學生和拉美裔學生——停學率最高的兩個族群——的停學率從百分之十二點三降至百分之六點三。此外，過去有停學紀錄的學生明顯覺得那些受過同理心訓練的老師更尊重他們。這改變了老師的行為方式。針對處理假釋及緩刑事務的官員所作的一次類似的簡短訓練，在十個月後使得在緩刑和假釋中的成年人的再犯罪率減少了百分之十三。這種介入也並非專門用來對抗偏見，而是以培養更好的關係為目標。而且這改變了假釋官與緩刑官對他們所監督之人的看法。

要結束這個工作坊時，戴文在課桌之間踱步，和每一個學生做眼神接觸。「我向你們提出，」她說，「偏見是一種能被打破的習慣。」

訓練的成果令人覺得大有可為。戴文和另一位同事向威斯康辛大學麥迪遜分校的理工科系介紹了聚焦於性別偏見的一個工作坊，在那之後，那些科系的聘雇模式改變了。在那次介入的兩年之後，曾接受此一訓練的科系所聘用的女性教師比例從百分之三十二提高到百分之四十七，亦即增加了將近一半，而這個比例在其他科系則維持不變。在工作坊結束後幾個月進行的一項關於系所氣氛的獨立調查中，在曾參與這個工作坊的系所，男性和女性教師都表示他們覺得自己的研究更受到重視。他們也覺得能更自在地提起與家庭有關的問題。這種介入似乎開始改善了整體的工作氣氛。

在同一個工作坊的另一個版本中，研究者對數百名大學生進行了聚焦於種族偏見的訓練。在幾週之後，這些學生接受了問卷調查。和沒有參加工作坊的學生相比，那些參加過的人更會在日常生活中注意到偏見，也更可能把他們察覺到的偏見標示為不該有的行為。值得注意的是，這種演變似乎會持續。兩年後，在一個討論種族問題的網路論壇上，曾經參與過那項訓練的學生更可能會發聲反對偏見。該研究團隊還在設法確定這種聚焦於種族偏見的介入是否影響了非白人的感受，而非只是影響了白人的看法和行為。這是個大哉問。「如果我們只是讓白人感覺更好，」戴文說，「誰在乎呢？」

當我們把偏見視為必須努力克服的一個習慣，像麥迪遜工作坊這樣的做法旨在讓人們意識到未經檢視的模式，使人能夠看出這些模式，並且主動修正自己的行為。事實上，針對四十年來的多元化訓練所作的一項統合分析發現：當這些訓練不僅是提高意識，而也包括了培養新的技能和行為時，它們的影響最大。這項分析也發現：在人們有動機去學習的環境裡，例如在學校，它們的效果更大。

另一方面，這種（或任何一種）一次性的訓練，其效果都是有限的。在那些參與過這個工作坊的理工科系，所聘雇的女性教師比例雖然增加了，但是女性所佔的整體比例並未增加，因為有些女性教師離職了。這個工作坊也並未奇蹟式地翻轉系所的氣氛：那項針對氣氛所作的調查也問了有關參與決策的問題，女性教師必須要比同事更努力工作，才會受到肯定，該調查還問了很多其他問題，關於女性和非白人教師的經驗。參加這個工作坊並未使其他這些衡量項目得到改善。針對四十年來的多元化訓練所作的那項統合分析也發現：如果這些訓練在長時間裡進行，並且整合到更加全面、遍及整個組織的促進多元化的做法中，它們的效果最好。這種訓練可能包括該組織所特有的偏見情況。

戴文坦承，工作坊並非消除偏見的萬靈丹。「可是如果人們能夠從自己內部來解決這個問題，我想這是個開始。如果這些人屬於某些機構，他們也許能夠把這個訊息傳遞出去。」

而這個工作坊的確提高了新的自覺，有時候發生得很快。在一次講習中，當考克斯描述了替別人的行為尋找情境理由何以會有幫助，聽眾中的一名教師脫口喊出一句粗話。當其他學生驚訝地轉過頭去看她，她解釋她剛剛有了一番領悟：當她的白人學生遲交作業，她會問他們家裡是否發生了什麼事。當她的黑人學生遲交作業，她什麼都不會問。

這個工作坊的確對我產生了影響。參加過後，並且花了好幾天和相關研究人員進行長時間討論之後，我留意著自己對其他人的反應，幾乎到了令我難以承受的程度。我在麥迪遜的第三天，在我住的飯店的大廳裡，我看見兩個人站在櫃台附近。他們是白人，穿著縐巴巴的破舊衣服，膝蓋處有破洞。一個關於他們的故事從我腦中閃過：他們不是飯店的住客，想必是櫃台服務人員的朋友，在他的休息時間來拜訪他。

這是個轉瞬即逝的假定：衣衫襤褸的人不會住在一家三星級飯店。可是偏見就是這樣運作的：一個一閃而過的念頭——看不見，未經檢查——影響了我們的行為、反應和想法。而這個故事在我腦中閃過幾秒之後，我抓住了它。也許我想得沒錯，可是也許我想錯了。**老天，我想，我一直以來就是這樣生活的嗎？**這個故事沒有產生真正的後果，但是在其他情況下，一個人腦中未被察覺的假定會給另一個人帶來改變人生的後果。事後，我一直在注意自己的起心動念，就像一個人手持網子等待著一隻蜻蜓。而我有許多次抓到了它。這是我努力終結自身偏見的眾多步驟之一。等候它，抓住它，並且放在光線下檢視。放掉它，然後等候它再次出現。

可是為什麼像這樣的工作坊會產生任何影響呢？畢竟，偏見是根深柢固的，抗拒著改變，而且時時刻刻被我們周遭的文化訊息加強。在針對理工科系工作氣氛所作的那項問卷調查中，大多數的答覆都沒有改變。可是有一些改變了——為什麼？

一個洞見來自一個出人意料的資料來源：藥物濫用防治。這幾十年來，研究藥物濫用的學者發現，幫助人們戒絕使用毒品的一個方法是付錢給他們。在證明這種做法有效的研究中，人們每次成功通過藥物檢測就會得到現金或是贏得獎品的機會。現金的金額或是獎品的價值通常會隨著每次通過的藥檢而增加。這個做法已經被成功地用在吸食古柯鹼、鴉片類藥物、苯二氮平類鎮靜劑和酗酒的人身上。

許多年裡，研究者把這項做法的成功解釋為單純的經濟學結果：它使得使用毒品變得太昂貴。當不碰毒品就能拿到錢，使用毒品的「成本」就提高了，包括用來購買藥物的錢以及沒能得到的獎金或獎品。可是這種說法並不能充分解釋這種做法的成功；例如，單純的成本效益分析不能解釋為什麼即使所提供的獎金很少（有些成功的案例平均一週只給幾美元），這種做法還會發生效果。

基於這個原因，神經科學家大衛·瑞迪許（David Redish）和保羅·瑞吉爾（Paul Regier）提出了另一種解釋來說明這個方法為什麼奏效。他們認為實際發生的情況是提供人們金錢翻轉了他們的思考方式。濫用藥物可以是種非常強烈的習慣，使人們幾乎不自覺地屈服於它。可是當他們要在使用毒品和獲得獎賞之間作出選擇，人們被迫去權衡兩種不同的選項，這把他們從慣性思考中拉出來，使他們進入一種不同的、更刻意的深思熟慮。

慣性思考使用的大腦部位包括基底核和小腦。緩慢而比較費力的深思熟慮所使用的則是前額葉皮質，那是負責作計畫以及作出較複雜之決策的大腦部位。瑞迪許和瑞吉爾認為：自覺地思考在毒品和現金之間作出選擇，可能會使人們多去考慮一下自己行動的後果。考慮到他們的目標，其中一項是保持不碰毒品，他們可能會停止評估可能的選項。脫離慣性思考替使用毒品的人創造出選擇另一條路的進入點。

瑞迪許認為這種轉變也會發生在其他的慣性反應上。像麥迪遜工作坊這種介入訓練可能會喚醒人們，使他們意識到自己每一次作出帶有偏見的反應都是在作出一個選擇。而把偏見視為一種選擇可以幫助人們擺脫自動思考模式，改為有意識的深思熟慮。如同我的親身經驗，這種工作坊的效果是提高了一個人的自覺，知道自己是有可能懷有偏見的。這種新的自覺使我能把自己的判斷視為作出選擇的一刻：我是要相信自己的第一個反應，還是要停下來尋找進一步的證據？在和那些研究人員相處了幾天以後，我在飯店注意到自己在假定櫃台旁邊那兩個人不是飯店住客。然後我打住了，進一步審視我的假定，想像出替代的解釋。一旦我從單純的作出反應轉為觀察自己的反應，新的選項就出現了。

可是有關麥迪遜工作坊的另一個關鍵問題是：它似乎能夠激勵人們付出這番努力，為什麼呢？戴文的研究團隊認為這和個人如何看待自己有關。一九六〇年代末期，一位名叫米爾頓．羅克奇（Milton Rokeach）的社會心理學家指出：自我係由許多層面構成，某些層面要比其他層面更為核心。例如，我們的價值觀是我們自我意識的核心，我們的看法或是與世界有關的知識比較不那麼核心，而我們的聯想和刻板印象則距離我們的身分認同更加遙遠。

我們自我意識中的這個層次等級很重要，因為愈是居於中心地位的層面就愈加抗拒改變。例如，一個人是否重視傳統、安全或公平，要想在這一點上去改變他是很難的。可是如果你真的能夠去改變某種位於最深一層的東西，其影響可能會很深遠。「拿心理治療來說，其目標往往是去改變能夠影響人們如何看待自己的關鍵性過程」，心理學家派崔克．佛雪（Patrick Forscher）說，他也參與了在麥迪遜所作的這許多研究。「當它發揮作用，就能造成很大的改變。」人靠著價值觀來判斷什麼是重要的，而要修正一個人的價值觀可能很難，相形之下，要改變他們的想法以及他們對自己與這個世界的認識可能比較容易。

麥迪遜工作坊就專注於人們認為自己不會歧視，或認為偏見不重要的這個層面。而這一層其實是很容易改變的。如果人們看出自己會在無意中歧視別人，但他們同時也重視公平和平等，這份體認就可能成為行動的動力。人們想要自己的內心能夠一致。

羅克奇本人在一九六〇年代的一系列實驗中證明了這一點。他請白人學生替十八種價值觀排定名次，讓學生看出大多數人把「自由」排在「平等」之前。為了誘發一種內心不一致的感覺，學生接著被告知這反映出他們在乎自己的自由遠勝過別人的自由。學生也得到一個建議：支持民權就是同時支持自己的自由和他人的自由。正視這種矛盾的學生在幾個月後更可能去報名參加民族研究課程，也更可能對加入「美國有色人種協進會」（NAACP）的邀請作出回應。一年多以後，他們對美國黑人的民權表現出更多支持。

奧科諾法及其同事在對緩刑官和假釋官所作的介入訓練中使用了同樣的做法。在那個降低了再犯罪率的實驗中，有一部分在於讓那些官員看出自己觀念的不一致：他們把自己視為官員群體當中的個體，但卻認為被假釋者彼此之間沒有差異。事後，這些官員比較少把緩刑中或假釋中的成年人當成一個群體來指責。

「我們改變不了人們的價值觀，但我們可以讓人了解他們可能並未實踐自己的價值觀，」考克斯說。「一旦你得到了這個資訊，你就會忍不住要作出努力。」我們也許可以把想法稱之為「恰到好處的一層」——就試圖造成改變而言恰到好處。這個層面的自我距離根深柢固的核心價值觀夠遠，只要施以適當的壓力，就可能改變。當這些想法開始移動，就可能會帶來一連串的其他改變。

消除偏見的訓練即便是經過小心設計，也仍然充滿了挑戰。參加者的樂意程度不一，也各自處於不同的發展階段。一位多元化訓練顧問告訴我，她從來無法確定自己是在幫助一顆種子成長，看著一朵花綻放，還是就只是替一片泥土澆水。居於優勢地位的人也許會感覺受到威脅，當由此推論出他們乃是受益於對他們有利的偏見——被假定具有能力，被假定無罪，或是被人姑且看好，就像那個創投公司的董事長在沒有相關經驗的情況下從新聞界輕易地轉入創投業。看著戴文演講，我驚訝於她的平易近人。她說這是刻意為之，因為人們如果覺得自己受到攻擊，他們就會關閉心房。要傳達的訊息經過謹慎拿捏：有偏見是正常的，但是不可接受；你必須要進化，但你不是個壞人。看著考克斯和戴文主持工作坊就像看人玩著經典兒童遊戲「外科手術」，把對話當成小鑷子來處理特定的信念，但不至於挑起錯誤的反應而觸動警鈴。

聽眾的組成可能是另一個障礙。如同社會學家卡雷夫和多賓在他們針對多元化訓練所作的研究中所指出：自願受訓要比強制受訓更有益處。然而，在我參加的那一天，觀眾幾乎都是白人女性或是非白人，有些人是在尋找方法來對抗別人對他們的偏見。白人男性在這群人當中明顯缺席。考克斯告訴我，聽眾通常不會這樣清一色，可是聽眾的組成指出了當前的一個現實：最容易接受反偏見訓練的聽眾可能是受到偏見影響最大的聽眾。

話雖如此，佛雪進行的一項分析指出，工作坊所推廣的想法甚至可能影響那些沒參加過的人。佛雪針對工作坊的效果進行了所謂的「網絡分析」（network analysis）——觀察其效果如何在社群中傳播開來。在對理工科系進行過消除性別偏見的介入訓練之後，在大學各科系據稱對兩性平等做得最多的人並不是那些參加過訓練的人，而是那些與他們**並肩工作**的人。這是個不尋常的發現，而且我們並不清楚這究竟意味著什麼。但有可能是：當參加過工作坊的人修正自己的行為，這種行為在他們周遭創造出新的規範，從而影響了周圍的人。這種網絡效應也顯現在另一項研究中，該研究給中學生每週上一次對抗偏見的課，尤其是針對肥胖者和同性戀者的偏見。幾個月之後，這些學生的朋友和熟人更可能在爭取同性戀者權利的請願書上簽名。工作坊的好處會外溢到具有高度動機的參與者之外，這個暗示很誘人。

倘若果真如此，它對「向唱詩班講道」[16]的問題提供了潛在的解決方案。

事實是：帶頭衝鋒的往往是那些受影響最大的人。另一個實驗闡明了此一事實，這是個大規模的實驗，涉及一家全球性公司的三千名員工。參與者接受了一小時的消除性別偏見線上訓練，特別著重於職場上的性別偏見。該訓練說明了刻板印象如何運作，並且教導了一些策略來克服刻板印象。研究者發現：這項訓練的確讓人們更加認識自己所懷有的偏見，也讓他們更有意願支持女性、讓女性融入。在接受訓練之前最支持女性的群體中，這項訓練也改變了行為：幾週之後，這些員工更可能提名一位女性來在咖啡時間指導大家。

有趣的是：改變了行為的大多是女性，她們也許會去指導更年輕的女性，或是去尋求年長女性的指導。研究者得出的結論是：該項訓練的一個效果也許是向女性凸顯出她們需要付出更多努力才能獲得平等的地位。一項包含其他種類之偏見的訓練也有類似的結果：更多的少數族裔員工在咖啡時間受到指導或是被提名接受表揚，但是這樣做的是少數族裔員工本身。

像麥迪遜工作坊這類做法最大的局限可能在於其前提：認為大多數人懷有真正的平等主義信念，只是這些信念可能會被習慣所劫持。可是另一種觀點認為：人們並沒

16 「向唱詩班講道」（preach to the choir）意指向已經有相同看法的人宣揚同樣的主張。

有分立的信念和聯想，而只有單一的態度，被埋藏在否認或忽視底下。如果真是這樣呢？有可能人們**的確**持有帶偏見的信念，只是不曾仔細加以檢視。如果是這樣，相關訓練可能更應該攻擊這些錯誤的信念本身。羅克奇提出的模型會預測：改變這些信念將會產生更大的影響。

這就是發生在我身上的情況。在寫作此書和準備的過程中，我經歷了許多階段——起初我對那些以有偏見的方式對待我的人感到挫折和憤怒，到後來我相信偏見可能是生活在特定時空背景中一種可以預見的後果。當我研究、寫作並且和其他人接觸，我自己帶有偏見的言行被指了出來，而我的信念再次改變：我意識到我也以有害的方式在思考和行動。我注意到我的習慣，也展開了更深刻的自我審視，誠實地盤點我的信念。經過仔細檢視，有些信念是可憎的，與我的價值觀和良知有所牴觸。當我想起我一直因為自己身為數理進階課上的少數女生而感到自滿，我明白了我的確對女性的價值和自己的價值懷有未經檢視的有害信念。此一認知又反過來促使我去研究這些錯誤觀念的歷史基礎，從而鼓勵我作出更持久的改變。

研究指出：事實上，我們愈了解歷史，就愈能理解當今的偏見。在一項研究中，美國白人得知美國政府在歷史上曾經藉由歧視性的住房政策而創造出黑人聚居區。比起那些沒有獲得這份歷史知識的人，參與者事後更能看出當今的種族歧視。如同巴布．馬利（Bob Marley）所唱：「如果你知道你的歷史／你就會知道你從哪裡來。」事實上，研究者把了解過去的真相與看出當今的歧視這兩者之間的關聯稱為「馬利假說」

（Marley Hypothesis）。得知我所繼承的想法源自何處，使我能夠努力去捨棄這些想法。這並非發生在兩小時的講習之後，而是一個過程，花費了我用來寫作此書的五年時光，而且還在持續中。

不過，麥迪遜工作坊的確在這條路上提供了重要的一步——作為一種觸發，讓人首先去注意到自己的念頭。而把這種簡短的訓練視為一個起點也許最為合適。它提出了一個適度的要求：花一點時間想一想，你的行為方式可能和你的價值觀不一致。

歸根結柢，單靠認知行為的做法消除不了偏見，因為我們不僅是會思考的個別生物。我們是歷史生物，也是互有關聯的生物。我們也是結構化的生物，在強烈影響著我們行為的機構中運作。如果不重新塑造政策、法律、演算法……這些限制著我們的結構，而只依靠個體，那就像是在一部往下走的電扶梯上往上跑。我們也是有感情的生物，會處理複雜的情感渦流，這些複雜的感受塑造了我們與他人的互動。而且我們是有身體的生物，在我們的身體裡儲存了記憶，記得自己曾受到的認可和創傷、照顧和忽視。所有這些因素都會影響我們面對他人時所作出的反應。

當所有這些潮流——認知的、歷史的、人際的、結構的、情感和生理上的——匯聚在一起時，偏見造成的後果往往最大。在這種情況中，人們可能不會放慢腳步去深思熟慮，不會去考慮對方的觀點，也不會去考慮對方行為的情境理由。在某些情況下，攸關生死的決定可能會發生得很快，尤其是當我們被訓練成去害怕彼此。

Chapter 5 大腦、心靈、時機

那是明尼蘇達州自有紀錄以來比較溫暖的年份，二〇一六年七月的那個傍晚多雲而且炎熱。在聖保羅市郊的法爾考高地，三十二歲的學校營養師菲蘭多．卡斯蒂爾駕車行駛在拉本圖大道上，載著他的女友黛蒙．雷諾絲（Diamond Reynolds）。他們剛剛去採買日用品，車上裝滿了冷凍蝦、米、雞肉和醃料，那是當天晚餐的食材。雷諾絲四歲大的女兒坐在後座的安全座椅上。卡斯蒂爾在那個夏天替聖保羅市的公立學校工作。他並沒有必要這麼做，因為他並不會掙到更多薪資，但是他喜歡那些學童。一個家長稱他為「有髮辮的羅傑斯先生」[17]。那些學童稱他為菲爾先生。

傑洛尼莫．亞尼茲（Jeronimo Yanez）是一名二十八歲的巡警，在幾個小時之前開始值勤。他在尋找一樁搶案的嫌犯。附近一間便利商店最近被搶，而監視錄影帶錄到一個留髮辮的男子。

17 羅傑斯先生（Mr. Rogers）是美國家喻戶曉的一位兒童電視節目主持人，他的故事曾經被拍成電影《知音有約》（*A Beautiful Day in the Neighborhood*），由湯姆．漢克主演。

法爾考高地的居民約有七成是白人。卡斯蒂爾是黑人。當亞尼茲看見卡斯蒂爾駕著他的奧茲摩比車經過，他用無線電通知另外一輛警車上的搭檔，說他要去調查。亞尼茲說那輛車的駕駛長得像搶案錄影帶中的男子，「因為他的鼻子很寬」。

亞尼茲要求卡斯蒂爾停靠路邊，他走向駕駛座一側的車窗，告訴卡斯蒂爾他的車少了一個煞車燈，並要求他出示駕照和汽車保險卡。卡斯蒂爾把保險卡遞過去，然後緩慢而冷靜地說：「警官，我必須告訴你我身上帶有槍枝。」卡斯蒂爾在明尼蘇達州有攜帶槍枝的許可：他經過官方認可的訓練審核，按照法律規定，在警察要求下必須揭露自己持有槍枝。他帶槍是為了保護自己，因為他和雷諾絲住在犯罪率偏高的地區。

亞尼茲把手擱在自己的槍上。卡斯蒂爾剛才被要求出示駕照，於是他繼續把手伸向右側。亞尼茲在聽到「槍枝」這個字眼後，告訴卡斯蒂爾：「不要伸手去拿。」卡斯蒂爾和雷諾絲試圖解釋他並非伸手去拿槍。

那你就不要伸手去拿。

我是要拿——

不要掏出來。

我沒有要掏出來——

他沒有——

不要掏出來。

然後亞尼茲向卡斯蒂爾開了七槍。

卡斯蒂爾說的最後一句話是：「我不是要拿——」

在事發之後那幾天，明尼阿波利斯市和聖保羅市就像是被劃開了一道裂口。悲痛的抗議者走到連接這兩座城市的州際公路上。那是二〇二〇年夏天震撼了世界各角落的全球抗議活動的前兆，抗議種族歧視和警察暴力。這個雙子城並不大，每個人似乎都認識卡斯蒂爾或是認識某個認識他的人。一個孩子在卡斯蒂爾工作的蒙特梭利學校外面貼了一張紙條，上面寫著：「我真的想念你，你的心中有彩虹。」

在槍擊發生後所拍下的錄影資料顯示出亞尼茲處於語無倫次的狀態。他沒有放下他的槍，既沒有試圖對卡斯蒂爾進行心肺復甦術，也沒有停止叫喊。雷諾絲解釋，說卡斯蒂爾是要伸手去拿駕照和汽車登記證。甚至在其他警察抵達之後，亞尼茲的恐慌也沒有減輕。「媽的，媽的……我腦子一片混亂……」他說，「我不知道我開了幾槍……他就只是直勾勾地盯著前方，而我他媽的愈來愈緊張，然後……媽的，我叫他把他該死的手從他的槍上拿開。」

醫學證據顯示，卡斯蒂爾的手在他遭到槍擊之際不可能擱在槍上：他的手指上有一個子彈造成的傷口，但是他的槍或口袋並未受損。一名消防員在事後作證，說他看見一名警察把手「深深」伸進卡斯蒂爾的口袋裡，以找到那把槍。卡斯蒂爾似乎一直在遵守亞尼茲的**兩個命令**：叫他不要伸手去拿槍的否定命令，以及在那之前叫他出示駕照的肯定命令。

當該州的刑事調查人員訊問亞尼茲，他說卡斯蒂爾「說話的語氣在我聽來很微妙而且不自在……他的肢體語言顯得具有防衛性」。亞尼茲說他聞到大麻的氣味。當他喊出他的指示，卡斯蒂爾「轉動肩膀，把左手留在方向盤上……」亞尼茲繼續說：

> 就在那時候我感到害怕，為我自己和我搭檔的性命擔憂……他仍在移動他的手……我看過去，看見他手裡有個東西……我在壓力下試圖搞清楚狀況……可是我沒有足夠的時間……我知道他手裡有件東西……而我想著我要送命了……除了掏槍之外，我別無選擇，然後我開了槍。
>
> 我不記得我開了幾槍。

法醫判定此案為殺人罪，而亞尼茲被控以二級非預謀殺人罪和危險使用火器罪，死亡係由於重大過失。亞尼茲的辯護是他擔心自己的生命。感覺自己受到威脅是警察為了使用致命武力一般會提出的理由。這個理由可以被用來（也實際被用來）掩蓋公然的種族歧視暴力，和德里克．蕭文（Derek Chauvin）對喬治．佛洛伊德（George Floyd）那種虐待狂似的慢動作謀殺行為沒有關係。

然而，亞尼茲歇斯底里的行為的確表示出他很恐慌。亞尼茲描述他沒有聽見卡斯蒂爾說的話，因為他出現了「隧道視野」（tunnel vision）。喪失周邊視覺是極度緊張和恐懼反應的症候，一如他不記得之前發生的細節以及他表現出的情緒失調。他為什麼恐慌？亞尼茲說他以為看見卡斯蒂爾手裡拿著一件東西。在審判當中，他聲稱他看見卡斯蒂爾掏出了一把槍，而我們知道此事並未發生。「我沒有別的選擇，」他說。「我並不想對卡斯蒂爾先生開槍。」

陪審團由十二位明尼蘇達州公民組成，十名白人和兩名黑人，他們認定亞尼茲看起來很誠實，認為他說他看見卡斯蒂爾把手擱在槍上並非撒謊。陪審團對於說實話的推定並未及於卡斯蒂爾，他當時明確地解釋他並沒有伸手去拿槍。陪審團投票決定所有的罪狀都不成立。這座城市又一次群情沸騰。

亞尼茲的辯護律師堅稱此一事件無關種族，而是關於現場有一把槍，彷彿卡斯蒂爾的種族沒有影響亞尼茲那一連串的反應。事實上，研究指出：種族無疑起了關鍵性的作用，不僅是在亞尼茲攔下卡斯蒂爾的這個決定中，也在他對這次遭遇的感受以及油然而生的恐懼中。

二〇〇三年和二〇〇四年，民權律師康妮．萊斯花了十八個月的時間訪談洛杉磯的警察。這是洛杉磯有史以來規模最大的警察貪腐案促使整個警察部門進行大幅改革之後。為了協助評估這些改革是否對洛杉磯警察產生影響，萊斯訪談了八百多名警察，包括男性、女性、各種種族和族裔。他們坦白地說起改革的不足之處，包括對於非法行為仍舊缺少究責、不當誘因、對社區懷有敵對心態，以及其他長期存在的問題。

可是那些警察也告訴了萊斯一些令她驚訝的事。他們坦承他們害怕黑人男性。「聽我說，女士，我要跟妳說實話。黑人令我害怕。我不是在黑人身邊長大的。」她記得他們說，「我在羚羊谷長大，我們那裡沒有黑人。而我不知道該如何和他們交談，」或是「女士，黑人男性令我害怕，我需要協助。」萊斯試著不流露出她的反應。她不想因為表現出震驚而失去他們的信賴。可是在內心裡，她說：「我嚇呆了。」警察通常不會承認害怕，脆弱被視為缺點。可是不同種族的警察都坦承了種族化的恐懼。

恐懼當然不能解釋蓄意施暴的案例。可是那些警察坦承的焦慮和研究結果一致，研究發現光是黑人一詞就會在許多人腦中喚起犯罪的想法。心理學家珍妮佛·艾柏哈特花了幾十年研究種族如何影響感知和行為，她進行了一項研究，讓人們在無意識中看見白人和黑人男性的臉，然後再讓他們看解析度低、很難辨識的刀槍圖像。那些先前接觸到黑人男性臉孔的人比先前接觸到白人男性臉孔的人更快辨認出那些武器。他們不僅是想到犯罪，而是**看見**了犯罪。艾柏哈特也向警察展示了一系列黑人和白人的臉孔，告訴他們這些可能是罪犯的臉孔，然後問他們那一張張臉看起來是否像是罪犯。長著一張黑人臉孔並不是罪行，如同艾柏哈特所指出，然而她的研究發現一張臉孔在五官和膚色上愈是符合刻板印象中的「黑人」，警察就愈可能指認那是罪犯的臉。

另一項研究指出，許多美國人判斷黑人男性一般而言比白人男性更具有威脅性。一項研究發現：和同齡的白人男孩相比，黑人男孩被看成年紀比較大，比較不純真。不是黑人的人總是高估黑人男性的體型，認為他們比同等體型的白人男性更高、肌肉更發達，更能夠造成傷害。個別的黑人也會高估黑人男性的體型。

聽起來符合黑人刻板印象的名字本身就可能引發扭曲的印象。在一項研究中，非黑人的參與者看見了十六個白人男性脖子以下身體的照片，照片經過修改，讓膚色變得不明顯。有些參與者被告知這些照片中的人物有著刻板印象中典型的黑人名字，像是泰隆（Tyrone）和德肖恩（DeShawn）；另一些參與者則被告知那些人物有著刻板印象中典型的白人名字，像是康納或寇迪。同樣的身體，參與者認為「泰隆」和「德肖恩」要比「康納」和「寇迪」更高更壯。

另一項研究發現：對美國白人來說，膚色較深的臉孔甚至會在杏仁核中引發更多的反應。杏仁核是大腦中與偵測威脅有關的部位。威脅這種感受之所以重要，是因為它們密切預測了人們會如何反應。當研究者分析針對種族歧視的五十七份不同研究，他們發現面對不同的種族族群，人們的情感對他們行為的影響是理智信念的兩倍。情感會影響我們對某一個群體的成員做出的行為，微妙者像是眼神接觸的次數，後果嚴重者像是警察使用武力。

如前所述，感覺自己受到威脅是警察對於使用武力所提出的主要理由；截至目前，認為自己的生命有迫在眉睫的危險，正是法律上使用武力的正當理由。[18]而在並無實際危險的情況下，黑人男性成為警察暴力受害者的比例偏高。針對值勤警察所執行的將

18 這個法律門檻當然是主觀的，而法庭仰賴警察的證詞（如同亞尼茲一案），使得警察很少會被定罪。

近一千起致命槍擊所作的一項分析發現：黑人受害者在中槍時並未攜帶武器的可能性是白人受害者的兩倍。另一項分析發現：根據報告所述，完全服從警察命令的黑人嫌犯受到警察暴力相向的可能性比白人嫌犯高出百分之二十一點三——甚至是在並未受到逮捕的情況下。[19]這些統計數據可能還低報了：作為研究依據的報告一般來自警察部門，而警察部門對於有問題的內部行為可能較少呈報。[20]這種生活經驗給美國黑人帶來了非比尋常、難以忍受的負擔：為了保護自己的生命而得要應付警察的恐懼。在他寫的《鎖喉》（*Chokehold*）這本書裡，法學教授保羅・巴特勒（Paul Butler）把這種負擔描述為令人沮喪、尷尬，而且沒完沒了。「每一次你走出家門，你就是一齣怪異的治安戲碼的明星。」[21]

對於在種族上被歸類為「黑人」者的這種恐懼，以及想要壓制他們的欲望不僅是警察心理學或當代文化的一種現象：它的陰影要回溯到美國的動產奴隸制度。從被奴役的非洲人抵達美國西岸開始，白人蓄奴者就活在恐懼的幻覺裡。例如，南卡羅來納州的法律把那些奴隸描述為「野蠻、狂野、兇猛」。在一七三九年發生「史陶諾動亂」（Stono Rebellion）之後，嚇壞了的南卡羅來納州居民迅速簽署了一七四〇年的《黑人法案》（*Negro Act*），試圖藉由禁止奴隸學習寫字、種植糧食、掙錢、穿著體面、移居國外或集體聚會來瓦解潛在的威脅。三年後，南卡羅來納州通過了另一條法律，要求所有六十歲以下的白人男子帶槍去上教堂，以防範「黑人的邪惡企圖」。

當代的研究發現了一種持續的控制和懲罰模式：當珍妮佛・艾柏哈特及其同事分

析當代的判決，他們發現，當一樁殺人案的受害者是白人，被告的特徵若是「符合刻板印象中的黑人」，包括膚色、髮色和五官，比起看起來「比較不像刻板印象中的黑人」的被告，他們被判處死刑的可能性是兩倍。這是在控制了包括罪行嚴重性在內的其他因素之後。

當代的警察訓練往往由於強調在警民遭遇時可能出錯的情況而加重了恐懼。警察被教導去注意「攻擊前的指標」，例如嫌犯的焦慮以及心智處理能力降低，可是這些行為和一個人感覺受到威脅時所表現出來的反應是相同的。黑人尤其承受著所謂「刻板印象威脅」的風險：擔心別人用刻板印象看待自己，這會影響一個人的行動和舉止。他們可能特別容易顯得焦慮，因此在警察眼中顯得可疑。

此外，在九一一事件之後日益熱門的「戰士訓練」（warrior trainings）教導警察他們是在一個充滿敵意的世界上作戰。在前陸軍遊騎兵戴夫．葛羅斯曼（Dave

19 這項研究並未考慮到黑人被盤查以及被當成嫌犯拘留的比例較高，使得其結論可能是種低估。卡斯蒂爾在十三年裡開車被警察攔下的次數是四十六次。

20 風險特別高的不僅是美國黑人。拉美裔在和警察的互動中死亡的比例高於白人，而美國原住民在警民互動中死亡的比例要比其他任何族群更高。這些數字也可能被大幅低報了，因為混血的受害者沒有被認定為美國原住民，而許多遊民的身分可能更難追查。

21 關於被警察殺死的人的數據資料有限，由於並沒有人有系統地收集；是否要參與「聯邦調查局」進行的武力使用數據收集工作乃是自願的。然而，對於被水母、珊瑚或蜜蜂螫到的人，卻有全國性的統計資料。

Grossman）所創的「刀槍不入戰士」（The Bulletproof Warrior）講習會上，參加者觀看槍戰影片，並且被鼓勵把世人分成羊群和狼群。羊群是大眾，對邪惡渾然不覺；狼群是那些罪犯，等待著出擊。（警察是牧羊犬，守衛著羊群。）「你們每一個人在生活中的每一天都處於實彈戰鬥巡邏的前線。」葛羅斯曼告訴那些受訓者，「猶豫是致命的，」他說，「警察一如士兵，必須不怕殺人。」[22]傑洛尼莫·亞尼茲就是參加過「刀槍不入戰士」講習的警察之一。

當明尼阿波利斯市一位前警官觀看了亞尼茲在剛開槍之後被錄下的影片，他看見的是一個完全失去功能的人。在警務工作中是用「庫柏顏色代碼」（Cooper Color Code）來描述人們對於一個事件的感知。平民百姓通常是在「綠色區域」運作：稍微意識到自己周圍的環境，但並沒有提高警覺。警察是在「黃色區域」運作，感知程度提高一層，會密切注意周圍的環境。當警察得知現場有槍枝，就會轉而進入「紅色區域」，一種高度警戒的狀態。在這種情況下，警察應該要向後退，給出明確的指示，並且提出問題。

亞尼茲似乎完全跳過了紅色區域。一聽見現場有槍，他直接進入了「黑色區域」，一種情緒失調的狀態。按照那位警官的解釋，大腦在這種狀態中「停止運作」。

二〇二〇年夏天，喬治·佛洛伊德遭到殺害，引發了一場全球性的運動來重新想像一種公共安全機構，既不會害怕民眾，也不會恐嚇它被雇來保護的人。所建議的改革有些是漸進式的，例如：禁止使用特定的動作、要求警察居住在他們任職的城市、更新警察所受的訓練。[23]另一些提案的範圍則更廣，例如：打破警察工會的控制（因為工會可以使警察免於承擔責任）、從零開始重建警察部門、設置獨立的交通執法機構，讓武裝警察不再執行攔車檢查的任務。假如亞尼茲沒有攜帶武器——或是被完全解除職務——卡斯蒂爾可能還會活著。

另一股聲音則要求廢除我們目前所知的警務工作。如同心理學家菲利普．阿提巴．戈夫所指出：要改革還是廢除，這之間的爭論在於對問題的診斷——從根本上說，問題是在於政策和官僚，還是在於基本任務。主張改革者著眼於政策；主張廢除者指出幾十年來的改革並沒有讓喬治．佛洛伊德免於死亡。美國警察在歷史上是一種特別以鎮壓和壓迫黑人為任務的機構，對於公共安全的新願景需要以一種有意義的方式來處理這個機構的歷史。一種公正的公共安全組織究竟該有什麼樣的結構還有待觀察，可是它必須納入的根本改變可能仍舊不足以解決「無意識偏見」這個棘手的問題。此處提出的原則可以支持這些改變。

對種族的觀感如何可能影響思想和行為，按照認知心理學的觀點，在那個七月六日晚上發生的事可以合理解釋如下：亞尼茲辨認出一種表面上的相似，並且基於卡斯

22 在二〇一五年，警察與民眾接觸一共五千三百五十萬次，在這當中警察中槍死亡的機率大約是千萬分之八。
23 在喬治．佛洛伊德遇害之後，明尼蘇達州立法禁止了戰士風格的警察訓練。

蒂爾的種族而將他誤認為一名搶劫嫌犯。當亞尼茲走近那輛車，他腦子裡想著的是那樁持槍搶案。他所受的訓練提高了他對危險的預期，看見卡斯蒂爾的臉孔則引發了犯罪的刻板印象。[24]等到亞尼茲走到駕駛座那一側的車門，他也許已經感覺受到了威脅。在那種心態下，他甚至更可能用上有關種族的刻板印象。

對危險的預期影響了亞尼茲對卡斯蒂爾的印象，即使卡斯蒂爾可能正在試圖控制他自己對亞尼茲的畏懼。卡斯蒂爾知道自己可能會被人以刻板印象來看待，這份意識可能在他的表情裡流露出來。因此，亞尼茲把危險投射到卡斯蒂爾的肢體語言（「具有防衛性」）、眼神接觸（「直勾勾地盯著前方」）和說話語氣（「微妙而且不自在」）上。當卡斯蒂爾提到他有一把槍，亞尼茲受到威脅的感覺轉為恐慌。現在他處於「黑色區域」，不再看得出下一步該怎麼做。他無法給出明確的指示，也無法接收口語訊息。他的感知窄化到只剩下他認為的威脅來源：卡斯蒂爾在移動的手。我們知道亞尼茲沒有看見卡斯蒂爾把手擱在武器上。然而，預期將遭遇暴力的亞尼茲開槍了。大腦、身體、歷史、機構的融合產生了致命的效果。

卡斯蒂爾當時是冷靜地伸手去拿他的皮夾，但亞尼茲卻嚇得語無倫次。那個威脅是想像出來的，但那份恐懼是真實的。我們要如何解決這種情況？

奧勒岡州的希爾斯伯勒（Hillsboro）是個大約有十萬居民的小城，距離波特蘭只要搭一小段火車。英特爾公司是該城的一大雇主。暴力犯罪和財產犯罪率都低於全國平均。用當地警察的話來說，在希爾斯伯勒當個警察是相當愉快的。

可是在二〇〇三年左右，希爾斯伯勒一位名叫李察・戈爾林（Richard Goerling）的警佐在他的同僚身上觀察到一種他稱為「混蛋因素」（the asshole factor）的東西——經常對民眾表現出攻擊性。戈爾林甚至在自己身上注意到這種粗暴，對自己在接聽電話時缺乏善意感到納悶。對他們誓言要保護的人民表現出攻擊性，用戈爾林的話來說，這是種「表現失靈」（performance failure），於是他開始廣泛閱讀有關表現的學說。尤其是去尋找那些必須表現得完美無缺的人所用的方法，像是運動員。他得知有頂尖表現的人會使用像是瑜伽和冥想之類的身心練習。

戈爾林在中學時曾是個運動員，他知道一個人的心理狀態會直接影響對身體的使用。可是身心之間的連結從來不是警方曾討論過的事，而戈爾林產生了興趣。他開始找一位瑜伽老師談，對方曾經願意免費替希爾斯伯勒的第一線應變人員上一堂課，可是當那一天來臨，沒有人出現。戈爾林邀請那位老師到「策略性溝通」這門課的教室來介紹冥想，對方同意了，他帶領那些警察一起做正念練習，以正念的狀態吃一粒葡萄乾。許多警察翻起白眼。可是也有幾個人感興趣，和戈爾林一起加入了為期數週的正念課程。

正念源自佛教而被西方吸收，在過去這幾十年來曾經被定義和重新定義。一個工

24 亞尼茲是墨西哥裔美國人；研究指出，一個人不必屬於優勢族群，也能懷有有害的內隱聯想。

作性定義如下：正念是不帶判斷地隨時意識到發生在身體內外的事。在正念訓練中，參加者練習去注意自己的感受、念頭和感覺，包括注意到自己的心思何時開始游移。重點是承認此刻正在發生的事，而不要試圖去避免、否認或壓抑，也不要去思考過去或未來。藉由像是「身體掃描」和「呼吸覺知」這些練習，人們能夠學習去注意自己的習慣性反應，並且對當下發生的任何事情產生一份親切乃至「友善」的好奇。法律兼正念學者朗妲・馬吉（Rhonda Magee）補充說：正念使我們看見「整體」，並且以肯定生命的方式來和彼此相處。

很難想像會有比正念冥想者和美國警察更不協調的畫面。冥想者像僧侶一樣坐著，閉著眼睛，面帶放鬆、喜樂的微笑，浸浴在柔和的光線中，穿著寬鬆飄垂的袍子。武裝警察掃視周圍環境，緊張地皺著眉頭，身上綁著防彈背心。當戈爾林在正念課上坐著，對於老師要求他做的事：去感受他的情緒、他的身體感覺和他的呼吸，他深深感到不自在。警察被訓練成對外在事件保持警覺，他們稱之為「勢態感知」（situational awareness）。他們很少被要求看向內在。對戈爾林來說，這幾堂課的私密感令他覺得有點尷尬。不過，這也許沒有關係，他想。也許有種方法能讓警察更能接受這種練習。因為他開始看出他所目睹的攻擊性和警察身心內部所發生的事有關。

警察的工作涉及以科技效率被隨時派往社區處理一些棘手的情況：吸毒過量、兒童受虐、毆打、槍擊、盜竊。警察經常負責通知民眾他們可能接獲的最壞消息，例如在凌晨兩點去敲門告訴一對父母他們的孩子死於車禍。他們被要求去處理當事人覺得自己已經失控的場面。久而久之，這份工作開始侵蝕警察的生理和心理健康。他們開始感到疲勞，身體疼痛，睡眠失調，易怒。警察有心臟疾病的比率高於一般民眾，屬於生病率和受傷率較高的職業。二〇二〇年針對一個大都市警察部門的研究發現：超過四分之一的警察在憂鬱症、創傷症候群、自殺意念或其他嚴重精神困擾的篩檢中呈陽性反應。在二〇一九年，死於自殺的警察比值勤中死亡的更多。事情很簡單，戈爾林說，「我們崩潰了」。這種損害由於職業文化而更形加劇，戈爾林稱之為「有毒的點滴」，包括敵意、威嚇、否認痛苦和不能容忍情緒。

一年變成五年，五年變成十年。一項研究發現：任職的時間每增加一年，警察使用武力的可能性就增加百分之十六。另一項研究發現：較晚展開警察生涯的警察開槍的可能性比較低。額外的值勤時間增加了警察在工作表現上出現嚴重問題的機會，例如過度使用武力、不必要地追捕某人，或是無故開槍。而一個反饋迴路就此形成：當一個警察在道路臨檢時使用武力的次數達到一個關鍵數量，未來在工作表現中出現問題的風險就會大幅升高。

這種損害直接影響了警察和市民的互動方式：長期的壓力使得警察更可能犯錯和作出錯誤的決定。壓力和警察不恰當的攻擊性有關；壓力也可能導致睡眠失調，而使得警察更可能在憤怒中對市民爆發。[25]長期處於壓力之下的警察也更可能涉及致命的槍擊事件。

尤其是，長期的壓力會影響大腦處理威脅的方式。一個人的恐懼反應涉及大腦的多個部位，包括杏仁核，它協助偵測環境中顯著的威脅，並且產生恐懼和焦慮的感受，而前額葉皮質和大腦的其他區域則會調節一個人的反應，使之符合現實。當一個人處於情緒調節的狀態，這些反應是平衡的。可是時間拉長的壓力會增加杏仁核的活動，促進這個區域神經元的生長，同時削弱前額葉皮質的力量。這使人失去了調節情緒的能力。雖然恐懼在警務工作中有其作用（如果一個人首先抵達職業罪犯造成的槍擊現場，感到驚恐是合理的），但長期處於壓力之下的警察可能會更快感受到恐懼並且作出反應。由於杏仁核活動的增強和前額葉皮質的反應減弱也和攻擊性有關，他們也更可能會使用暴力。

這些壓力也可能影響認知控制，亦即按捺住衝動並且按照意圖行事的能力。認知控制能力較強的人比較能夠中斷習慣性的反應。可是當大腦由於認知上、身體上或情緒上的損傷或是時間壓力而負擔過重，心智資源就耗盡了。而長期的壓力會大大削弱認知控制。心智負擔過重，資源耗盡，加上認知控制減弱，就更可能依賴像刻板印象這樣的思維捷徑。處於這種狀態的警察可能較難避免讓種族刻板印象影響他們的行動。換句話說，長期的壓力創造出偏見的完美風暴。

事實上，研究指出：身心受到損害的警察更容易在判斷犯罪嫌疑人時把種族特徵納入考量。警方針對加州奧克蘭市一萬次攔車臨檢所作的一項分析發現：當警察處於壓力之下而且疲倦，他們替非裔美國人搜身和戴手銬的比例較高。一項針對新進警察的研究也發現：那些比較疲倦的警察在模擬演練中表現出更多偏見，會誤認為一個沒有攜帶武器的黑人嫌犯持有武器，因此決定開槍。

傑洛尼莫．亞尼茲似乎正是在這些方面受到了損傷。亞尼茲在夜間值勤已經四年半了。在二〇一六年七月六日傍晚之前，他已經涉入多次重大事件，包括目睹一次槍擊事件，以及在一樁殺人而後自殺的事件中最先抵達現場，在該事件中，一名男子殺死了他的妻子和兒子，當時他們的另外幾名子女也在屋裡。他的身心受損已經有了徵兆。在他對卡斯蒂爾開槍之前幾個月，亞尼茲攔下一輛尾燈壞了的汽車。當他站在駕駛座旁邊那一側，另一輛車從旁駛過，距離他的身體只有幾英寸。亞尼茲拋下他先前攔下的那部車，跳上巡邏車，開始尾隨那第二部車。當他把那個駕駛攔下，他怒氣爆發，大聲吼出命令：「**下車。繼續走。繼續走。繼續走。**」他大喊：「**他媽的回那裡去。**」在那之後，亞尼茲花了十三分鐘才重新控制住他的呼吸。他的同事表達了關切。亞尼茲道了歉，說他那時「發飆了」。

訪談過洛杉磯警察局的八百名警察之後，民權律師康妮．萊斯的診斷是：那個部門充斥著「帶著警徽和槍枝的破碎心靈」。戈爾林贊成她的看法。他說：「我們沒有

25 憤怒有時被描述為男性的「煙囪情緒」（funnel emotion）：悲傷、難過或羞愧的感覺可能被轉化為憤怒而表現出來，對男性而言，以這種方式來表達情緒在文化上比較能夠被接受。

健全的組織，也沒有健全的人，這是個不能說的秘密。」戈爾林認為，他在警察中觀察到的工作表現問題往往可以直接追溯到他們本身缺乏身心健康，而這又可以追溯到這份工作和機構本身。[26]而社區則首當其衝。戈爾林認為，很少有警察在一天開始時下定決心要傷害某人的公民權利，「我們醒來，對自己說：媽的，又是新的一天，我希望我能撐過去。」

戈爾林想知道這種崩壞能否修復？有沒有一個方法可以系統化地藉由改變警察的身心狀態來改變他們的行為？另一個警察在一九九〇年代初期也問過這個問題。威斯康辛州一位名叫雪莉・梅普斯（Cheri Maples）的警佐面對著同事的恐同症和騷擾，同時承受了多年與工作有關的壓力，她發現自己變得冷酷而且憤世嫉俗。在她職業生涯的第七年，她參加了由知名的佛教禪師釋一行所主持的冥想禪修。在那之後的幾個星期和幾個月裡，她認為她周圍的人變得比較和藹。然後她意識到是她自己在改變。

她接到一通家暴電話，一個害怕的婦人告訴梅普斯她丈夫不讓她去接他們的孩子。他們剛剛分手，而他不讓她按照他們的約定去接小孩。當時，梅普斯任職的警局有個政策，對於任何表現出威脅行為的人都要強制逮捕；在平常情況下，她會以妨害治安行為的罪名將他銬上手銬。可是梅普斯請那個婦人去車上等，然後她去敲了門。一個六呎三吋的憤怒男子開了門。梅普斯只有五呎三吋高。她說明她是來聆聽和幫忙的，告訴對方她看得出他有多麼愛他女兒。接著她提議在他們兩個說話時讓女兒去她母親那裡。他同意了。梅普斯和他一起在沙發上坐下。那人哭了起來。違反了她所受的警察訓練，梅普斯擁抱了他。

三天後，梅普斯在社區裡遇見那個男子。他給了她一個大大的擁抱，說她挽救了他的生命。事後梅普斯反省，她的做法改變了她如何看待她所遇到的人。她開始見到「一個受苦而需要我幫助的人」。

過去這幾十年來，科學家一直試圖得知正念和冥想對人類的心理和身體究竟有什麼作用。到了二〇一七年，針對這個主題所發表的研究已有幾千項。研究者理查・戴維森（Richard Davidson）和丹尼爾・高曼（Daniel Goleman）仔細檢視過所有這些研究，結論是只有一小部分足夠嚴謹而可以信賴。可是這幾十項研究指出了幾個不容否認的效果：減少對壓力的反應、提高注意力以及對別人的關心、減輕身體的發炎情況以及憂鬱和焦慮。

為什麼培養不帶評斷的覺察和注意力會有這些效果呢？了解正念是如何運作的有助於解答這個疑問。我們可以把自己典型的習慣性反應想成和我們的感知緊密相連。我們接受感官訊息，加以解讀和分類，然後以感受、行為和念頭的某種組合作出反應。我們的反應可能是喜悅或放鬆，或是恐懼、焦慮或攻擊性。這些步驟發生得如此之快——我們的反應也如此自動——乃至於它們實質上是一體的，就像一捆木

26 主管層級的人沒有處理亞尼茲的狀況，這指出了制度上的另一個缺失。

棍用皮帶緊緊捆在一起。例如，一個難纏的同事向你提出一個要求，而你立刻感覺到緊繃或生氣，脫口作出草率的回應。你並沒有衡量多種回應，然後謹慎地決定草率回應是最好的選項：你的感覺和反應是一氣呵成的。

如果說一個習慣的各個部分就像被綁在一起的個別棍子，正念似乎鬆開了綁住棍子的皮帶。當這些棍子——一個習慣的各個部分——被輕輕分開，我們就可以逐一加以檢視。神經心理學家姜允兒（音譯，原文 Yoona Kang）推論，正念的每一個組成部分都替心智習慣的「去自動化」貢獻了一個重要元素：練習覺察讓我們注意到自己的念頭、感受和行為的出現；練習不作評斷有助於我們正視這些念頭和感受，而非不去面對，即便它們令人不愉快；練習注意力則強化我們的認知控制，讓我們能對自己的反應有更多影響力。

一個習慣一旦被打斷，替代選項就成為可能。正念可能有助於身心安康，因為它使人能夠打斷習慣性的負面態度，並且調節難受的內心狀態，像是焦慮。遇到難纏的同事，你在作出回應時也許仍然會感覺到緊張，但是通過正念，你可以停下來，注意到你的感受——也許是焦慮升高，或是下頷緊繃。一旦你注意到這些，你就能夠選擇接下來要怎麼做。你可以選擇做個深呼吸來使自己冷靜下來，或是嘗試從對方的角度來看待這個情況，也可以等到這種感覺過去之後再作回應。

正念受到研究通常是由於它對個人有益，用在人際關係或社會上則尚未經過徹底的研究，因此要把正念當成克服偏見的工具，這方面的研究還處於早期階段。但是初步的研究帶來了希望，發現參與正念冥想的受試者在「內隱聯結測驗」中顯示出的內隱種族偏見和年齡偏見比較少，而且正念似乎有助於解構自動反應。

針對這種內心工作，一些最有影響力的研究檢視其開啟人際連結之新途徑的能力。這些研究探索被稱為「慈悲冥想」（metta meditation）的一種冥想形式。正念冥想把重點放在清楚而不帶評斷地看見當下，慈悲冥想則把重點放在對自己與他人的同情，關心那些受苦的人，並且希望能夠幫助他們。在這個練習中，你被要求閉上雙眼，想像某個你很珍惜的人。然後，一邊想像這個人，你對自己重複地說：「願你健康，願你快樂，願你不受任何傷害。」你注意到心中所產生的那種溫暖感受，停留在這種感受中，然後重複這個過程——替你自己，替你認識的人，替一個不好相處的人。每一次，你都祈求對方能夠幸福並且免於受苦。最後你把這些祈求送出去給世上的每一個人。

這樣深度專注於關懷他人能夠創造出一種互相連結的深刻感受，也能促進人們之間的平等感受。神經心理學家海倫．翁（Helen Weng）發現：相對於控制組，受過慈悲冥想訓練的人對於不公平的社會互動中的受害者表現得更有利他精神。當她對參與者進行「功能性磁振造影」（這種影像有助於揭露大腦的哪些部位在處理特定的功能），她發現利他主義和涉及認知控制、正向情緒，以及理解他人情緒狀態的神經系統有關。

關於這種內心工作如何特別能對偏見產生影響，神經科學家姜允兒的研究指出了一個耐人尋味的可能性。在她的研究中，她請一位藏傳佛教法師來指導每週的慈悲冥想研習。她讓參與者做了「內隱聯結測驗」，來評估他們對黑人與遊民具有反感的內隱聯想。在六小時的冥想練習中，既不是黑人、也不是遊民的參與者練習把關懷擴大到更大圈子裡的人。他們也得到了供每日居家練習的指導與冥想影片。另一組參與者則只學到了有關冥想的知識，但並沒有親身去做，第三組人被放上了候補名單。

在這種介入之後，做過冥想練習的人的「內隱聯結測驗」分數有效地降到了零：他們的得分似乎顯示出他們完全沒有任何偏見。雖然有人可能會推論出這些參與者就只是變得更善於克服反射性的刻板印象反應，但還有另一種可能性。在另一項研究中，姜允兒對正在做慈悲冥想的各個種族的人進行了「功能性磁振造影」。和從事另一種活動的控制組相比，他們的大腦在ＲＴＰＪ區域更加活躍，該區域負責處理與他人心理狀態有關的概念，幫助我們去思考在另一個人心裡可能正在發生的事。居家練習一個月後，他們接受了「內隱聯結測驗」，測驗他們對於一個被高度污名化的群體——吸毒成癮的人——的偏見。那些大腦在ＲＴＰＪ區域最為活躍的人所減少的偏見程度最大，這表示這種冥想有可能減少偏見，一部分是藉由增進我們去思考並關懷他人內心經驗的能力。

其他研究提出了另一個誘人的可能性。正念學者長久以來就把個別、分立的自我描述為一種虛構。十三世紀的道元禪師說：頓悟來自於去除「人我之間的障礙」。在冥想中，類似這樣的事可能在神經的層次上發生。一項研究找來有經驗的慈悲冥想者，讓他們看自己和他人的影像，再檢視他們的大腦反應。和控制組相比，冥想者的大腦在某一個特定區域對兩組照片的反應更加相似。換言之，他們比較不去區分自我和他人。慈悲冥想似乎可以減少「你」和「我」之間的牢固區分。

佛教釋一行禪師將此稱為「相即」（interbeing）：我們彼此之間是交互共生的。這種神經層面的改變提供了一種驚人的洞見，看出冥想的一種形式具有消除偏見的能力。偏見要求在自我和他人之間作出牢不可破的劃分。可是如果「我」和「你」的概念之間並沒有明確的區分，偏見就失去了意義。如果人我之間的區別開始消失，我們怎麼能區分彼此的等級高下或是傷害彼此？

希爾斯伯勒市的戈爾林警官知道正念解決不了執行警務的所有問題。但是他認為正念也許可以改善行為，使警察接觸民眾時能夠像雪莉．梅普斯那樣帶著同情和自覺。也許正念能有助於抵消他認為警察帶進了每一次警民接觸中的東西：恐懼、憤怒和自我。

戈爾林試著向他在希爾斯伯勒市警局的主管提出此事，而主管的回覆很不客氣：「你他媽的是在開玩笑嗎？」有些人說那是「假宗教」，另一些人說那是「魔鬼崇拜」。但是戈爾林鍥而不捨。他試著先後向特警隊和警犬隊提出這個想法，把顯示出正念能改善睡眠、疼痛和受傷的研究帶到各處展示。他在加州大學洛杉磯分校取得訓練師的資格，開始考慮針對正念對警察的影響進行臨床研究。

然後，希爾斯伯勒市警局本身發生了一場悲劇。

二〇一三年一月二十日，希爾斯伯勒市的報案專線接到了一通電話，通報有一名男子在當夜變得暴力，開槍打死了家裡養的貓，此刻把妻子和小孩劫持在浴室裡當作人質。這名男子本身也是希爾斯伯勒市的警察，他有問題已經很多年了。他有酗酒的毛病，曾在局裡和同事起衝突。當警察抵達，他舉槍射擊，後來改用穿甲彈，發射了一百多發子彈。等到他投降的時候，他已經攻擊了十一位他自己的同僚。這名警察因殺人未遂被判處十年徒刑。警察局長辭職下台。新局長和戈爾林聯絡。戈爾林還記得他說：「做吧，試試看正念這玩意兒。」

戈爾林和瑜伽老師以及附近一所大學的研究人員組成一個小團隊，開始舉辦為期八週的課程——替警察打造的正念訓練。戈爾林把這項課程稱為「以正念為基礎的韌性訓練」。課程內容包括標準的靜坐冥想和行走冥想，還有專注力的練習。為了讓這門課在警察文化中更能被接受，課程中減少了人際間的分享，而多提供一點科學證據。警察練習把正念帶進簡單的任務中，像是穿上制服以及在接聽報案電話時注意自己身體的壓力感受。在接下來那一年裡，來自奧勒岡州各地的幾十名警察報名參加了該團隊進行的試驗，以了解這些練習是否會對他們的身體和心理造成影響。

在這個實驗進行時，幾小時路程外的另一位警佐也走在類似的道路上。布萊恩．比克曼（Brian Beekman）是奧勒岡州本德市（Bend）的一位警督，那座小城位在喀斯開山脈東邊山腳下，九成居民是白人。在當地警局服務的十五年裡，比克曼看見警察面對各式各樣的個人困境——心臟衰竭、吸毒、酗酒、離婚、自殺。可是警察文化把這些困境視為既定事實。「你是個警察。這種事就會發生。情緒壓力？關掉它。」

比克曼在展開警察生涯時遵守了這個建議。在他生涯的早期，他接到一通電話，說一個小孩被一個日間托育人員殺害了。他在第一批抵達現場的人員當中。他心中湧起的感受令他難以承受，他無論如何處理不了。於是他開始把自己封閉起來。他說：「我記得自己築起了那些牆，對整件事就只感到冷漠。」當時那似乎是唯一的選項。可是久而久之，他注意到自己愈來愈冷硬，愈來愈麻木。「那些報案電話就是這樣改變了你，」他說，「它們開始一點一點地削除了你的人性。」

在另一通報案電話裡，一個男子回到家中，發現妻子對兩個小孩和她自己開了槍。其中一個小孩在比克曼趕抵現場時還活著。比克曼急忙把那個小孩抱出屋外，再把那個父親帶回警局。他和那個孩子剛被妻子殺死的男子同坐在局裡，可是來自派遣中心的呼叫愈來愈多，而比克曼仍在值勤。不久之後，他就發現自己在調解兩個鄰居之間的糾紛，他們在爭執彼此地產的確切界線。

「我記得我心想：**這太瘋狂了。我才剛去過一個死亡現場。有個小孩在一小時之前剛被殺害，而現在我卻得要應付你們兩個？**」在那一刻，要作出明智決定所需要的穩定和冷靜心態變成了純粹的憤怒。比克曼說：「如果你是個戴著警徽的警察，而你非常憤怒，你就看得出來這如何會成為問題。這個警察哪有辦法作出合法使用武力的決定？」

比克曼和一位名叫史考特．文生（Scott Vincent）的警佐已經把各種保健計畫引進了本德市警局，包括運動健身計畫、瑜伽課和靜觀運動課程。二〇一三年，家人拿了雜誌上的一篇文章給他看，介紹了戈爾林和他所做的事，比克曼立刻趕到希爾斯伯勒市去和他碰面。兩人旋即展開合作。他們為警察舉辦了一個為期三天的正念靜修，是那個八週課程的濃縮版，地點在本德市北邊的一座鄉村小屋。

比克曼開始把本德市警局的警察送去參加這個靜修，並且在警察輪班時增加了一個每日定期的正念練習。就像其他地方的警察，本德市的警察起初也對這個主意翻白眼。不過，他們已經開始從瑜伽課中感受到身體有所改善，而且他們信賴比克曼，所以他們願意嘗試。在白天班的十五分鐘裡，警察開始聚在一間普通的會議室裡，關掉電燈，在指導下進行冥想練習。

二〇一五年，戈爾林和他的團隊發表了他們的研究結果。經過八週的正念訓練，警察在受到研究的每一個身心健康面向幾乎都有所改善。他們說自己的憤怒減少了，疲倦減少了，過勞的程度降低了。他們在壓力下比較不會衝動，發現要管理自己的情緒比較容易。一個複製研究證實了這些發現，並且指出警察變得比較不帶有攻擊性，在心理上也更有彈性。

這是些小型研究，而且還不清楚這些改變實際上會如何改變警察對待社區民眾的方式。但是在本德市，促進警察健康的持續做法——瑜伽課、運動課和冥想課——這些年來開始改變了警察以及他們和社區的關係。受傷的情況和醫療費用減少了，工作表現開始改善。在二〇一二年之後那六年裡，市民投訴在所有來電中所佔的比例減少了百分之十二。本德市警局也減少了武力的使用。和二〇一二年相比，二〇一九年使用武力的次數在所有報警次數中所佔的比例減少了四成。

本德市的春季，凜冽的風掃過冷冷的褐色地面。硬如鈕釦的樹脂點綴在高高的針葉樹上，像水晶一樣散射著陽光。喀斯開山脈的三姊妹山在遠處聳立。在市區西邊，身穿螢光色萊卡布料服裝的自行車手絡繹不絕地騎行在曲折蜿蜒的整齊道路上。和善的慢跑者從一棟棟房屋旁邊跑過，那些房屋是以奧勒岡州本地風格建成的美術工藝品，色彩質樸濃重，像是赭紅色和濃綠色。

去年四月，我前往奧勒岡州中部，去加入幾十名緊急事故現場應變人員，參加戈爾林舉辦的一場靜修，為期三天。那些警察有男有女，出身各種不同的種族和族裔，全都來自美國西岸各州。有些人是自願來參加，包括少數幾位尚未參加過靜修的本德市警察。一大部分的人則是被迫來參加的；他們是奧勒岡州各地警察局裡最後一批尚未參加過靜修的人，該州現在要求每個警察都得要參加。最年長的參加者五十多歲，身材福態，頭髮花白；年紀最小的是個瘦巴巴的小伙子，來自加州，剛剛結訓，穿著一件粗織絨裡運動衫。他不自在地眨著眼睛，看起來像隻小羊。

晚餐時，我和幾個警察同坐，問起他們的工作情況和壓力來源。毒品，其中一位說。小孩子服用父母的藥丸上了癮，然後改用海洛因，因為比較便宜。另外幾位點點頭。「我看見了誰都不該看見的事。」社區警察派蒂說。一位來自加州的警佐說明不管你看見了什麼，你都不能讓任何人知道這對你造成的影響。你抵達一場摩托車事故的現場，騎士斷成兩截，半死不活，他在你身上尋求希望，而你不能流露出你的驚恐。「感覺湧上來，你就把它們封住。」他說。一位名叫東尼的警探搖搖頭，「沒有什麼會令我感到沮喪，」他說，「我很擅長作心理區隔。」他屬於那批被要求來參加訓練的警察，而他堅稱自己不需要這種訓練，說他有許多別的方式來管理壓力。

晚餐過後，我們移到一間天花板挑高的松木地板會議室，戈爾林站在前面。他是個高個子的白人，態度殷切，頭髮灰白，面容坦誠，沒有皺紋。他說話時偶爾會抽動肩膀，彷彿身上帶有舊傷。「我們來這裡不是要當個燒香的怪咖，」他說，「我們來這裡是因為我們所做的事效果不彰。」

戈爾林旁邊站著和他共同主持這次靜修的人，一位精瘦的正念訓練師，來自洛杉磯。眾警察身穿運動衣褲，椅子被拉開，排放成一個不規則的圓形。一個留著一撇小鬍子的警督穿著一件T恤，上面寫著THROAT PUNCH（喉擊）。一個黑髮警官的T恤上印著Big M，另一個穿著紅色連帽運動衫，懶洋洋地靠坐在椅子上，眼睛盯著天花板。一個巡警T恤上的圖案是死神把滑板遞給一個小男孩。

戈爾林首先說明練習正念的理由。他細數了警察受傷、生病、創傷的統計數據。聽到警察受到損害的各種方式，東尼和那個警督交換了惱怒的眼神。「歡迎你們表示懷疑，」戈爾林說，「也歡迎你們的冷嘲熱諷。如果你們認為這是在浪費時間，也沒有關係。我深信這並不是在浪費時間。」一些被強迫來參加的警察旋即表明了他們的惱怒。一個警佐直截了當地說：「我不想在這裡。」一個巡邏了二十五年的警察說他寧可待在家裡和他養的幾隻貓在一起。（當我對他任職時間之長表示驚訝，他露出笑容說：「我做了去角質。」）有幾個人否認這種訓練對他們會有任何用處，說他們已經知道要如何具有韌性：就是要「刀槍不入」——又是這個字眼。意思是對損害免疫。當他們被要求分享自己的壓力經驗，留著小鬍子的那個警督斷然地說：「我不會有壓力。我給別人壓力。」

其他人則感到好奇。派蒂剛有了小孩，她說她不知道該如何當個家長，心想這也許能幫助她成為兒子的好榜樣。五十多歲的那一位警察就只是想讓自己的身體感覺好一點。他對年紀較輕的參加者說：「你們也許認為自己現在還好，可是相信我，那是會累積的。」一位畫著黑眼線的勤務指揮中心調派員說她的壓力導致她嚴重頭痛，痛到她需要處方藥物。之前她對這個訓練抱持著懷疑的態度，但現在她心想這是否能幫助她擺脫藥物。

隔天早上，我們做了呼吸練習並且練習注意力。戈爾林在練習中穿插了研究和解釋，仔細說明正念在生理上的好處——發炎減少，壓力程度降低。當我們在練習「身體覺知」時，我注意到我的脖子作痛，皮膚上有股寒意。我們練習專注和注意力，在心裡從 1 數到 30，同時也從 30 數到 1，兩者交替：1、30、2、29、3、28，以此類推。派蒂閉上了眼睛。Big M 睡著了。

大家開始問問題。「如果你看見了可怕的東西呢？這會有幫助嗎？」一個年輕男子想知道。他的聲音急切：「那是我們不該看見的東西。」他腦中想著某件特定的東西，但是他不想告訴大家那是什麼。沒有人問起。戈爾林點點頭，引用了一位創傷專家的話：「你的身體被重新設定，把這個世界解讀為一個嚇人的地方。」他說這個練習能使人置身於創傷中並且從中恢復，同時也能使同情心和同理心增長。稍後，有人問起正念是否會造成傷害。一個人有可能會過度自覺，乃至於僵住嗎？戈爾林試著安撫他們，說這些技巧有助於他們在進入一個情境時設想出更多種可能的結果，使他們在行動時更為靈活。

我們藉由把一個冰塊握在掌心來練習對身體感受的覺知。戈爾林要我們閉上眼睛，向自己描述這種感覺。他說如果我們把發生在自己身上的事貼上標籤並且加以描述，我們就能跳脫出來，並且客觀地去看待。我們能夠看見現實的開展，而非陷在其中。冰塊在我們的手中融化。事後，我們在小組中分享自己的觀察。有些人在發簡訊，一邊傻笑，就像被拘留的十四歲少年。另一些人描述疼痛的演變，從刺痛到灼痛，再到麻木。

在下午的休息時間，協助在本德市警局開設健康課程的史考特·文生警佐帶了一些光線柔和、調節氣氛的落地燈來到現場。起初他對於正念以及內心導向的練習也抱著懷疑。「我對於雙手合十行禮沒有興趣，對瑜伽也沒有興趣。而且我是個相當固執的人。」可是這種練習改變了他，也改變了他對民眾的看法。他說在幾十年的警務工作後，你可能會開始把人們視為物體，「**你是個**毒蟲，**你是個**混蛋，」他指著我們之間的幽靈嫌犯說，「可是這折磨著你，這種折磨是雙向的。」

那天晚上，一些警察反抗了，出言抨擊戈爾林。「你一副高高在上的樣子，」一個警佐說。「你不認識我，你不知道我都經歷了什麼。你說警察不快樂，說我們不健康，你是在說我們不對勁。」戈爾林聽他說著。這就是我們先前談過的那一切：那股憤怒、焦慮、防衛和威脅。我看得出戈爾林試圖放慢步調並且呼吸，就像先前他試圖指導那些警察去做的那樣。

「我並沒有要暗示你有什麼不對勁，」戈爾林緩緩地說。「但這就是你**正在說**的事。」那個警佐堅持。現在他生氣了，語氣變得冷硬。他瞪著戈爾林，大吼：「**我夠快樂了！**」這句話在高高的天花板下迴盪。然後那個警督大聲說：「我認為如果你需要這個，你就是軟弱。去當個老師算了。」

感覺上衝突一觸即發。「好，」戈爾林說，「我們休息一下」。如果他們覺得上這些課對他們沒有任何好處，他們可以自由離開。我問那個穿著絨毛外套的年輕人他打算怎麼做。他說他不知道，樣子很苦惱。他看著剛才說「弱者才需要正念」的那個警督，然後跟著他走出門外。

大多數參加者都沒有回來。有些人後來在小屋裡打撞球，在剛才那番爆發之後進行匯報。他們說那是種侮辱。他們覺得講師以高高在上的姿態對他們說話，而沒有認可他們已經在自己身上下的功夫。剛才生氣地大吼他很快樂的那個警佐跟我說，他們局裡最近有一位同仁自殺身亡。有好幾個警察在尋求心理治療。後來，我從幾個留下來完成訓練的警察口中得知，他們認為這些技巧有所幫助，並且計畫加以使用。可是那些離開的人甚至無法接受他們的身體或心理出了問題。本意是用來當作救生筏的東西被認為是對失敗的指責。

幾天後，我和戈爾林在希爾斯伯勒市碰面，在他那輛黑色休旅車上駛過安靜的街道。他告訴我他習慣了學員的抗拒，但是在那場靜修研習會上那種程度的抗拒是他沒有料到的。他把這歸因於許多警察乃是被迫來參加，但其源頭也在於一種故作強硬、飽受創傷的文化，甚至不允許自己接受幫助。這就是那種有毒的警察文化，他直截了當地說。自負、恐懼和憤怒是警察帶進每一次警民互動的東西，他說，而這些全都在學員的抗拒中表現出來。那當中也有一份恐懼，害怕顯得軟弱，害怕看起來不夠有男子氣概。而事情並不需要如此。

他開車帶著我們從一個青少年身旁駛過，那個少年穿著迷彩短褲，拿著一個塑膠袋，面色陰沉。

「就拿街上這個孩子來說吧。我可以說：『他那雙鞋子可能是偷來的，因為他怎麼可能買得起這雙鮮豔閃亮的鞋子？』我可以是個徹底懷有偏見的人。或者我可以說：『喔，他去大賣場買了點東西。他是個年輕人，試圖在世界上找到自己的位置，他走路的樣子和他的穿著都和權力有關，而他是在爭取一些權力。』我能理解這一點，而且不會因此受到冒犯。他朝我走過來的方式並非有意冒犯我的權威。」

在理想的世界裡，推展正念的工作會是預防性的，在警察生涯的早期就納入訓練中，在我們所看見的那種憤世嫉俗和有毒的發展有時間累積之前。在那場靜修研習會上，史考特．文生提到：如果把正念練習納入例行訓練和警務工作中，可能會使一些警察對這個職業完全失去興趣。但這位有三十年資歷的資深警察說這可能是件好事：改變這整個文化。

在本德市，這個轉變也許已經展開。一天下午我和艾瑞克．羅素碰面，他三十多歲，眉毛稀疏，眼睛的顏色是北極藍。搬到本德市之前，他在海外的海軍陸戰隊服役。回歸平民生活之後，他加入了希爾斯伯勒市的特警隊。「當時我是個年輕氣盛的警察，」他告訴我，「我想要消滅犯罪。如果有人大吼大叫，我就也得配合他們的語氣。」

羅素在講述他的故事時很謹慎。他原本也認為正念是荒謬的。他注意飲食，去上健身房，把自己照顧好。他不需要這套鬼話。但是他喜歡戈爾林，於是報名去上了一門課。然後，他發現自己在使用某些練習。有一天，就在特警隊要執行任務之前，他坐在一輛廂型車裡，「像罐頭裡的鮪魚一樣擠在一起，」他們在等待一名嫌犯，當他們準備好要進行逮捕的那一刻，緊張氣氛升高。然後，他的身體起了變化。

「於是我坐在那裡，身體微向前傾，做了個深呼吸，感覺到我的胸膛在防彈背心底下一起一伏。」他集中精神，自覺地重新專注於他的目的。「我在試圖保護周遭的市民，我要試圖以最少的武力來拘捕這個人。」他有意識地呼吸，掌控住自己的情緒。「那就是我的頓悟時刻。」

如今羅素定期練習正念。有時候，他會在後視鏡上面貼一張貼紙來提醒自己停下來，花十秒鐘集中注意力。他說他會在出勤時監測自己的反應並且留意自己的呼吸，甚至還在他下車之前。他會花時間來注意自己的心跳速率。因為他意識到自己正在經歷的事，他就能使用呼吸來調整他的反應，即使是在危險的情況下。

由於他的情緒在掌控中，他就有心智資源來保持冷靜，避免妄下結論。情緒調節也有助於他準確溝通。如同他所說的，渙散的心智會導致語無倫次。「也許我陷在自己的錯覺中。我一遍又一遍地對他說出同樣的命令。而我喊的是藍色，說出來的卻是綠色。」

喊著藍色，但說出來的是綠色。這就是亞尼茲所做的事：他喊出了一個混淆不清的指示。「不要伸手去拿，」他說，而他的意思是：「根本不要動。」

羅素說明他必須要忘掉自己受過的許多警察訓練。他不必用憤怒來對抗憤怒，或是用壓力來對抗壓力。他不把任何互動當作是針對他個人。「當我出現，他們不是因為艾瑞克來了而生氣，他們生氣是因為有人介入了他們的問題。」如果你憤怒地出現，他說，你可能甚至不會注意到對方正在遵從你的指示。你會忽視了重要的指標。

又一次，我想到亞尼茲。**他只是想要拿他的駕照和汽車登記證**。

戈爾林看見警察帶進每一次互動中的恐懼、憤怒和自負都被塑造成某種更敏感、更經過調適、更靈活的東西。羅素說正念幫助他抗拒那份衝動，不去預先認定將會發生什麼事，而對各種可能的結果抱持開放態度。**我沒有別的選項。我沒有別的選擇。**

重要的是，他也能夠保持同情心。在本德市，警察經常被叫去處理某個處於心理健康危機中的人。以前，羅素會替這個人貼上「瘋狂」的標籤，並且決心要「解決」這個情況。如今，他會想：「我能夠怎麼樣幫助這個人？我不想傷害這個我被雇用來保護的人。」在他擔任警察的這九年裡，羅素只發生過兩次肢體衝突。

對比克曼來說，正念也改變了他執行警務的風格。就像梅普斯、戈爾林、文生和羅素，他說他變了一個人。一天下午，我們在本德市西區一家明亮的熱鬧咖啡館碰面。他穿著一件整潔的棉布襯衫，戴著眼鏡，別人可能會誤以為他是中學裡的輔導老師。比克曼說明，工作五年後，他被派去一棟發生家暴的房子，也許是第二十次去同一棟房子了。「我甚至還沒下車，心裡就已經充滿了評斷。我心想：『這些人有什麼毛病？』這讓你在去處理某個狀況時處於一個特定的心理空間。」

可是我們在本德市碰面的兩週之前，他被派去處理剛剛發生的一樁自殺案。當他抵達現場，他注意到自己的感覺。他並沒有把感覺封閉起來，也沒有築起心牆擋住它們，而允許自己對那個撇下兒子的男子感到憤怒。他承認他並不了解全部的情況。當他審視周遭環境，他一直對自己說：**不要作評斷。注意當下。**他觀察自己的思緒，加以調節，履行他的職責，既沒有掩埋他的情緒，也沒有屈服於憤怒。

在一些使用武力的案例中，比克曼對警察的心理是否健康感到疑惑。「警察這許多反應過度的行動——他們是否冷靜、自信、專注，看見了所有的線索，讀出了對方的心思？」比克曼問。又一次，我想到亞尼茲。**他說話的語氣在我聽來很微妙而且不自在。他的肢體語言顯得具有防衛性。**「那些觀察技巧對他們有好處嗎？」**我以為他是伸手去拿槍。**

正念也可能有助於處理警察帶進警民互動中的其他有害情緒。例如，研究發現：感覺自己的男子氣概受到威脅的警察——例如有個女性上司或是要表達受傷或害怕的感受讓他覺得壓力很大——也許更可能藉由對黑人男性使用更大的武力來重振男子氣概，因為黑人男性給人陽剛的刻板印象。在警察當中，就連害怕自己顯得有種族歧視（亦即所謂的「刻板印象威脅」）也會導致對黑人市民施加更多武力。由於正念帶來更大的自我覺知和調節，它或許有助於重新訓練這種不被承認，但卻危險的心理狀態。

可是比克曼起初也很難說服警察加入他。在教授一門專業發展課程時，他開始傳閱一本關於情緒智商的書。那些警察看了看封面，甚至拒絕翻閱。「感覺？」他們說，「免了。」

對於那些展開這種內心訓練的人，正念似乎做到了兩件事：它提供了一套專門的技巧，能夠就地即時使用，在每一次互動中，在作每一個決定的時候；正念也允許他們去感覺到恐懼和憤怒的湧現，然後加以注意和調節，使得感知不會被沒有經過調節的情緒扭曲。戈爾林說，當恐懼出現，他可以去擁抱它，與它同在，讓恐懼不會擋在他和那次互動之間。**我怕得要命**，亞尼茲說。**我害怕自己會送命。**

久而久之，正念似乎也改變了一個警察的內在，亦即其行為的根源。身體和心靈變得比較不像一面脆弱的盾牌，而更像一口深井、一座水庫，能夠吸收並且處理任何進來的東西。同情心和人性被保存下來。在最好的情況下，懷著正念的警察能夠不把自己遭遇的對象視為對手，而視為另一個在受苦的人類。當威斯康辛州的梅普斯警佐第一次參加釋一行禪師所主持的冥想靜修會，會中介紹了一組五項的道德原則，旨在引導人們走向智慧和慈悲。其中一項是敬重生命。梅普斯問道：她在攜帶武器的同時要如何實踐這個非暴力目標？禪師反問：除了以正念行事的人，我們還會希望由誰來帶槍呢？

假如亞尼茲在二〇一六年七月六日晚上以不同的方式值勤，情況會是如何？假如他抵達時的心態冷靜，而不是以動制動？也許他會看出卡斯蒂爾的肢體語言是受到威脅，而非發出威脅。他也許能夠鎮靜自若地走開，並且放慢動作。他也許會把話說清楚。他也許能夠避免讓恐慌造成致命的扭曲。

事實是我們還不知道正念訓練能否減少警察行為中的種族偏見。相關研究還不完整。但我們的確知道：長期的壓力和警察所遭受的其他損傷導致他們行事更具攻擊性，也導致他們使用更多的武力。我們也知道這些損傷會增加偏見。另一方面，正念可以減輕這些損傷。正念也使人能夠觀察自己的思維習慣，並且開始改變自己的反射性反應。

正念與慈悲這些內心練習不僅可以作為警察的工具，也可以作為所有努力想要超越自身偏見的人的工具。這項努力的挑戰在於認出我們的文化以各種方式傳遞並執行人類有高下等級之分的觀念，這是偏見的基礎，同時也要認出我們在何種程度上參與了對這些等級的維持。對於那些在身分上擁有特權的人來說，要認出這一點是困難的，而且是在兩種意義上。首先，這很難實踐。特權——無論是在性別、性傾向、種族、族裔和其他方面——能造成一種盲目，使我們看不見別人的痛苦：當世界替你鋪上紅地毯，你很難看見其他人必須踩踏的碎玻璃。哲學家查爾斯．米爾斯（Charles Mills）指出，對於種族缺少深刻理解的這種情況產生了一個諷刺的結果：「白人一般而言無法理解他們自己所創造出的世界。」再者，這種認知上的不足在心理上和社會上都有其用處。米爾斯指出：迴避現實、誤解和自欺都是殖民和奴隸制度所需要的，就像如今為了維持現狀也需要它們。

但是，培養覺知、注意力和不作評斷——促進正念——使我們能夠感知以前可能接觸不到的現實。姜允兒告訴我，練習正念使人更能夠感知「人人都有的那種顯而易見的平等，而非那些製造出偏見和刻板印象的標籤」。一位在精神病院工作的心理學家向我描述，正念練習如何幫助他化解他以前在某些病人身邊所感覺到的本能恐懼。

「因為我認識了自己的心，」他說，「我能夠將心比心。」

法學教授朗妲．馬吉曾向數千名學生教導正念，她描述正念練習如何使人能夠深入面對種族和種族歧視這些困難的問題，例如：誰的痛苦是我們被訓練得習慣去看見的，誰的痛苦則是我們不習慣去看見的。一些學生表示，從正念習得的技巧使他們能夠理解種族乃是一種建構，從而在實際上即時加以解構。例如，一名白人學生得到了一種特別的自我認識：以前他一直堅持他眼中沒有種族之分，但是在正念練習中，他發現事實上是他一直在積極迴避這個議題。馬吉說，這種意識中的轉變也許看來微妙，但是它能夠改變一個人的整個行動軌跡。

看清這些現實不僅在實務上很難，也可能激起難堪的情緒。要誠實地對抗系統性的偏見和種族歧視，意味著要正視歷史。對許多美國人來說，這意味著要解決這個國家從未處理過的痛苦——世人在喬治．佛洛伊德遇害的影片中所看見的殘暴，在前幾個世紀中被加乘和放大，歷史就像一棟我們幾乎不曾踏進的鬼屋。我們可能新近才察覺到我們所造成的傷害，或是我們沒有防止的傷害；我們當中屬於優勢族群的那些人也許看出了自己野蠻地漠視了其他人過去和現在的痛苦。對一個揭發了自身偏見的人來說，這些真相可能會令人深感苦惱。

難堪的感受中最突出的是羞恥感，它被描述為內化的鄙視——感覺到自己不僅是做了壞事，而是自己本身就壞。羞恥感可以導致許多功能障礙：防禦心態、焦慮、迫切需要外界的認可。在種族問題上，白人的這些反應往往被貼上「白種人的脆弱」（White fragility）的標籤，被定義為沒有能力承受種族議題帶來的壓力。但是所謂的「脆弱」，也許是對恐怖和羞恥的一種笨拙反應。一種惡性循環可能會出現，有些人會轉而去欺負別人、詆毀別人：出於羞恥而去羞辱別人，由於自己感覺到羞恥。羞恥感也被描述為轉而對內的壓力反應，使得「戰鬥，逃跑，僵住」（fight, flight, freeze）的生物反應變成了自我批評、孤立和自我反芻。這一切都有礙於深度檢視自身的偏見並且加以改變。

在這件事上，正念也可以指出一條前進的路。馬吉指出，經常和正念一起被提到的一個首字母縮寫是RAIN：認知（recognize）、允許（allow）、探索（investigate）、培育（nurture）。在培養覺知時，正念幫助我們認知存在於自己思緒和情緒中的東西。我們學習允許現有的東西存在，而不是去否認它或迴避它。然後我們可以探索浮現出來的東西：我為什麼感覺到這種羞恥、焦慮，或是恐懼？藏在這種反應底下的是什麼？如果我們以培育或慈悲的精神來做這件事，就能轉化這些難熬的感受。釋一行禪師囑咐我們要像母親擁抱孩子一樣迎向我們的痛苦。他說：我們的敵人不是我們自己或任何人，而是我們和其他人身上的暴力、無知和不公。慈悲是羞恥的解藥。

現在我們可以深入檢視自己不健全的模式，深入到足以將它們連根拔起：我們可能在不知不覺中吸收的謊言，我們可能助長了的傷害。如同馬吉在她的著作《種族正義的內心工作》（*The Inner Work of Racial Justice*）裡所寫的，當我們無意中對別人造成傷害，正念練習也幫助我們「培養出自信來修補我們與他人的關係」。

正念並不會卸除一個人的責任：正好相反，它使人無法忽視現實。雖然單靠正念並無法神奇地消除偏見，但是它有助於我們去發現潛伏在自己內心和腦中的東西，並且包容我們看見和感受到的東西。事實上，姜允兒在她進行過的一項研究中發現：從事慈悲冥想使人比較不會對具有潛在威脅的訊息表現出防禦心態，也能使他們的行為改變更多。雖然她研究的對象是得知有關健康行為之訊息的肥胖者，但防禦心態也是我們在努力解決自身偏見時的一大障礙；慈悲冥想可能是個重要的工具，使我們對自己本來可能會排斥的訊息作出開放、接納的反應。

事實上，如果經驗過防禦心態的我們能夠目睹自己的反應，我們也許就能看出，一如任何情緒反應，防禦心態是指向一個重要方向的路標：是身體給自己的一份訊息禮物。考慮到美國的種族歧視歷史，防禦心態也許是在根本層面上承認道德責任。如同哲學家馬蘇比安（Armen Marsoobian）所指出的：我們不需要親自造成傷害才能對一種傷害負責。一個群體在長時間後具有身分認同，不管是像白人這樣的種族群體，還是像警察這樣的機構。他認為，屬於這些群體就涉及一種道德義務：如果這些實體在過去曾有過虐待行為，那麼當今的成員就有責任去加以修補。這使得聲稱警察的不良行為只是少數「壞蘋果」的論點變得無效：一個機構的每一個成員都要為其操守負責。

這種修補可以從改善當今的做法開始。但是在任何一個機構或群體中，減少偏見遠遠不能只仰賴個人去作出改變。這一點在警務工作中最為明顯。在警務工作中，結構和獎勵塑造了行為，而改變意味著重新想像一個機構。

Chapter 6 瓦茨區的拼圖式合作

「我需要妳的協助。」當民權律師康妮・萊斯在二〇〇三年的一天接起電話，她沒有料到會從洛杉磯警察局長口中聽見這句話。在那通電話之前的將近十五年裡，她一直在和洛杉磯警察局以及各縣的警長對抗。身為法律聯盟的一員，她曾經控告他們對洛杉磯居民進行種族歧視，控告他們毆打並且粗暴地審問嫌犯，控告他們侵害民權，像是使用警犬來非法攻擊黑人和拉美裔青少年。她曾控告該警局對局裡的警察有偏見：在晉升上的歧視，以及對警察中的女性、同性戀者、黑人與拉美裔的不當對待。她對洛杉磯警察局的閃躲伎倆瞭若指掌，就像拳擊手能夠預見一個老對手的動作。這個長年的敵手最可能提出來的要求就是要她別去煩他們。

可是當警察局長比爾・布拉頓（Bill Bratton）請求她協助，她答應了。要了解原因何在，我們需要知道一些洛杉磯警察局的歷史並且稍微認識康妮・萊斯這個人。萊斯的父親是位空軍上校，母親是位生物老師，而她在世界各地的軍事基地長大。她小的時候，她母親試圖讓她準備好面對種族歧視，解釋有些人的大腦有病，使他們認為萊斯一家人不如別人，只因為他們是黑人。這就像是注射疫苗，讓萊斯在一生中得以對別人對她的輕視免疫。當白人小孩嘲笑她，或是當成年白人驚訝於她的「善於表達」和「彬彬有禮」，萊斯會記得他們有病，於是她同情他們。

可是，隨著家人在英國和日本、亞利桑那州和華盛頓特區之間搬遷，萊斯也看見了自己在生活無虞的軍事圈中的生活和她許多同學面對的物質匱乏有著明顯的差異。像是她在華盛頓特區小學裡讀一年級時結交的朋友，他的衣服帶著尿臭味，她保護這個男孩免受欺負，後來她把他視為她的第一個委託人。還有她就讀於鳳凰城中學時學校裡的農場移工子女，他們住在城市邊緣的鐵皮屋裡。等到她從哈佛大學和紐約大學法學院畢業的時候，萊斯已經對替弱勢族群辯護發展出濃厚的興趣。由於不確定自己的觀點是否總是能和雇主一致，每次上任的第一天，她就先擬好一封辭職信備用。

一九九〇年，萊斯進入「美國全國有色人種協進會法律辯護與教育基金會」的洛杉磯辦事處工作，該機構由美國最高法院法官瑟古德．馬歇爾（Thurgood Marshall）創立，專注於民權。（它最知名的案子是「布朗訴教育局案」[27]。）當她抵達，她在城市裡穿梭來去，詢問居民他們最關切的事。「每一個人，」她說，「從上層階級的非裔美國人到下層階級的幫派成員都說洛杉磯警局是我們生存的苦難根源。」

當時的洛杉磯警局正處於萊斯稱之為「對黑人與棕膚色洛杉磯居民的凌辱、羞辱與貶低運動」中，已經長達數十年。多年來，該警局根本上已經演化成一個準軍事組織，而其暴行乃是針對有色人種社區。在一九六〇年代的動亂之後，該警局率先使用特警隊（特種武器和戰術部隊），動用爆炸裝置來對付自己城市的居民。有一次，為了搜尋毒品，警察使用了一輛兩棲裝甲車和一個十四英尺長的鋼錘來撞破一面屋牆。在另一次突襲中，警察毀壞了兩棟公寓建築，毆打居民，砸壞家具，在衣物上倒漂白水，在牆上打出洞來，還用鐵鎚敲碎了馬桶。警察把一張餐桌扔出窗外，一名警察在發現了一包可疑的白色粉末之後，用自製的撞錘去敲擊客廳的一面牆。後來發現那包白粉是麵粉。警方的目標是要傳達出一個訊息：絕不容忍毒品和幫派。最後，警察找到了不足六盎司的大麻和不到一盎司的古柯鹼。有二十二個居民因此失去了住處。

為了親眼目睹所發生的事，萊斯會在夜間開車在洛杉磯到處轉，並且喬裝改扮：把她的頭髮包起來，把珍珠項鍊和量身剪裁的高級套裝換成便服。她會把她那輛本田喜美轎車停下來，看著警察把黑人男子從他們的屋裡拖出來，在電弧燈底下排成一列，替他們身上的刺青拍照。「沒有逮捕令，甚至沒有合理的懷疑，只要是黑人，警察就會把他們從自家屋裡拖出來。」她說。

然而，如果黑人和拉美裔洛杉磯人本身成為犯罪的受害者，警方的反應就不那麼急迫。其結果是一個執法過度同時又執法不足的警察機構。它用積極逮捕和「搜索及摧毀」策略來打壓有色人種社區，使他們遠離比佛利山莊那些有如婚禮蛋糕的豪宅，同時卻沒能保護這些社區免受傷害。

27 「布朗訴教育局案」係抗議美國當時「黑人與白人孩童不得進入同一所學校就讀」的做法，美國最高法院於一九五四年作出裁決，認定公立學校的種族隔離違反憲法，替美國全面取消種族隔離措施開啟了先聲。

在萊斯抵達洛杉磯之後不久，警方這種混合了殘暴和漠然的作風就被呈現在世人面前。一九九一年，四名白人警察被錄到在毆打羅德尼．金（Rodney King），一名沒有武器的黑人男子，同時有十幾個警察圍觀。當一個陪審團在一年後宣布這些警察無罪，掀起的暴動在黑人、拉美裔和韓裔社區縱火破壞。可是警察置身事外；當火勢愈來愈大，當時的警察局長戴若．蓋茨（Daryl Gates）正在布蘭特伍德（Brentwood）的高級住宅區參加一場募款活動。暴動造成五十多個人死亡，兩千多人受傷。動亂後的調查發現了確鑿的證據，證明了警察局裡普遍存在的種族歧視：在接到來自黑人社區或其他邊緣化社區的報警電話時，警察會使用像NHI這樣的代碼。NHI代表「不涉及人類」（no humans involved）。[28]萊斯及其同事不斷對洛杉磯警局提起訴訟。然後有一天，電話響了。

請求萊斯協助的警察局長布拉頓被找來收拾一個爛攤子。該警局被一樁稱為「蘭帕特分局醜聞」（Rampart scandal）的災難給搞得天翻地覆。幾十名警察被牽連在一種犯法的嚴重貪腐模式中。「反黑幫」警察實際上自己形成了一個黑幫，秘密布置槍枝，竊取並販售古柯鹼，毆打並槍擊嫌犯，參與一樁銀行搶案，並且陷害平民。他們甚至串通了移民局，讓證人被驅逐出境。主管放任不管。這樁醜聞幾乎打亂了洛杉磯市的整個刑事司法體系。警方的腐化使數千樁刑事定罪有了污點，引發了一百四十多起針對市府的訴訟；美國司法部威脅要自己對洛杉磯市提起訴訟，除非該市被置於「協議裁決」（consent decree）之下，這意味著將由一名聯邦法官來監督。在協議裁決下，該警局展開了改革：加強管束警察的紀律，改變對武力的使用，對於民眾的投訴進行更妥善的調查。

布拉頓想要了解這些改革是否真的解決了根本的原因，也想了解這場災難何以會發生。萊斯同意協助，因為她已經意識到訴訟的力量雖然很大——甚至令人振奮——但是有其限制。在不斷用訴訟反擊警察局之後，她看出單靠法庭無法改變警察的行為。用她的話來說，法庭只能遏制「濫權的刺眼霓虹」。法庭可以強制要求要遵守憲法，但無法強制要求仁慈或正派。法庭甚至無法限制所有的濫權行為，因為並非所有的濫權行為都違反憲法。法庭肯定無法影響那些交由警察自行裁量的決定。

萊斯理解到，如果她想要改變警察的行為，她就必須了解他們的想法。要做到這一點，她就必須走進警察之中。

就在那通電話之後的十八個月裡，在二〇〇三年和二〇〇四年，萊斯對八百多名警察進行了訪談——黑人、拉美裔、白人和亞裔美國警察，有男有女。她發現：使腐化成為可能的警察文化，其特色是與外界隔絕和戰士心態。該警局的另一個特徵是無

28 這種態度可以一直追溯到最高層：當蓋茨試圖解釋黑人居民因為被警察鎖喉、限制了血液流向腦部而導致死亡的事件，他說（這番話是逐字引述）：「當它被用在某些黑人身上，其靜脈或動脈不像在一般人身上舒展得那麼快。」

情，不管是對待民眾還是對待彼此。「我的一個頓悟，」她說，「是他們對待彼此是如此殘忍。」

最重要的是，萊斯看出這些警察和他們應該要保護和服務的社區缺少關係。也有一些善意的警察——她自己親眼見到過——但是他們進入社區只是為了打聽消息和進行逮捕，和社區居民缺少有意義的人際連結。由於對社區不熟悉，使得他們用刻板印象來看待整個社區。例如，位在洛杉磯南部的瓦茨區（Watts）傳統上是個黑人社區（如今的居民大多是拉美裔），面對的困境是過度擁擠、缺少工作、學校苦苦支撐。該社區也承受著高度的暴力，主要來自於黑幫。警方通常以刻板印象把瓦茨區的居民視為潛在的黑幫成員。

這種情況導致了警方對某些種族普遍懷有一種深深的恐懼。那不僅是我們在傑洛尼莫·亞尼茲身上看見的那種瞬間阻止了思考的恐慌，在情緒失調遇上種族刻板印象時就被喚起。而是有一條不信賴的基線持續存在。警察把每個人都當成可能的威脅。「如果你害怕某個人，」萊斯說，「你會把對方物化。他們不是人類，而是個威脅。於是，有關他們的一切都比事實更可怕。」恐懼會扭曲對威脅的評估。警察運作的方式使得警察對居民益發缺少熟悉感，這導致了恐懼和去人性化。

這就是訴訟的限制，萊斯理解到：法律可以防止非法濫權，但是法律無法改變一個人的感受。「法庭無法命令一個警察去愛一個可憐的黑人小孩，」她說，「法庭無法命令警察去改變他們對黑人的恐懼。」

這種更深層的工作需要有意義的人際連結。要如何開始呢?「如果你和民眾相處,你就會認識他們。」萊斯說。如果她能夠在警察和他們所服務的社區之間安排新的互動,也許她就能夠消除這份恐懼。

取而代之的會是什麼?萊斯不知道。熟悉感和尊重是必要的,信賴則是她所希望的。這種新的關係也許能夠開始彌補幾十年來警方歧視性執法所造成的破壞。愛呢?愛是種不合理的期望。

一九五四年,心理學家高爾登.奧爾波特(Gordon Allport)出版了《偏見的本質》(*The Nature of Prejudice*)這本書。這是第一本有系統地分析此一現象的社會科學著作。在書中,他描述了一九五〇年代的偏見情況,所用的語彙如今聽來異樣熟悉。他寫道:難民「在不友善的土地上流浪」,全球各地許多有色人種「在白人手下受辱,白人發明出一種想像出來的種族主義學說,來證明他們的優越感是合理的」。散居各地的猶太人發現自己「被反猶主義包圍」。這本書主要是診斷性質,但是奧爾波特也大膽提出了一些想法,來減少強勢族群所表現出的偏見。一個做法是透過特定類型的人際接觸,用深刻的認識來取代對他人的無知。他寫道:不具意義的偶然接觸起不了作用,因為它無法提供新的資訊,只會增加更多的不信賴和懷疑。奧爾波特斷言,只有當來自不同群體的人能以平等的地位聚在一起合作,人際接觸才能減少偏見。他們必須要有共同的目標。而且這些努力應該要得到權威機構的支持。

這個想法後來被稱為「接觸假說」（contact hypothesis），而且在直覺上具有吸引力：如果一群人能夠對另一群人平等相待，去認識他們，符合現實的綜合觀感或許就能取代錯誤的想法。而且這個假說在許多情況中得到了證實。二次大戰接近尾聲時，美國陸軍整合了幾個戰鬥師。後來有一項調查發現：和黑人士兵並肩作戰的白人士兵「在面對種族的態度上有了顯著的改變」。在白人軍官和被徵召入伍的士兵當中，欽佩與尊重取代了從前對黑人士兵的偏見。一名軍官寫道：「他們是全團士兵裡最好的一個排，我但願能讓他們獲得總統的褒揚。」[29]在一九八〇年代的一項研究中，大學生花了時間和一名同性戀男子進行深度交談，後來在回答問卷時，這些學生明顯表現出對同性戀比較沒有恐懼，比起那些不曾和那個同性戀男子交談過的學生[30]。一項使身障人士融入工作場所的計畫也改善了同事懷有的偏見態度。

當然，接觸的力量是有局限的。奧爾波特指出：不同群體之間的接觸如果缺少權威機構的認可，效果就沒有那麼好，而且事實上，接觸本身並無法推翻其他的社會與政治力量。親暱關係沒能抵消偏見的例子在二十世紀比比皆是：德國人舉發猶太裔同事，盧安達的胡圖族人敵視親戚中的圖西族人。

一如大多數的偏見研究，此一做法傾向於把重點放在處於優勢地位之人的態度和經驗——**他們**如何改變，**他們**如何獲益。軍隊沒有去詢問那些被整合的黑人士兵，此一經驗對他們有何影響；也沒有人去問那個同性戀男子，和那些學生交談對他有何影響。而這個代價可能很高，尤其是當弱勢群體被進一步物化，成為其他人自我改善的工具。奧爾波特所建議的這種有意義的接觸往往是為了對抗不平等的權力分配。這對那些比較沒有權力的人來說是一種額外的要求。

此外，一項針對黑人與白人交談對象的研究發現：每一個群體對於人際接觸的體驗可能很不相同。當黑人預期白人談話對象會有偏見，他們會更努力去與對方產生連結，因此在事後對於這番互動的感覺也比較差。可是在同一個情境中，白人對他們的黑人談話對象卻更有好感。一次相遇，兩種不同的印象——這是個小小的例子，關於不同群體之間的連結本身所具有的龐大複雜性。這些是真實的風險。雖然已經有愈來愈多在真實世界進行的嚴謹實驗來檢測接觸如何起作用、為何起作用、在何時起作用，但是究竟要怎麼做才能透過接觸來改變人們，其具體細節尚未被完全了解。

可是對康妮・萊斯來說，事情很清楚，缺少有意義的接觸所造成的危險已經到了無法接受的程度。當布拉頓請她協助分析洛杉磯警局對「蘭帕特分局醜聞」的回應時，她正在經營一個法律與政治小組，名叫「促進專案」（Advancement Project），聚焦於被邊緣化最嚴重的社區所面臨的問題。萊斯被訓練為把重點放在安全上。例如，在

29 根據對數百名白人軍官與入伍士兵所作的問卷調查而作出的這份報告始終不曾公開，由於害怕會使支持種族隔離的國會議員不悅，也害怕會鼓勵「美國全國有色人種協進會」去推動軍中的進一步融合。

30 問卷的問題包括這些學生對於有同性戀同事或同性戀老師是否感到自在，以及他們是否會想要結交同性戀的朋友。

瓦茨區的公共住宅區，萊斯目睹了家庭的力量、愛、創造力和韌性，但她也看見居民受到多世代暴力黑幫的恐嚇和損傷。她在反歧視訴訟上贏得勝利，但是她的委託人在失去生命。如果她的委託人不能享有公民權利應有的基本安全，其他的權利——工作的權利、晉升的權利或是上學的權利——就都不重要了。而且透過打擊黑幫的工作，她看出黑幫和警務執行的現狀盤根錯節。

她看出，洛杉磯警局的激進做法不但沒有能夠促進安全，反而積極地破壞了安全：警方和社區之間的信賴遭到破壞，造成了一個真空，使得黑幫獲得了權力，而黑幫要對大多數的暴力行為負責。缺少信賴，再加上警方無法保護證人，意味著居民不願意通報犯罪事件，也不願意幫助警方解決犯罪。這使得黑幫能夠肆無忌憚地活動。

二〇〇七年，萊斯和一位同事，一位名叫蘇珊・李（Susan Lee）的律師，連同幾十位各個領域的專家一起發布了一份長達千頁的報告，詳細說明了洛杉磯警局的做法如何導致了災難。他們的結論是：該市沒有把黑幫視為危害公共衛生的疫情，使用了支離破碎的策略性做法來對付一種重大威脅，逮捕個別的黑幫成員，卻沒有執行經過統整的大規模努力來改變行為、規範、誘因和機會。這種做法就像是遇上了病毒疫情，卻只讓個別病例住院治療，而沒有廣泛地進行篩檢、戴口罩和追蹤接觸者。

而且該市的失敗在數據中昭然若揭：將近三十年的「打擊黑幫戰爭」並沒有減少這個問題。從一九八〇年代到二十一世紀初，有十萬人遭到槍擊，五十名警察被殺。在許多年裡，洛杉磯郡的兇殺案激增到每年超過一千樁。

該市需要一個全面的策略來解決讓暴力出現的條件，能使得社區夠健全、夠強大，讓年輕人不會被吸引加入幫派。這包括強化學校功能、支持家庭、消除監獄制度中的不平等、增加機會，並且創造榜樣。簡而言之，開闢可行的替代道路。如同一位輔導黑幫成員幾十年的牧師所說，他從未見過一個懷有希望的孩子會加入黑幫。

對萊斯來說，首要任務是日常生活的安全。要確保安全，洛杉磯警局需要和社區成員建立起信賴關係。而這意味著從根本上改變警察的行為。

在洛杉磯的一個小地方，這件事已經在發生了。一個由志工帶領的團體於二〇〇六年成立，名叫「瓦茨幫派工作小組」。創立者是那些由於幫派和幫派暴力而失去親人的人，以及成為專業幫派調解人的前黑幫成員。該團體開始聚會，以建立由社區主導的種種努力。菲爾·汀爾里斯（Phil Tingirides）當時是位警監，其轄區包括瓦茨區，他參加了早期的會議。汀爾里斯是個五十多歲的白人，成長期間待過洛杉磯南區。當他出席這些會議，社區表達了他們對警察過去濫權的憤怒。他聽取居民的憤怒和創傷，沒有提出辯解或推卸責任，而是承認這段過往。汀爾里斯用「我們」這個主詞來描述警察暴力：當**我們**對那個孩子開槍，當**我們**把那個人關起來。為了回應社區的失望和沮喪，汀爾里斯開始更積極地調查那一帶的犯罪事件。他把那些行事無禮的警察調走，指導其他警察在行為上更有同情心。不久之後，汀爾里斯開始和東南轄區的伊美妲·卡斯提歐警佐（Emada Castillo）合作（後來他們結婚了，婚後她冠了夫姓，成為伊美妲·汀爾里斯），與學校建立聯繫，讓社區警察在上課日去學校替學生朗讀。

但這番努力是個別的。持久的改變需要來自高層的支持。機構通常不會熱中於徹底的改變，至於政治領導者，萊斯理解到，除非被迫，他們通常不會去關注那些邊緣族群。當一個貧窮的小孩由於害怕自身安全而不敢走路去上學，沒有人會因此丟了工作。而萊斯和蘇珊．李所提出的結構性改革是深層改革。

然後，一個機會出現了。二〇一〇年，萊斯的團隊正在完成另一份報告，關於改善瓦茨區住宅區的安全。就在該報告發布的那一天，一家人在搬進報告中所提到的住宅區時遭到黑幫搶劫和攻擊。一名維修工人聽見了尖叫聲，於是出手干預，就在歹徒強暴未遂之前。

萊斯和蘇珊．李請求立刻和新任警察局長查理．貝克（Charlie Beck）開會。她們理解到：她們可以提交一份又一份的報告，可是這些厚重的報告書沒有一份能夠迫使警方作出必要的改變。她們堅稱那樁攻擊事件證明了瓦茨區的警察沒有能夠提供居民最基本的安全。然後她們提議創設一個新的警察單位。

她們勾勒出的這個新單位將由大約五十名警察組成，專門負責瓦茨區的三個公共住宅區以及東洛杉磯的另一個公共住宅區，這些地區全都飽受多世代黑幫的暴力和創傷。這些警察將徒步巡邏，而非駕車巡邏。他們將被要求承諾在這個單位服務五年。他們會拿到更高的薪資，而且更重要的是，他們將受惠於各種獎勵。他們將被指示把工作重點從進行逮捕轉移到和居民建立關係，而且他們獲得晉升的依據不是進行逮捕的次數，而是他們展現出自己有能力在社區裡建立起信賴。

萊斯和蘇珊・李實際上是在要求推翻幾十年來警方的標準做法。

「好，」貝克說，「讓我們來試試看。」

該計畫被稱為「社區安全合作夥伴」（Community Safety Partnership）。伊美姮・汀爾里斯被派去管理該計畫。當她翻閱洛杉磯警局警察的申請書，她尋找那些本身的生活經驗能使他們理解這個社區的人。汀爾里斯自己小時候就住在瓦茨區，就在其中一個公共住宅區的對街。她母親生下她時才十五歲，而她曾在寄養家庭生活，這一段個人歷史使她能夠和社區居民的人生經驗起共鳴。歷經艱辛的人會對她說：「妳不了解，」而她會說：「我的確了解。」她也看見這個社區的特別之處：自豪，她說，以及幾世代存活下來並且想要過得更好的家庭。

汀爾里斯挑出黑人和拉美裔警察，尤其是那些具有雙語能力並且和那些社區有關係的。她尋找具有解決衝突技巧的警察，願意嘗試以新的方法執行警務，或是在這些領域展現出潛力的人。雖然警察仍舊有權逮捕那些有暴力行為的人，也有權在情況變得危險時找來外部支援，但逮捕將是最後手段。一共是四十五個名額，「社區安全合作夥伴計畫」收到了四百份申請。

萊斯和蘇珊・李接著挨家挨戶去訪問居民，以了解社區需要什麼。萊斯回憶，當她提出「社區安全合作夥伴計畫」的願景，她並未掩飾這對居民的要求有多大：要他們去和警察局合作，這個警局過去曾對他們的家人施加暴力，曾經殺害或虐待他們的兒子或孫子，或是不公正地把他們送進監獄。「我來請求你們做的事，我自己都不認為我能夠做到，」她告訴那些人。「我來請求你們和這些警察合作，因為我們想要改變他們。而沒有你們協助，他們就無法改變。」

居民的反應不一，從不敢置信到憤怒。「你們要付錢給警察，讓他們來敲我家的門？」火大的居民問。「他們會因為我們聚在門廊上而來騷擾我們嗎？」可是另一些居民私下透露，他們認為早就該對社區作這種投入了。

這項計畫也還有其他的代言人：曾經在社區裡工作的黑幫調停者。起初他們也心存疑慮。安德列．克里斯汀（Andre Christian）是個從事黑幫調停工作的人，他說這項計畫具有成為另一種壓迫的一切條件，是一種美化了的監視和控制。他很清楚：他在這一帶長大，曾有一次被一個警察鎖喉，因為他喊對方「老兄」，而不是「先生」。但是他透過打擊黑幫的工作認識了萊斯本人，而他信賴她。該項計畫要求那些警察承諾服務五年，這表示該計畫是認真的，而不是另一個在一年之後就會消失的蹩腳活動。當萊斯和蘇珊．李請求克里斯汀和其他黑幫調解人幫忙宣傳「社區安全合作夥伴計畫」，他們同意了。藉由化解緊張局勢和防止報復性槍擊，他們已經在社區裡贏得了信譽。克里斯汀說，當他們出現在某人家門口來談「社區安全合作夥伴計畫」，「那不會像是冒出了一個從月球來的人」。蘇珊．李說：「一個矮小的亞洲女子出現在門口是一回事，一個他們尊敬的黑幫調停者出現又是另一回事，他們視他為建立和平的人。」

一旦被招募，這批警察也接受了一種新的訓練。除了學習操作武器和戰術呼吸法之外，他們也學習對話和了解背景。萊斯和蘇珊．李請專家來教導他們瓦茨區的歷史，並且回答那些警察的一大疑問：「為什麼這個社區憎恨我們？」萊斯說，比較年輕的警察往往不了解他們的制服代表著警察濫權的過往。

因此，他們認識了「奴隸巡邏隊」的歷史。雖然在警校裡所教的美國警察歷史將其起源追溯到北方的警察機構，但北方的警察機構一直到十九世紀中期才成為正式機構。奴隸巡邏隊（在南方最早由公共資助的警察組織）則可以追溯到十八世紀初，而且「和該州的良好秩序與治安關係密切」，如同南方一位州長所寫。這些警察的任務是搜查奴隸所住的地方，解散他們的集會，並且控制他們的行動。他們檢查奴隸在公共場所被要求攜帶的「通行證」，載明他們的目的地以及旅行的原因。而且為了像是旅行沒帶通行證這類違規行為，他們會以暴力毆打奴隸。他們由被稱為「隊長」的領袖率領，一趟趟地進行巡邏。萊斯毫不避諱地指出現代的警徽和當年奴隸巡邏隊所佩戴的徽章十分相似。

另一位幫派專家梅爾文．海沃德（Melvyn Hayward）向警察介紹了這三個住宅區的不同文化。他指出：雖然如今大多數的居民是拉美裔，黑人居民仍舊擔任大多數的領導角色，和執法部門的溝通也最多。拉美裔居民比較不願意開口。多世代的墨西哥裔美國人寧可不要把擔憂向外人透露；移民若是來自警察徹底腐化的國家，大多避免和執法部門互動。另一些人則擔心會被驅逐出境。

這種文化上的理解至為重要，尤其是因為該計畫所提出的願景乃是以人際連結為中心。萊斯對這批新招募的警察說：「當你們去到那裡，我希望你們把這些棕色皮膚和黑色皮膚的小孩看成是你們自己的小孩。我希望你們把他們當成自己的小孩來保護。」萊斯記得那些警察在理解這項任務時默默地坐著。「你們從事的不再是逮捕工作，」萊斯說，「而是建立起信賴。」

為此，萊斯和蘇珊・李邀請了社區領袖來和警察攜手進行一項計畫，就在訓練室裡。那些社區領袖是牧師和街區主席，是每個人都會去請教的長者。蘇珊・李把那一帶的地圖放大成巨型地圖，發放了彩色貼紙，請這些社區領袖和那些熟悉這一帶的警察標示出有犯罪和安全疑慮的「熱點」。

有些社區成員猶豫了。那似乎像是告密。可是最後有個人站起來，把一張貼紙貼在那張地圖上，例如一條需要注意的巷弄。另一個人在一個街角貼上一張貼紙，孩童會在那裡被勒索交出零用錢。這暗示出合作是可能的。警察聆聽，並且提出想法。社區成員實際上看見警察把重點放在社區安全上，而不是只著重於進行逮捕。而那些對瓦茨區懷有成見的警察聽見這些社區領袖侃侃而談他們所面臨的挑戰和他們已經採用的對策。

雙方有著共同的目標，有合作，也有一種夥伴的感覺。每一方都開始在對方身上看見一些新的東西。在這些會議進行得最順利的情況下，雙方在散會時交換了電話號碼。

「社區安全合作夥伴計畫」於二〇一一年十一月啟動，展開了其中一位警察稱之為「把社區警務發展到極致」的行動。菲爾．汀爾里斯，曾和「瓦茨幫派工作小組」合作的那位警監，負責監督包含最多「社區安全合作夥伴計畫」的東南轄區。他鼓勵警察使用他們的想像力，想出能吸引小孩子的活動。他說：「只要合法而且合乎道德，就不妨試試看。」

在該計畫正式啟動時，那批警察作了自我介紹，帶來了快餐車和烤肉。他們參加了棒球比賽。在接下來幾個星期裡，警方在沒有工作藍圖的情況下開始建立起人際連結。他們專注於聆聽，為了過去做錯的事道歉，並且請求原諒。他們鼓勵居民真實表達他們對警察的感受，並且為了有機會聆聽而感謝他們。

這些互動不總是進行得很順利。當那批警察未經通知就順道拜訪了在「喬丹唐斯公共住宅大樓」（Jordan Downs housing development）的一個父親團體，他們拿著無線對講機，笨拙地四處站著。那些原本正在分享育兒經驗的父親對於有警察在場感到不解。一名警察開始說起在社區裡惹是生非的人，稱他們為「笨蛋」和「混蛋」，直到一個主持人說明在他們的聚會裡不准說髒話。後來，那個警察在他的名片上寫下一句道歉，再畫上一個笑臉，把名片遞過去表示賠禮。

其中一個父親指著另一個警察說：「我記得你。你搞砸了我的人生。我當時什麼都沒做，而你就來了，在我孩子面前替我戴上手銬，把我關了起來。然後我就因為你而在牢裡待了十三年。」說完他就跑了出去。其他的父親沉默地面面相覷。下一次聚會時，那個警察又來了，說明當年那個警察不可能是他，因為在那個男子被逮捕那一天他並未值勤。那個父親弄錯了。但是他沒有再回來參加聚會。

參與該計畫的警察發現自己必須要改掉長年以來根深柢固的習慣，有時甚至是幾十年來的習慣。有些警察曾經以冷酷無情知名。幫派調解人安德列・克里斯汀說有一個警察曾經從巡邏車裡跳出來，行動充滿攻擊性，他想像這個警察小時候從不曾被人擁抱過。在「社區安全合作夥伴計畫」啟動之後，該名警察追趕一個男子，然後使用武力逮捕了他。汀爾里斯斥責他：逮捕應該被當成最後手段來使用。如果這名警察繼續用老方法來執行警務，就會危及整個計畫的信譽。克里斯汀說，每次有警察受到責備，他都能看得出來——隔天他們會顯得難為情。

可是漸漸地，該計畫開始發現要如何以社區所需要的方式提供協助。當「喬丹唐斯公共住宅大樓」的長者請求清理一條堆滿舊床墊、被用來吸毒和賣淫的小巷，警察帶來了水管和卡車，把這些垃圾拖走。他們組織了露營活動，幫忙創立瓦茨區的第一個女童軍團，並且和居民一起打籃球。他們舉辦書包贈送活動和健康博覽會，尤其關注社區裡的長者，帶來他們日常行動所需要的雙焦眼鏡。

汀爾里斯說，重點並非「騎著我的閃亮坐騎來拯救這個社區」。參與該計畫的警察通常是擴大了現有的努力並且協調資源的運用。在東洛杉磯的「拉莫納花園公共住宅區」（Ramona Gardens development），一個地下農民市場發展起來，成為一座食物沙漠裡的水果與蔬菜來源。警察協助居民取得許可證、防水帆布和攤位，使該市場成為合法、可行的生意。在「尼克爾森花園公共住宅區」（Nickerson Gardens），在「社區安全合作夥伴計畫」的支持下，一個名叫露琵塔．瓦多維諾斯（Lupita Valdovinos）的居民和一個名叫傑夫．喬伊斯（Jeff Joyce）的警察展開了一個青少年輔導計畫，包括足球比賽、課後輔導班、關於壓力與健康飲食的週六課程。足球教練來自該社區，喬伊斯也一起協助訓練。

那些警察有了明顯可見的改變。母親們注意到警察對待小孩的方式不同了——不再騷擾他們或嚇唬他們，而會親切地和他們說話。一個名叫梅樂蒂．考裴普（Melody Culpepper）的母親說：「這是一種不同的面貌，一種不同的感受。」一個名叫露西莉亞．霍伯（Lucelia Hooper）的居民於一九七〇年代搬進「尼克爾森花園公共住宅區」，她說：「他們向我展現出我應得的愛和尊重。」當一個男子癲癇發作，一名警察開始對他做口對口人工呼吸。因為那個男子先前嘔吐過，她用自己的嘴把他嘴裡的嘔吐物吸出來。事後，一個鄰居走向她，驚訝地承認「就連我都不會這麼做」。

警察的恐懼也減少了。在第一場棒球比賽中，警察穿著防彈背心，把槍插在槍套裡。該計畫進行一年後，他們打球時穿著短褲和 T 恤，並且把槍留在車上。有一天，當「尼克爾森花園公共住宅區」的一個小孩拿著一把狀似九釐米口徑的手槍朝警察跑過去，警察並沒有伸手去拿自己的槍。他們花了那麼多時間來認識這些小孩，他們不認為這個男孩有惡意。那孩子安然無恙。後來發現那是把玩具槍。假如警察當年也用同樣的方式來判斷十二歲的塔米爾．萊斯（Tamir Rice），他如今就可能還活著。

而社區的態度也有了轉變。克里斯汀說，每一次正面的互動都會在社區激起漣漪。

話傳開來了，說警察以尊重和關懷的態度來對待居民。居民開始向警察點頭或揮手致意。他們會握手，聊聊運動。汀爾里斯夫婦在不值勤時會去醫院探望當地居民，因為現在他們成了朋友。警察開始邀請孩童到家裡吃飯，而居民也回邀他們去參加生日慶祝會、畢業典禮、喪禮，或是在洗禮上擔任教父教母。社區「對這麼多的善意受寵若驚，」克里斯汀說，「這還會繼續發生，不會停止。」

參與「社區安全合作夥伴計畫」的警察仍然會在發生暴力行為時進行逮捕。黑幫處理小組有時也會被召來。但是到目前為止，這個單位沒有使用那種大規模的傳統鎮壓方式。雖然很難證明這當中的因果關係，但是一項獨立分析指出「社區安全合作夥伴計畫」降低了逮捕率。在「喬丹唐斯」、「尼克爾森花園」和「帝國庭院」（Imperial Courts）這三個公共住宅區，在二〇一九年底的逮捕率大約是該計畫展開之前一年的一半。有一次，當一名槍擊嫌犯藏身於其中一個公共住宅區，警察沒有到處破門而入去找他，而是花了兩個小時從一間公寓走到另一間公寓，去告知居民所發生的事。一個小時後，有好幾個人打電話通報那個槍手藏身的位置。警察進行了逮捕，但並沒有在下一代的孩子心中造成額外的創傷。

居民的安全也提高了。那項獨立分析把執行「社區安全合作夥伴計畫」的地區和類似的公共住宅區相比，發現該區的犯罪率比預期程度減少了將近四分之一。兇殺案尤其大幅下降。在該計畫執行之前的十年裡，在計畫所包含的那三個最危險的住宅區裡，共發生了七十樁兇殺案，單是在「喬丹唐斯」一區就發生了二十五樁。自從該計畫啟動以來的這九年裡，那三個住宅區總計發生了二十一樁兇殺案——從平均每年七樁減少到每年大約兩樁。據汀爾里斯說，大多數的案子都在兩週之內破案[31]，有一次破案是因為有一個居民打給「社區安全合作夥伴計畫」一名警察的手機，直接告訴他是誰犯下了這樁罪行。蘇珊・李回憶說，洛杉磯警局的高層很難接受逮捕率和犯罪率有可能先後下降，但是這些結果支持了許多學者的觀點：要減少犯罪既不需要監禁，也不需要雷厲風行地執行警務。

值得強調的是警察行為和犯罪之間的關聯。法律學者崔西・米雷斯（Tracey Meares）和社會學家安德魯・帕帕克里斯托斯（Andrew Papachristos）等人指出：如果人們認為警察和法律制度具有正當性，單是這一點就能夠減少犯罪。這些學者發現，過去曾經違法者如果對警察有正面的觀感，就會更相信法律的正當性；那些更強烈地相信法律之正當性的人就更可能會遵守法律。當人們受到警察公平、尊重、誠實的對待，他們對警察及其正當性的觀感就會改善，因此單是警察對民眾的公平對待就可能是防制犯罪的一種形式。社區成員和前黑幫份子補充說：如果你有希望，有資源，也確知有人在乎你，你就不會去犯罪。

31 在執法部門，「破案率」係指在犯罪案件中進行了逮捕或確定了嫌犯的案件所佔的比例。在洛杉磯警局，兇殺案的典型破案率是六成到七成，大約和全國的平均破案率相當。在包含最初那三個瓦茨區公共住宅的「社區安全合作夥伴計畫」轄區裡，破案率一度高達百分之八十七。

而且犯罪並沒有被轉移到鄰近地區。加州大學洛杉磯分校於二〇二〇年三月發布的一項獨立分析發現，「社區安全合作夥伴計畫」減少了犯罪並非只是把犯罪移轉到別處：雖然洛杉磯的整體犯罪率在該計畫啟動後的那些年裡下降了，但是該計畫所涵蓋之公共住宅區的犯罪率下降幅度更大。分析者估計，在六年當中，單是該項計畫就防止了大約兩百二十一起暴力犯罪事件，替市府省下了超過九千萬美元。在一百多次訪談和二十八個焦點團體訪談中，居民表示他們覺得更加安全，不管是走出家門和鄰居來往或是使用公園綠地——說他們的生活有了具體的改變。警察說社區成員感到更加安全是這份工作最令人心滿意足之處。

「社區安全合作夥伴計畫小組」具有「接觸假說」所提出的一些特徵。具有夥伴精神，也有合作，還有促進整體社區安全的共同目標。這一切都在權威機構的支持下發生，包括社區領袖和洛杉磯警局。另外還有一個特徵則是奧爾波特沒有提到的，但對於這個過程卻很重要。那和課後輔導班有關。

在「布朗訴教育局案」判決後大約十五年，一位名叫艾略特．亞隆森（Elliot Aronson）的社會心理學家受邀去協助德州的奧斯汀市。該市的學校在拖延了很久之後終於取消了種族隔離，黑人和墨西哥裔美國小孩被送進白人小學就讀的學校。在幾個星期之內，小學教室裡就爆發了打架事件，遊戲場地成了劍拔弩張的戰場，戰線按照種族而劃分出來。

當亞隆森來到該地區，他看見教室裡的競爭本質只會使問題惡化。孩童總是在互相對抗，而每天的例行活動中沒有什麼能夠鼓勵彼此之間的理解或尊重。他想知道教室能否變成一個能讓學童消除彼此之間的不信任，甚至漸漸喜歡上彼此的地方。於是他試著做了一個實驗。

在幾間教室，他把學童分成大約六人一組，每一組都包含不同種族和族裔的孩子。他調整了孩童的學校作業，讓這些作業具有互相關聯的部分，就像一個拼圖。每一個學生都負責作出一項主要貢獻。如果作業主題是園藝，一個學生專注於花卉，另一個專注於土壤，另一個專注於蔬菜，以此類推。專注於花卉的學生都會得到與這個主題有關的資料，而且他們會在「專家團體」中聚在一起討論他們所學到的東西；其他方面的專家也一樣。這些專家之後回到自己的小組，並且把自己所學到的東西教給其他組員。組員必須要聆聽，並且提出有意義的問題，來幫助這些專家分享他們的想法。小組的整體成功取決於每一個成員的貢獻，而且每一個專家都為其他成員貢獻出某種重要的東西。

亞隆森及其團隊發現在六週之後，合作完成作業的那些孩童具有較高的自尊。他們更喜歡學校，也更擅長設想其他同學的情緒觀點。更重要的是：打架停止了。學生們變得更喜歡自己小組的同學，包括那些來自其他種族和族裔的同學。他們也比實驗之前更喜歡班上的其他同學，並且開始會和他們以前不信任的同學打交道。在這場實驗之後，亞隆森爬上屋頂，拍下遊戲場的空照圖。這些照片顯示出來自不同種族和族裔的孩童成了朋友。

在一個拼圖式的教室裡，每一個學生都被認可作出了重要的貢獻。比較缺少自信的害羞學生在專家團體的幫助下得到支持，並且漸漸被視為重要的小組成員。學生們逐漸把彼此視為可信賴的資源，而且藉由互相幫助而獲得成功。這種拼圖式合作學習的方式符合奧爾波特替「接觸假說」設定的條件：平等的地位、為共同目標而合作、得到當局或機構的支持。

從德國到澳洲，拼圖式合作學習的做法在各種學校裡都被發現能夠減少刻板印象和偏見。事實上，在亞隆森正式確定該做法的半世紀之前，一個名叫朱麗葉·德里科特（Juliette Derricotte）的黑人女子就試用過這個方法，來幫助中西部大學的種族融合。在一九二〇年代，德里科特與一名白人同事和白人與黑人學生會面，他們兩人都替「基督教女青年會」工作。他們預見了米爾頓·羅克奇的論證，亦即讓人們正視自己行為與價值觀的不一致能夠促成他們作出改變。他們指出那些大學生的虛偽：自稱是基督徒，卻拒絕和他們的同學交談。德里科特接著分配了聯合研究作業給他們，研究奴隸制度的歷史、種族主義，以及黑人在文化上的貢獻。在接下來那一年裡，他們在種族混合的小組裡合作，以回答她提出的問題。這項合作研究十分成功，乃至於這些小組開始在全校分享他們的發現，並且創立了介紹黑人詩歌與音樂的公眾活動。

在奧斯汀市，亞隆森和研究人員也湊巧發現了另一件事。亞隆森告訴我：給予會以某種方式改變給予者。參加拼圖式合作學習的學生以他們認真工作的成果和專業知識來替彼此服務。在亞隆森看來，當你替別人服務，對他們懷有負面的刻板印象就會造成你內心的衝突。為了減少這種衝突，你就會改變你對另一個人的想法。「如果我對你懷有刻板印象，而我不遺餘力地去幫助你做某件事，我就是為了你在努力工作，」他說，「我淡化我對你的負面想法，而去強調我在你身上看見的一切正面事物。」

禮物也能改變接受者。路易士．海德（Lewis Hyde）在他那本經典著作《禮物》（*The Gift*）中寫道，禮物「帶著一種身分，而接受這份禮物就等於是吸收了這個新的身分。彷彿這份禮物穿過我們的身體並且使我們有了改變」。禮物也為社會關係注入了新的情感，在兩個人之間創造出一種新的「情感連結」，如同海德所說。

有意義而相互依賴的接觸，再加上給予的力量，也許有助於解釋偏見何以在士兵並肩作戰時消失得如此之快。在戰鬥中，士兵願意為了彼此而獻出自己的生命。這或許也解釋了體育活動何以能被用來有效地減少偏見。在體育活動中，球員也會互相依賴，並且獻出他們的技術作為禮物，有時是把球讓給隊友。在近期的一項研究中成立了一個板球聯盟，來測試在同一個隊上打球八個月能否減少印度不同階層的人對彼此的偏見。在另一項研究中，在伊拉克一個由基督徒組成的足球聯盟中加入了穆斯林球員。在這兩個案例中，實驗的結果顯示出群際之間的偏見減少了。種族融合的足球隊裡的基督徒足球員在日後比較可能會報名參加一支宗教混合的隊伍，也比較可能會投票給一個穆斯林球員，讓對方獲得運動員精神獎。和控制組相比，隊上有球員來自其他階層的印度板球員後來描述他們在球隊之外擁有的跨階層友誼也比較多。他們也選擇了更多其他階層的人來當他們未來的隊友。

「社區安全合作夥伴計畫」在某些方面就像拼圖式合作學習。社區和警方協力，本著合作的精神，朝著社區安全這個共同的目標努力。雙方都貢獻出某種有價值的東西。在「尼克爾森花園公共住宅區」的足球隊，警察和居民一起訓練那些孩童。在「安全通行」活動中，警察和家長組成徒步隊伍，以確保孩童能平安抵達學校。藉由服務的行動，參與該計畫的警察對社區投入。「當我替你服務，我就對你投入，我在你身上注入了新的價值和新的尊重。」萊斯說，複述亞隆森說過的話。那個課後輔導班、那些露營活動——這些服務的行動改變了警方。

心理學家阿莫斯・特沃斯基（Amos Tversky）和丹尼爾・康納曼（Daniel Kahneman）在一九七四年的一篇論文中寫道：面對複雜的決定時，人們經常使用心理思考捷徑。這些捷徑，或者稱為「捷思法」，是我們在不確定實際答案時用來作出預測的快速演算。例如，如果你在揣測你是否可能發生車禍，你可能會使用「可得性捷思法」，根據迅速浮現在腦中的那些曾發生過車禍的人來作出估計。「捷思法」有用而且有效：我們很少有時間去理解並處理一個情況的每一個面向。可是，重要的是，特沃斯基和康納曼認為，這些思考捷徑也可能導致錯誤。事實上，刻板印象就是一種捷思法：這是針對另一個人作出的快速預測，而且往往可能完全錯誤。

然而，有些時候人們能夠作出快速**而且**正確的預測。心理學家蓋瑞・克萊恩（Gary

Klein）在他研究決策過程的專書《力量的來源》（*Sources of Power*）裡揭露了無數的例子，關於人們使用思考捷徑在瞬間作出重要、乃至拯救生命的決定。新生兒加護病房裡的護士使用這種思考捷徑來判斷病房裡哪個兩磅重的嬰兒即將發生感染，甚至還在檢測結果能看出來之前。經驗豐富的消防隊員藉由衡量腳下地面的鬆軟程度，就能察覺一片屋頂即將坍塌。這些有時被稱為「直覺」的決定往往可能是正確的。

為什麼有些快速預測是正確的，而另一些卻是錯誤的？在一篇共同發表的論文裡（副標題是A Failure to Disagree），克萊恩和康納曼指出：主要因素在於我們所評估的事物或情況的特徵——例如，針對可預測的環境比較容易作出好的預測。但我們也必須有機會去深入了解這些環境。我們必須培養出能力去真正認識我們所看見的東西。

以學習識別貓咪為例。當我們小時候要學習貓是什麼，我們首先看見這個類別裡各式各樣的成員——街貓和波斯貓，加菲貓和農場小貓。每次我們看見一隻個別的貓，關於這隻動物的感官訊息就進入我們的大腦。我們的大腦尋找共同點，把貓咪共有的基本特徵——毛茸茸的、有鬍鬚、體型比麵包箱小——當成一種神經活動的模式儲存起來。我們對於這個類別的記憶（一如對任何類別的記憶）事實上是神經活動的一種特定模式，只要有類似貓的東西出現在我們視野中，這個模式就會活躍起來。你可以將之視為大腦識別為貓的一種「神經特徵」（neural signature）。

當我們走出去到世界上，我們的大腦接收了感官輸入的訊息——樹木之間閃耀的光線，建築物之間的明暗陰影，一個朋友親切的臉。所有這些輸入的訊息開始活化神經活動的模式。可是，由於大腦的設計是為了預測將會發生什麼事，一種模式只需要**部分**被滿足，大腦就能決定它感知到了什麼。如果當我們走在街上，我們在視野邊緣看見有個毛茸茸的東西一閃而過，大腦就會將之識別為「貓」，即便大腦中的「貓咪」模式只有部分被滿足。

此處所發生的情況被稱為「模組完成」（pattern completion），而且它發生在幾百毫秒之內。大腦並不會等著吸收可以取得的每一點訊息，而是只吸收足以把感知對象拿來和記憶中現存類別相比較的訊息。一旦大腦的神經元開始以一種模式活化，而這種模式與某一種類別更相似（至少比起下一個最近似的類別更像是「貓」），大腦就會將之視為最佳猜測，而這個模式就自動完成。可以說大腦急於作出判斷。如果再加上刻板印象，這個過程就會產生影響深遠，甚至是致命的後果：眼動追蹤研究發現，非黑人在模擬影像中看見一個有武器的黑人，他們會在眼睛看清那把槍之前就作出開槍自衛的決定。

在日常環境中，把所感知的東西正確地分門別類，這種能力取決於我們區分神經模式的能力，包括我們刻意在腦中培養出來的模式，以及我們透過文化滲透而被動接收的模式。這使我們能夠感知一件東西和另一件東西的異同。以語言為例，我們就能看出挑戰在哪裡。聲音也會在大腦中形成神經模式，而一個人解讀其他語言的能力取決於一個人識別聲音的能力。以英語為母語的人通常很難區分土耳其語中子音 l 的軟硬之分、印度語中送氣和不送氣的 t，或是韓語中三種不同的音，聽在未經訓練的說英語的人耳中全都像是 k。許多說英語的人太少接觸到這些聲音，不足以讓他們培養出區分這些聲音的能力。

大腦處理不同神經模式的能力——或是這種能力的缺少——也有助於解釋人們為何難以區分其他種族或族裔的臉孔。無法辨識個別臉孔的原因至少有一部分在於沒有能力區別不同的神經模式。這種「跨種族效應」（cross-race effect）在很少接觸其他種族的個人身上特別明顯。例如，比起亞洲臉孔，成長於韓國的韓國成年人較難區分白人臉孔，而從小就被歐洲白人父母收養的韓裔成年人則正好相反。

一個人如果被誤認為同種族或同族裔的其他人，可能會覺得自己被忽視或抹煞；他們也可能會被錯誤地定罪。近期的分析指出，在美國有大約三成的錯誤定罪係由於目擊證人錯誤地指認了另一個種族的人，在由於 DNA 證據而被撤銷的不合理定罪中，有大約三分之一涉及白人錯誤地指認了黑人。事實上，在美國因殺人被定罪者若是黑人，之後被證明無罪的可能性要高出百分之三十八。

在某種意義上，對來自本身最熟悉的群體的成員進行識別和分類，人類在這方面是專家。在種族隔離的社會裡，人們往往對自己的種族最為熟悉。研究顯示，當人們跟其他種族的接觸增加，亦即當他們培養出經驗，「跨種族效應」的問題就會減少。一個人區分同一群體之不同成員的經驗愈多，他能區分個體的能力就愈強。隨著經驗的累積，處理感官輸入訊息的方式就更加成熟。

我們可以把專家想成一個擅長將世間事物所引發之神經模式分門別類的人。一個新手具有的能力比較有限，也比較粗糙。像我這樣的足球新手，看見球員踢十二碼球時也許只看見一顆球飛向一個球門。而一個世界盃守門員則也許會察覺球員接近的角度、球員腳的位置、球員臀部和頭部的方向，而能夠在千分之幾秒的時間裡識別這球的種類和可能的路徑。世界盃守門員、新生兒加護病房的護士和消防隊員都使用了「捷思法」來快速作出決定。可是，因為他們是專家，他們能夠又快又準確地感知現實。

可是作出區分的能力，其重要性超出了剛剛討論過的基本感知過程。它也適用於我們看待其他人的方式。一九八〇年代，心理學家艾倫・蘭格（Ellen Langer）用波士頓地區的六年級學生證明了這一點。有一班學生在幾天內觀看了身障人士的圖像，另一班學生則看了非身障人士的幻燈片，同時每個孩童都拿到一本小冊子，裡面是有關於這些幻燈片的問題。有些小冊子所包含的問題促使孩子去仔細地注意每一個人的特點——例如，學童被要求列出一個坐輪椅的人要如何開車，或是列出一個盲眼音樂家可能稱職或不稱職的幾個理由。另一些小冊子則比較沒有去激發學童的注意力。

幾天後，研究人員評估了孩童對身障人士圖像的反應，其結果十分驚人。首先，他們發現那些被要求去深入思考的學童更準確地看見了那些身體有障礙的人。當被問到在像是輪椅賽跑或是蒙上眼睛玩「釘上驢尾巴」遊戲時他們會選擇誰當夥伴，他們更可能挑選那些因特定身體障礙而佔有優勢的人——例如，在蒙眼遊戲中，他們會選擇盲眼的人來幫忙他們，而非選擇一個身體沒有障礙的小孩。而那些被要求去仔細考慮身障人士的孩童也變得更為包容：他們更可能想要和身體有障礙的人一起去野餐，而且他們想和一個視障或坐輪椅的孩子搭檔參加任何遊戲的可能性是兩倍以上。

培養正確分辨的能力——成為專家——使得許多事成為可能。因為一個人能夠更輕易地區分一個群體中的不同成員，就能夠更準確地察覺是什麼使他們與眾不同。蘭格的研究指出，仔細去注意差異也彰顯出一體適用的刻板印象多麼荒謬：一個群體的成員彼此之間實在有太多差異，使得刻板印象不可能正確。這或許能夠解釋為何那些孩童不僅更準確地看見身障人士，而且也更歡迎他們。負面的刻板印象不再有效。

擴展這些技能並且使之完善，這個過程幫助了一些城市裡的警察，改變了他們和一個容易遭受警察暴力的群體的互動：那些心理健康有問題的人。他們屬於社會中最被污名化的群體，但是警察通常只受過不到八小時的相關訓練，可能並不熟悉他們的經歷以及由此而衍生的行為。在不熟悉的情況下，警察可能會誤把一些行為視為危險，而這些行為其實是一場個人危機的信號。一個大吼大叫、揮舞著刀子的人可能顯得帶有威脅；實際上，此人的行動可能是出於自己妄想的恐懼。一些分析顯示：這個群體在警察開槍射殺的人當中佔了四分之一，其中許多是在家中被殺，而且有許多人並未持有槍械。在明尼蘇達州，二〇〇〇年至二〇一五年之間，在被警察槍殺的人當中有百分之四十五都處於嚴重的精神痛苦和情緒困擾中，或是有這種病史。

有些警察局已經開始設法解決這個問題，透過一種名為「危機處理小組」的訓練，這種訓練旨在改善警察對這類情況的回應。一個重要部分是訓練警察識別並區分不同的情緒與行為狀態。警察學習創傷後壓力症候群、狂躁症、思覺失調的跡象和症狀，以及腦部外傷和阿茲海默症。例如，他們會學到一個自閉症患者可能會避免跟別人做眼神接觸，而一個思覺失調的人可能會由於無法理解命令而毫無反應。

在這個過程中，針對平常會被認為具有威脅性的行為，警察會作出更多重、更細緻的分類。一個新手如果看見一個人喃喃自語並且揮動刀子，可能會判定此人是危險的。一個受過危機處理訓練的警察或許能夠分辨那是精神病發作，並且看出對方揮舞刀子是在自衛，以對抗想像中的危險。

隨著警察的專業知識增加，他們可能會作出更符合情境的反應。針對一千多起懷疑某人有行為問題的報案所作的研究發現，受過危機處理訓練的警察比其他警察更可能仰賴口頭談判來解決問題。根據另一項針對六百多次報案所作的研究，受過危機處理訓練的警察不常使用武力，即使是在面對高度暴力威脅的時候。奧勒岡州本德市的警察認為他們減少使用武力的部分原因在於他們受過危機處理訓練。如同在後視鏡貼上正念貼紙的那位巡警艾瑞克．羅素所述，以前他會替一個人貼上「瘋子」的標籤，現在他會專注於如何協助。更有效的做法可能是派出並非警察但是受過訓練的工作人員。在奧勒岡州的尤金市，與行為健康有關的報案電話會被轉接給不攜帶武器的危機處理人員。他們受過處理心理健康危機和降低衝突的進階訓練。二〇一九年，這個危機小組回應了兩萬四千起報案；只有一百五十件需要警方支援。三十年來，該小組從不曾導致重傷或死亡的情況。他們配備的不是武器，而是專業知識。

從新手到專家的這種轉變也就是在瓦茨區發生的事。萊斯說：「問題在於，當警察不熟悉一種文化，他們分辨不出什麼是真正的威脅。」當警察在「尼克爾森花園公共住宅」看見那個拿著玩具槍的小孩，他們知道自己沒有必要掏出武器。他們能夠準確地看出這是個小男孩，並且作出適當的反應。他們不再只看見犯罪者和受害者。他們沒有看見一個罪犯，而是看見了一個小孩。他們能夠區分真正的威脅和預估的威脅，能夠區分真實的危險和幻覺。

主持加州大學那項分析的研究員約爾雅·利普（Jorja Leap）發現，在「社區安全合作夥伴計畫」之前，警察把居民分成兩類：犯罪者或是受害者。但是在執行該計畫之後的那些年裡，這種錯誤的二分法瓦解了。瓦茨區的確有暴力問題，但是即便是在最危險的地方，也只有一小撮人真正構成危險。熟悉這個地方使得參與該計畫的警察能夠看出這個社區的多面性和細微差別。在這個過程中，一個新的類別在他們心中形成：社區合作夥伴。

同樣的轉變也發生在居民身上。在「社區安全合作夥伴計畫」之前，每一個戴著警徽的人看起來都像是濫用職權者和威脅。現在，他們開始看出警察也是人，就跟他們一樣形形色色。不僅是有了更多的類別，也有了更多獨一無二的個體。

萊斯說：「一旦你認識了某個人的前名，哪怕他叫波吉，而且哪怕波吉是個幫派份子，一旦你坐下來和他說話，一旦你偶爾和他一起吃早餐，一旦你開始和他玩在一起，每星期一起打幾次籃球，你猜會發生什麼事？你在他身邊會真的放鬆下來，而且你不會再怕他。因為真的，波吉雖然是個幫派份子，他並不是個壞人，而且你開始能夠作出這種區分。而我們就是這樣穩紮穩打慢慢做到的。」

要打破偏見，一個策略是去想像另一個人的觀點。和屬於另一個群體的人進行有意義的接觸，其效果在於你不必去想像他們的觀點，因為你實際上了解他們的觀點。你無須在腦中置換刻板印象，因為你看出人們與那些刻板印象不符。而且你無須去猜測一個人行為的情境理由，因為你親眼目睹了那個情境。

說到底，培養並加深對另一個群體的認識就是把他們當人看待。菲爾．汀爾里斯說：「我們所做的許多事，就是讓社區居民在警察眼中有了人性，也讓警察在社區居民眼中有了人性。」如同一位居民在描述「社區安全合作夥伴計畫」的警察時所說的：「一旦他們開始和社區居民互動，他們就改變了。」

「尼克爾森花園公共住宅區」青少年輔導計畫的共同創辦人露琵塔．瓦多維諾斯如今負責課後輔導班，她希望對社區居民的這種細膩認識能夠擴大到社區之外。她說：「你可以讓每一個不相信瓦茨區能夠成功的人看見瓦茨區開出了美好的花朵。」

該計畫並非沒有遇到挑戰。加州大學那份報告發現，有些居民和警察對於該計畫的終極目標仍舊感到困惑。雖然有些參與計畫的警察把自己視為社區和洛杉磯警局派到該區的其他單位之間的聯絡人，另一些警察則仍然不確定該如何處理自己在建立關係和執法之間的雙重角色。有些居民對該計畫提供的社區取向活動感到滿意（一個家長說該計畫的成果超出承諾），可是另一些居民感覺自己被排除在外，或是感嘆年齡較大的青少年缺少機會，他們有加入幫派的危險。另一份評估發現「各地執行程度不一」，參與該計畫的警察也擔心要如何確保所有招募進來的人員都是合適的人選。有些居民反應熱烈，另一些居民則表示失望，並且希望能有更多執法行動，指出警察不常露面，對犯罪的反應也不一致。有些居民仍舊觀察到警察對黑人居民懷有成見，或是在戶外聚會時騷擾他們。

經過二〇二〇年夏天的動亂之後，洛杉磯設立了一個單位來使該計畫更有凝聚力也更加明確。如今是副總警監的伊美妲・汀爾里斯被指派為局長。可是對警察執法正當性的質疑也進入了「社區安全合作夥伴計畫」。瓦多維諾斯告訴我，在喬治・佛洛伊德被殺之後，一些居民避開了他們逐漸信賴的社區警察。一個強烈的批評是：該計畫替警察設定的角色更適合社工人員，或是在奧勒岡州尤金市有效處理行為健康案件的那種危機處理人員。汀爾里斯承認，如果把該計畫中警察的部分角色轉移到其他人員身上也許會有好處。

不過，社區有些居民對該計畫的批評反映出真實的情況。加州大學那項分析發現，居民希望該計畫在他們社區的實施程度**更高**，而非更少——更多的合作，更多的活動規劃。有些居民喜歡「社區安全合作夥伴計畫」勝過其他社工計畫；一位母親說她的孩子跟警察在一起時，她感到安全放心。另一些居民要求替高風險兒童提供更多的「社區安全合作夥伴計畫」活動。「他們是需要這些社區警察的人。」一個居民說。九年來，大多數居民——至少在接受民意調查的那兩個社區裡——希望這個計畫能夠持續下去。在「拉莫納花園公共住宅」，這個數字將近八成。

「社區安全合作夥伴計畫」也許最適合被視為一種過渡性做法，可以建立信賴，改變警察的行為，並且在犯罪率高的地區減少犯罪。不管負責公眾安全的機構如何演化，該計畫顯示出有意義、持續性的人際連結能夠改變人們：人際關係取代了恐懼和猜疑。在更大的意義上，該計畫證明了結構性改變對個體轉變所起的作用。藉由改變誘因、目標、規則以及他們的工作任務，「社區安全合作夥伴計畫」改變了警察的行為方式、感覺方式和上班的態度。「尼克爾森花園公共住宅」青少年輔導計畫的共同創辦人傑夫．喬伊斯說：「以前也許我把人看作是人，但現在我把人當作人來對待。」

萊斯最初的目標是讓警察培養出對社區的熟悉和理解。她希望隨著熟悉程度的提高，對彼此的恐懼和猜疑能夠轉變成尊重和合作。種子已經播下。她記得在二〇一一年時打開報紙讀到一則報導，說菲爾．汀爾里斯和另一位警察帶著瓦茨區的幾個孩子去學衝浪。汀爾里斯知道這些洛杉磯小孩從沒見過大海，於是他安排了一輛巴士，帶他們到海灘去。「我知道我看見了什麼，」萊斯說，「我看見了愛。」

至於傑夫．喬伊斯，他住在「尼克爾森花園公共住宅」西南方一棟有兩間公寓和一座游泳池的屋子裡。幾年前，「尼克爾森花園公共住宅」的一些居民聚在那裡參加慶祝美國國慶的烤肉活動。「哇，他想必是真的信任我。」一個青少年回憶說他當時這麼想。這些關係加深了。二〇二〇年春天，當新冠肺炎疫情意味著全國各地的畢業典禮都被取消，學生及其家人在喬伊斯家後院舉辦了一場保持社交距離的典禮。畢業生走上一個由社區足球隊學生搭建的木板講台。典禮中有眼淚、有致詞，還有坐在草地上的自豪家長。那時，那棟屋子的主要公寓已經空出來了，而「尼克爾森花園公共住宅」裡的一家人搬了進去，喬伊斯自己住在車庫上方的單身漢公寓裡。現在他們在週日晚上會共進晚餐，輪流做墨西哥餡餅或是奶醬義大利寬麵，共同創造出一種他們誰都沒有料到的新家庭。

Part

Three

使之持久

Chapter 7 為不完美的人類而設計

我認識克莉絲是在威斯康辛州東北部一間玩得很瘋的小型天主教中學，那裡的學生會把香菸夾在校內那尊真人大小的耶穌雕像的手指之間，在該去望彌撒的時候跑去對街的快餐店吃薯條。克莉絲是個聰穎機靈的高三生，笑聲低沉快活；我則是個天真的新生，老是穿著黑衣服走哥特風，但也在尋找朋友。克莉絲和她那一夥朋友不屬於校內社會階層的主流，而她酷酷地半瞇著眼睛，帶著理解旁觀青春期的戲劇性和荒謬。我遠遠地欣賞她，在她活動範圍的邊緣晃來晃去，每次她示意要我加入他們一起吃午餐，我都很開心。她很聰明，但一向和善，結合了嚴肅和帶著嘲諷的快活，這是中西部人特有的。當她笑起來，我就感到放鬆。每個人都有這種感覺。

中學畢業後，我們失去了聯絡。我去了東部，克莉絲留在中西部。為了支付明尼蘇達大學的學費，她在「戴頓百貨公司」兜售時尚珠寶。有一次，她和同事打賭輸了，不得不戴上所有金光閃閃的項鍊，在珠寶部門裡轉一圈，像個身材苗條、眼神銳利的T先生[32]。她嫁給了一個名叫亞當的高個子同學，融入了主流生活——成為律師，生了兩個女兒。她會去「基督教女青年會」跑步，煮燕麥片當早餐。當我在多年之後和她巧遇，她少了幾分叛逆，但和善如昔。她問起我的生活，並且在我述說時認真看著我。她也保留了對荒謬事物的偏好。當她和閨密去做指甲，她會選擇最俗麗閃亮的顏色，然後咧嘴而笑。

然後，二〇一〇年，在她三十五歲的時候，她因為腹痛而進了急診室。她很難描述那種疼痛，那不像她以前感受過的任何疼痛。醫生告訴她這是消化不良，讓她回家。可是那些症狀一再出現。她感到異常疲倦，而且便秘。她又回去求診，告訴醫生她感覺不對勁。醫生對她說：「**妳當然會感到疲倦，妳在養育小孩，妳的壓力很大。妳感到疲倦是應該的。**」

她感到沮喪，去看了其他醫生。他們說：「**妳是個要上班的母親，妳需要放鬆。多攝取纖維質。**」這些毛病出現的頻率升高。她貧血，總是感到疲倦。她會在和朋友一起喝咖啡時感到睏倦。別人對她說：「**多休息。試試安眠藥。**」一位醫生隨口提到了掃描檢查，但是又說這大概也查不出什麼。

到了二〇一二年，疲倦感令克莉絲招架不住，她連在街區內步行都走不動。她會在下午三點就打起瞌睡。她的膚色變得蒼白，進食時感到疼痛。亞當建議她去看她兒時的家庭醫生，他在距離四十分鐘車程的地方執業。那位醫生替她驗了血。她血液中的鐵質含量非常低，他認為她有內出血，於是安排了電腦斷層掃描和大腸鏡檢查。當他們發現了一個高爾夫球大小的腫瘤，在那一瞬間，克莉絲感覺鬆了一口氣。**她的確生病了。**她一直都這樣告訴他們。現在問題變得具體，可以設法解決。但是那份如釋重負的感覺很短暫。六天後進行的手術顯示出腫瘤已經擴散到她的下腹。才三十七歲，克莉絲就有了第四期大腸癌。

歷史上，關於健康差距（健康與疾病在不同社會群體之間的差異）之根源的研究，都在病人身上尋找答案：他們的行為、他們的社會地位、他們的生活環境。其想法是：也許有些病人根本就是拖了太久才去求治，或是沒有遵照醫生的指示。也許病人之所以比較少接受醫學干預是因為他們寧可這樣。事實上，一項研究發現：在三十年來致力於減少健康差距的研究中，百分之八十的努力都集中於改變病人本身或是他們的社區。就美國黑人來說，健康差距長期以來一直被視為源自病人的身體，這個觀念受到十九世紀醫學界種族主義的提倡。醫學期刊發表了無數篇文章，詳細述說他們杜撰出來的美國黑人的生理缺陷；統計數字指出黑人死亡率在十九世紀末提高，這沒有被視為黑人在社會與經濟上受到壓迫和排斥的證據，而被視為他們體質較差的證據。針對這種假設的體弱多病和美國主要係由奴隸勞動建設而成這件事實，當時的醫生要如何自圓其說？很簡單：是自由導致了疾病。內科醫生約翰·范·埃弗里（John Van Evrie）寫道：美國黑人的死亡風險「隨著加諸於他們身上的『公正自由』而增加或減

32 Mr. T是一位美國演員，喜歡佩戴搶眼的金色首飾，曾在八〇年代的熱門電視劇《天龍特攻隊》裡演出「怪頭」一角。

少，兩者完全成正比」。[33]

在本世紀，相關研究逐漸聚焦於影響健康的社會與環境因素，包括在取得保險和醫療上的差異也會改變健康情況。COVID-19對於非白人社區造成了差異極大的衝擊，就彰顯出這些因素：這種不成比例的負擔可以追溯到交織在一起的各種社會不平等，包括比較危險的工作條件，缺少取得必要資源的機會，以及由於持續遭受不平等、種族歧視、排斥和污染而產生的長期健康問題。對變性人來說，尤其是非白人的變性女子，疾病帶來的負擔極大。變性人由於被邊緣化而導致比例偏高的貧窮、職場歧視、失業、嚴重心理困擾，他們罹患慢性疾病的比例比順性別人口高很多，像是氣喘、慢性阻塞性肺病、憂鬱症和愛滋病。針對美國將近兩萬八千名變性人的問卷調查發現：有三分之一的人沒有尋求必要的醫療，因為他們負擔不起。相形之下，克莉絲身為白人、順性別女性和全職員工，在穿越醫療迷宮時擁有醫療保險和其他社會經濟上的優勢，包括在她的醫生被證明不夠好時有資源去尋求並獲得另一位醫生的治療。

最近，研究人員也開始檢視源自於醫療提供者本身的差異，亦即醫生和其他專業醫護人員在對待病人的方式上的差異。而一項又一項的研究顯示出，他們對待某些群體的方式不同於其他群體。

例如，在症狀相同的情況下，和白人病人相比，黑人病人得到止痛藥的可能性比較低，這種差別待遇的模式甚至在孩童身上也能看見。研究人員把此一發現歸因於錯誤的刻板印象，亦即黑人對疼痛的感受程度與白人不同——這種刻板印象可以追溯到奴隸制度時期，當時被用來合理化黑奴所受到的不人道待遇。醫學期刊上宣傳關於黑人和白人在生物學上的差異，這些虛假的說法構成了二十世紀不人道的「塔斯基吉梅毒實驗」（Tuskegee syphilis experiment）的基本假定，該實驗不讓黑人病人接受治療，實驗結束於一九七二年。二〇一六年的一項研究發現：在接受醫學訓練的白人中有半數都至少持有一種關於種族差異的錯誤觀念，例如認為黑人的皮膚比白人厚。

這個問題充斥於醫學教育中，把「種族」當成無數疾病的風險因素，而非將之視為與種族歧視有關的壓力源的累積。例如，來自加勒比海地區的黑人移民罹患高血壓和心血管疾病的比例低於在美國出生的黑人，可是幾十年後，他們的健康情況就下滑到出生於美國之黑人的健康水準，這個結果一般被歸因於他們在美國特別受到種族歧視。

黑人病人得到的治療程序也比較少，即使在研究中控制了保險、病情嚴重程度和醫院類型等因素。以心臟病發作而言，黑人比較不可能得到根據診療指示的照護；在治療心臟衰竭的加護病房，他們見到心臟專科醫生的可能性比較低，而這與存活率有關。這些偏見也影響了醫院裡醫護人員與病人之間互動的品質：許多研究都發現醫生對待黑人病人時使用較多的負面語言，也更常強勢主導討論。研究一再發現：即使把

33 十九世紀科學家以無窮的熱情試圖從相反的證據中得出他們想要的結論：黑人的低自殺率也被當成是心理軟弱的證據。

取得醫療的機會、醫院品質、疾病嚴重程度這些方面的差異考量進去，一個患有血管疾病的黑人比白人更可能會被截肢，而非接受能保住病人的腿的手術。

在差異化醫療的一個顯著例子中，在「美國退伍軍人事務部」系統中至少兩項針對病人的研究發現：比起白人病人，黑人病人比較沒機會接受更安全的微創手術。在急診部門，黑人病人更可能被視為會變得暴力，因此也更可能被束縛起來。研究人員甚至認為種族歧視的刻板印象是鴉片類藥物危機首先影響到白人的原因之一：醫生避免開立鴉片類藥物給黑人病人，因為他們對黑人的刻板印象是黑人有「覓藥行為」。

類似的例子還有很多。醫生在肥胖病人身上所花的時間比較少，也比較少和他們建立友好關係。變性人面對著公開的偏見和歧視。對將近三萬名變性人所作的問卷調查發現：在調查之前那一年內，有三分之一的受訪者曾經在和醫療服務提供者接觸時有過負面的經驗，包括被拒絕治療。將近四分之一的受訪者因為擔心受到不當對待而避免接受必要的醫療。因此，變性人可能面臨著一個危險的選擇：揭露他們的變性人身分，從而冒著被歧視的風險；或是隱瞞自己的變性人身分，從而冒著受到不適當之治療的風險。同時，由於性傾向通常並未被記錄在病歷裡，不同性傾向的人會面對多少偏見仍屬未知。

做為一個群體，女性得到的醫療介入措施比較少，也比較不及時，比較少得到疼痛治療，也比較不常被轉診給專科醫生。針對四百多家醫院將近八萬名病人所作的一項研究發現：心臟病發作的女性受到危險的治療延誤，一旦進了醫院，她們更常死亡。

在心臟病發作之後，女性被轉診去作心臟復健的可能性比較低，替她們開立適當藥物的可能性也比較低。比起同齡男性，五十歲以上的重病婦女比較不可能得到拯救生命的醫療介入措施；膝蓋疼痛的女性被轉診去作關節置換的可能性比男性低了二十二倍。加拿大一項針對將近五十萬名病人所作的研究顯示：在調整了疾病的嚴重程度之後，女性病人住在加護病房的時間比較短，接受維生醫療的可能性比較低；超過五十歲以後，她們在染患嚴重疾病之後死亡的可能性也明顯更高。

非白人女性受到欠佳治療的風險尤其高。近期針對她們分娩經驗的一項分析發現：她們經常遇到醫療提供者在溝通時態度傲慢、效果不彰，而且對她們不尊重；有些婦女覺得自己被脅迫進行剖腹生產。網球明星小威廉斯的分娩故事如今已是眾所周知：她有血栓病史，可是當她辨識出症狀，並且要求立刻作掃描檢測和治療，醫護人員都懷疑她的看法。小威廉斯最終得到了她所需要的治療，但忽視女性的症狀和痛苦導致黑人女性、阿拉斯加原住民和美國印第安婦女的孕產婦死亡率更高。事實上，單是美國的黑人女性在分娩時由於併發症而死亡的可能性就要比白人女性高上三、四倍。

而且這種健康上的負擔不能只歸因於社經優勢上的差異：黑人女性和白人女性的心臟病發率在教育水準最高的那一群當中差異最大。針對黑人婦女性欲的種族主義刻板印象長期以來在醫學界被宣傳，在歷史上也影響了診斷。二十世紀初期，一份醫學期刊提出了「非洲人天生就有性瘋狂的權利」。在二十世紀下半葉，一位黑人婦科醫生發現：在他患有子宮內膜異位症的黑人病人當中，有四成都被誤診為骨盆腔發炎。這是一種透過性行為傳染的疾病。

對所有的女性來說，受到較差醫療的一個原因在於她們對疼痛和痛苦的表達比較可能被視為反應過度而不值得信賴。長期以來對女性的刻板印象是她們過於情緒化、容易焦慮、反應過度，是「歇斯底里」的生物，她們的身體症狀乃是心理問題的表現。研究顯示：當成年人看著一個小孩表達出疼痛，如果這個孩子被描述為女孩，成年人會認為疼痛的程度比較不強烈。

女性受到較差醫療還有另一個結構性的因素：在歷史上，女性被排除於許多醫學研究之外。這有許多原因，從想要保護生育年齡的婦女避免使用可能不利於胎兒發育的藥物，到認為女性荷爾蒙可能會使研究變得複雜，再到一種隱而未言的判斷，認為男性的生命更值得拯救。關於老化和心臟疾病的許多重大研究從未包括女性；名為MRFIT的一項心血管疾病研究只針對男性，背後的心態是：養家活口的男性心臟病發作乃是國家的緊急情況，雖然心血管疾病也是女性死亡的主要原因。在一個格外令人震驚的例子裡，一九八〇年代一項檢視肥胖對乳癌和子宮癌之影響的研究**把女性排除在外**，因為男性荷爾蒙研究起來「更簡單」也「更便宜」。

這種慣常做法的基本假設是男性乃是預設的人類，女性則是一個子類，可以安全地被排除在研究之外。當然，這當中有個邏輯上的問題：這種說法是女性如此複雜又如此不同，乃至於她們不能被包括在研究中，但她們又是如此相似，乃至於任何研究發現都應該可以套用在她們身上。一九九〇年代，國會堅持由「國家衛生院」資助的醫學研究必須包括女性；在那之前，許多藥物研究也沒有包括女性，這種排除或許有助於解釋何以女性受到藥物不良副作用的可能性要高出百分之五十到百分之七十五。

值得注意的是，「男性」和「女性」這種性別分類的界線並不整齊，而是流動的。雙性人、變性人和非二元性別者的人數就證實了這一點，而且過度強調任何一種類別都有危險。如同社會學家史蒂芬·艾波斯坦（Steven Epstein）所指出，醫學常常從在社會上和政治上具有重要性的類別著手，可是這些類別不總是在醫學上具有重要性。政治上不具有重要性的類別可能具有醫學上的意義。（例如，帕金森氏症和紅髮有關。）仰賴種族等分類可能會抹除造成健康差距的社會原因，也可能會加重醫療實務中有害的錯誤觀念。例如，被歸類為黑人的病人被認為肺容量基準值較小，這可能會導致他們的肺部疾病沒被認出。然而，忽視像是性別這種差異也很冒險：由於女性被排除在外，女性的症狀在醫學上沒有被好好理解。例如，醫生被告知，女性會表現出心臟病發作時的「非典型症狀」。事實上，這些「非典型」症狀對女性來說乃是典型的。它們之所以是「非典型」，就只是因為沒有被研究過。

女性和男性容易罹患各種疾病的程度不同，發病過程和症狀不同，對藥物的反應也不同。舉個具體的例子：女性分泌的胃酸比較少，所以需要酸性環境的藥物可能效果較差。女性的腎臟過濾血液中廢物的速度比較慢，所以有些藥物需要更長的時間才能從體內清除。一種轟動一時的抗組織胺藥物名叫 Seldane，在被發現使女性格外容易發生致命的心律不整之後被下架，因為女性的「QT間隔」平均比男性要長，這係指心臟從收縮到完全放鬆所需要的時間。

造成這些現象的原因還不是很清楚。兩性身體的脂肪比例不同以及荷爾蒙不同，這造成了一些影響。但事實是：身體的每一個細胞，不管是否屬於生殖系統，都有一組XX或XY染色體，在某些情況下則是XXY、XXX或是XO（只有一條X染色體）。這影響了細胞的行為，但是研究通常將它們視為功能相等。關於這種區別在性器官之外意味著什麼，科學上的理解還在初期階段。例如，一項研究發現：培養出的「男性」和「女性」細胞對於壓力的反應不同，即使並未接觸到性激素。這種細胞上的差異可能造成容易罹患疾病的程度不同，例如女性更容易罹患多發性硬化症、狼瘡和風濕性關節炎。

對女性身體相關知識的缺乏導致了醫生在沒有差異之處看見差異，而在有差異之處沒有看見差異。如同記者瑪雅・杜森貝里（Maya Dusenbery）在她的著作《傷害正在發生》（*Doing Harm*）中所說，這份無知也與傳統的刻板印象起了惡性互動。當女性的症狀與教科書不符，醫生就替這些症狀貼上「醫學上無法解釋」的標籤，於是這些症狀就可能被歸因於心理因素而非身體因素。而有這麼多的女性症狀是「醫學上無法解釋」的，就更加強了那個刻板印象，亦即女性症狀乃是沒有醫學基礎的過度反應，從而使人對所有女性對自身經驗的陳述都感到懷疑。[34]一項研究發現，患有大腸激躁症的男性比較可能被安排作掃描檢查，女性得到的則往往是鎮靜劑和有關生活方式的建議。針對我朋友克莉絲的疼痛和疲倦，她得到的建議是她應該多睡一會兒。

最終替克莉絲安排了正確檢查的那位醫生告訴她，他在他的診所曾看見許多年輕女性的診斷被延誤，因為她們的症狀被歸因於壓力。事實上，研究顯示：世界各地的女性在許多疾病的正確診斷上都遭遇了延誤，包括克隆氏症、埃勒斯—當洛斯症候群、乳糜瀉和結核病。英國對一萬六千多名病人所作的一項研究也發現了多種癌症在診斷上的延誤——例如膀胱癌、胃癌、頭頸癌、肺癌和淋巴癌。女性也在結腸癌的診斷上遭到延誤。以克莉絲為例，她有症狀已經好幾年了。她甚至排出只有鉛筆粗細的糞便，這是有腫瘤阻塞了結腸的典型徵兆。沒有人問起這些症狀。

如同杜森貝里所說，由於醫生很少得到關於他們誤診的反饋意見。他們永遠都不知道自己在哪裡出了錯。

我問克莉絲的丈夫，她原先去求診的那幾個醫生是否得知了他們的錯誤。他說沒有，因為她再也沒有回去找過他們。在得到正確的診斷之後，她就只專注於她的康復。她動了手術，做了化療，在二〇一三年一月做掃描檢查時已無腫瘤。後來又有更多腫瘤出現。她接受了一種名叫 HIPEC（高溫腹腔化療灌洗術）的治療法，把腹部浸

34 如同杜森貝里所指出，卵巢癌在許多年裡都被視為「沉默殺手」——一種沒有已知症狀的疾病。事實上，女性多年來一直在報告症狀，但是都沒被理會。《美國醫學會雜誌》上的一篇文章引用病例研究來證明卵巢癌「無法早期發現」，其中包括一位「M 太太」的故事，說她完全「無症狀」，只在「過去一年裡有便秘和明顯腹脹」。便秘和腹脹現在被認定為卵巢癌的徵兆。

在加高溫度的化學藥物裡。六個月後，她康復了。她稱自己為勇士，給自己、女兒和丈夫買了「踢走癌症」的牛仔靴，並且開始替其他癌症患者提供免費的法律諮詢。二○一四年七月，克莉絲身穿一件小白點深藍洋裝站在一群擁護者前面，稱自己為癌症倖存者。

克莉絲的癌症在十二月時復發。她的病情愈來愈嚴重，身體愈來愈虛弱，疼痛變得無法控制。她開始計畫自己的喪禮。她說她希望大家穿黑色衣服來參加。她希望大家哭泣，唱〈聖母頌〉。「這不是在頌讚生命，」她說，「這是一場悲劇。」當安寧照護把一張有輪子的床推進她家，她說了個冷笑話：「現在我在生活起居室裡有了一張名副其實的死亡之床（I have a literal deathbed in my living room）。」克莉絲把一枚珍珠戒指送給她最好的朋友，並且說對方若是不戴上，克莉絲就會變成鬼來糾纏她。當她躺在床上，她們翻閱最近去美甲沙龍時拍的照片。克莉絲滿懷渴望地看著那些照片。「我想要亮片。」她說。

克莉絲於二○一五年六月三日去世，享年四十歲。她喪禮那天陽光燦爛，一片藍天，處處花開。喪禮上擺著克莉絲的裝框相片，有她小時候、她新婚時、身為律師和身為母親的照片。喪禮上有她想要的慟哭和歌唱，她妹妹捧著她的骨灰，而我在腦中仍然看見她十六歲的樣子，每一條路仍在她面前展開，未來仍是個美麗的未知。

據估計，診斷錯誤每年造成八萬人死亡。認知因素在大約七成五的案例中起了作用。以克莉絲的例子來說，原本可以做些什麼呢？當然，關鍵在於醫生要提高自覺，意識到他們可能會作出有偏見的決定，並且提高動機去克服這一點。由於偏見在大腦運作吃力時更可能出現，正念和情緒調節這種內在努力也會有幫助。而和其他社會群體進行有意義、合作式的接觸也會有幫助。一項研究發現：當男性急診室醫生和比較多的女性醫生一起工作，他們的女性心臟病人的存活率就更高。另一項研究發現：當不是黑人的住院醫生在擔任住院醫師期間和黑人有更多人際連結，幾年之後，他們表現出的種族偏見就比較少，不管是以隱性方式還是顯性方式來衡量。

但是還有另一種減少偏見的做法，能夠支持所有這些努力，提供另一層保護來對抗人際偏見的風險。

艾略特·豪特（Elliott Haut）是巴爾的摩市「約翰霍普金斯醫院」的創傷外科醫師。他平易近人，有一張娃娃臉，在談論安全問題時看起來最開心。他的辦公桌上散放著關於可預防之死亡的書籍，電腦上貼著一張紙條，上面寫著「**減少系統性錯誤**」。在國內其他地方，創傷科可能會看見農場意外事故或是摩托車車禍。在「約翰霍普金斯醫院」，許多創傷病人是槍擊或戳刺的受害者。一名病人抵達醫院時，脖子上還插著一個啤酒瓶的碎片，啤酒商標的「百威」字樣在鋸齒狀的玻璃碎片上清晰可見。

大約十五年前，豪特接下監督改善「約翰霍普金斯醫院」創傷科的工作。目標是藉由改善醫師的工作表現來替病人創造出更好的治療結果。當豪特埋首鑽研醫院的數據資料，他發現病人出現血栓的比例高得驚人。

血栓——在小威廉斯住院分娩時對她造成生命威脅的健康問題——是黏在一起的血液細胞，成凝膠狀團塊，能在血管中移動，並且阻擋血液流向肺部。每年大約有十萬人死於血栓，比死於乳癌、愛滋病和車禍的人數加起來還多。[35]這些血栓有許多是可以避免的，如果醫師指示了正確的預防血栓措施。在有些情況下，這意味著開立抗凝血藥物；在另一些情況下，機械性「擠壓靴」能夠包覆腿部，藉由充氣和放氣來使血液流動。可是豪特發現在「約翰霍普金斯醫院」只有三分之一的高風險病人獲得正確的血栓預防措施。當我們坐在他位於東巴爾的摩的辦公室裡，靠近一疊木塊拼圖，他告訴我：「我們把病人送進手術室，動一個例行性手術，而他們會在一星期後死於肺栓塞。」而且這不是「約翰霍普金斯醫院」特有的問題：在美國各地的醫院，病人只在大約四成的時間裡獲得適當的血栓預防措施——「美國公共衛生協會」把這個問題稱為一種危機。

豪特不確定醫師為何沒有開立正確的預防措施。他想，也許是他們高估了預防凝血措施的風險，因為比起治療成功的病人，那些由於抗凝血劑而出現併發症的病人更容易在記憶中浮現。豪特當時並沒有想到醫療差距的問題，他的目標是替每個病人改善對血栓的預防。

為此，豪特及其團隊找到了由「約翰霍普金斯醫院」另一位醫師彼得・普羅諾沃斯特（Peter Pronovost）所研發出的一種做法，這位醫生自己的父親由於罹患癌症遭到誤診而去世。普羅諾沃斯特制訂了一種改善醫療的技術，採用航空界所使用的一種做法：樸實的核對清單。一張核對清單就跟聽起來一樣，是用來提醒臨床醫生確認所有按規定必須執行的步驟。它填補了記憶的漏洞，並且在人為錯誤底下張開了一張安全網，使得錯誤不會累積。例如，正確的加護病房護理每天需要將近兩百項個別的行動，即使只漏掉了一、兩項，也可能會導致併發症的產生。

普羅諾沃斯特指出：在加護病房使用核對清單，單是藉由確保醫師每一次都遵守一組預先確定的任務，就減少了感染。在一項試驗中，一份有五個步驟的核對清單提醒一百多間加護病房的工作人員記得洗手，並且用消毒劑清潔病人的皮膚，就使得導管相關的血液感染減少了百分之六十六。在進行這項研究的十八個月裡，這個減少的比例維持穩定。針對八所醫院的病人所作的一項研究顯示：在採用了核對清單之後，手術引起的併發症減少了百分之三十六，死亡率下降了百分之四十七。

豪特及其團隊決定嘗試研發出一份用來預防血栓的核對清單。在他們的版本中，每當醫療提供者在醫院收治一名病人，螢幕上就會跳出一份電腦化的核對清單。這份清單會引導醫師一步一步地了解血栓以及抗凝血藥物造成出血的風險因素。等到核對清單勾選完成，系統就會推薦一種治療方法——例如使用抗凝血劑，或是使用機械性

35 躺在病床上不動會增加血栓的風險，因為不動的血液更可能凝結。外傷也會增加風險，因為外傷改變了血液的化學組成，使得血液更容易凝結。

的擠壓靴來使血液流動。如果醫生沒有選擇系統所建議的治療方法，他們就必須記錄理由。

這個做法奏效了。採用了這份核對清單之後，病人獲得正確預防血栓之治療的比例大幅上升，創傷科和內科可預防的血栓幾乎完全消除。針對一個月內入院病人所作的研究發現，內科病人在出院後九十天內由於血栓而再度入院的人數從二十人下降到兩人。而在採用了核對清單之後，致命的肺栓塞的發病率減少了一半。

故事本來可能就這樣結束了。但是豪特當時的辦公室距離阿迪爾．海德爾（Adil Haider）醫生只隔兩扇門，海德爾研究的是醫療照護中的性別差距和種族差距。他們的交談促使豪特去思索在預防血栓上是否也有差距。他的團隊之前並沒有朝這個方向來分析數據，可是當他們回過頭來檢視這些數字，一種令人擔憂的模式出現了：男性外傷病人沒有得到預防血栓治療的比例是百分之三十一，女性則是百分之四十五。換言之，女性沒能得到血栓預防治療的可能性比男性高出將近五成，而且死於此一原因的危險更大。

性別之外的因素有可能也起了作用。例如，因槍傷而入院的病人大多是男性；也許醫生替比較嚴重的傷勢施以更多預防性治療。但是如同分析這項數據的研究人員所說，醫療上的這種差距與女性受到次等醫療的大型既定模式相符。

豪特及其團隊檢視了在採用核對清單之後的數字，發現此舉消除了性別差距。女性和男性得到正確預防血栓治療的比例完全相同。兩者之間的落差消失了。

二〇〇八年，芝加哥大學經濟學家理查・塞勒（Richard Thaler）和法律學家凱斯・桑思坦（Cass Sunstein）創造出「選擇架構」（choice architecture）這個術語來描述一個強大的現象：我們作出選擇的情境對於我們的選擇方式具有深刻的影響。一如實體環境的設計能夠影響我們的行為（好比咖啡館吝於提供電源插座，以阻止顧客攜帶筆電久坐），對一個流程的設計也會塑造我們的行為。這也可以被視為一種架構。

例如，明尼蘇達大學的研究人員發現：他們可以單純藉由重新設計午餐流程來勸誘學生吃下更多蔬菜。在典型領取午餐的動線中，學生看到胡蘿蔔擺在諸如炸薯條或披薩這類更誘人的選項旁邊。研究人員改變了這一點，讓孩童在抵達學生餐廳的那一刻就給他們一杯胡蘿蔔，在他們最餓的時候。這個方法奏效了：孩童食用了更多的胡蘿蔔。關鍵在於把胡蘿蔔放在「讓它們真正能夠勝出的比賽中」——不是和炸薯條競爭，而是和飢腸轆轆競爭。要改變學生的進食習慣，無須向他們推銷維生素 A 的好處。改變了的是選擇架構。

「約翰霍普金斯醫院」採用的核對清單也是一種選擇架構——不藉由勸說而藉由設計來塑造醫生的行為。它並沒有要求醫生更謹慎地去思考自己懷有的偏見，只是單純打斷了他們作決定的過程。該醫院使用的核對清單迫使醫生把作醫療決定時的思考分解開來。在某種程度上，它就像一面稜鏡，把一個綜合判斷逆向分解為其組成部分，就像稜鏡把白光分離成彩虹色。

核對清單也有助於人類作出判斷。其目的是提醒醫生他們可能會忘記的步驟，可是偏見並不真的和遺忘有關。偏見涉及使用假定來作出判斷和評估，而未必意識到這些假定的存在。有些醫生抗拒這種干預，指出醫院規定採用的這些核對清單並不完美。一位住院醫師告訴我，這些清單可能沒有考慮到一位醫生可能會考慮的所有因素。一份預防血栓的核對清單雖然提出了問題來評估某一個時刻的風險，但是一位有經驗的醫生卻可能注意到一名有疼痛情況的病人明天可能會接受某種治療，從而可能改變長時間的風險情況。核對清單沒有能力把這種細微差別納入考量。隨著醫療情境變得益發複雜，核對清單也許最好被視為作決定時的一種安全防護裝置，而非替代品。[36]

不過，核對清單已經被證明能夠在其他地方減少偏見。在伊利諾州採用了一項結構化決策工具之後，和白人病人相比，低風險的年輕拉美裔與黑人病人住進精神病院治療的差距縮小了。當「梅奥醫院」（Mayo Clinic）設立了一套系統，讓病人在心臟病發之後自動轉診去作心臟復健，男性和女性在轉診率上的性別差距消失了。其影響超出了健康領域：當心理學家珍妮佛·艾柏哈特和奧克蘭市警局合作打造了一個只問一個問題的核對清單——「是否有情報將此人與一樁特定犯罪相連？」——非裔美國人在行車中被警方攔截的次數減少了百分之四十三。她的核對清單做法也大幅減少了一個社群媒體平台上的種族形象定性。

使用行為設計的原則來減少偏見可以追溯到一九五二年，當「波士頓交響樂團」開始改變讓樂師試奏的方式。不再讓樂師當著評審團的面演奏，而是用一面屏幕把他們隔開。女性樂師被要求脫掉鞋子，讓高跟鞋踩在地上的聲音不會洩漏出她的性別，而讓一個站在舞台上的男性用他的鞋子製造出假的腳步聲。

在之後那幾十年裡，簾幕後的試奏漸漸被美國各地的樂團採用——一塊厚厚的布從天花板上垂下來，或是一面屏風像手風琴一樣在整個舞台上被拉開。到了一九九〇年代，大多數的樂團都採用了這種做法。當經濟學家克勞蒂亞・戈爾丁（Claudia Goldin）和塞西莉亞・勞斯（Cecilia Rouse）研究使用或沒使用這種做法的樂團之間的差異，她們發現了明顯的證據，證明掩蓋性別改變了評審對女性演奏能力的評估。她們分析了幾千份樂團紀錄，發現隱藏樂師的身分使女性進入下一輪試奏的機率增加了百分之五十。她們得出結論：單是這項做法就是女性在樂團所佔比例增加的主要原因。如今，女性在樂團裡佔了將近四成。

當然，這種掩蓋身分的做法在醫學上是行不通的，醫學通常依賴醫生和病人之間面對面的互動。像核對清單這種結構化的決策過程是近似的做法。可是在並不需要面對面接觸的情境中，模糊一個人的社會身分可以使這個人受到的評估免於受到有害之刻板印象的影響。被阻止去使用假定和先入為主的觀念，那些擁有權力的人就被迫只

36 值得注意的是，任何系統都可能含有偏見，包括此處所使用的演算法。例如，人工智慧中演算法的優劣取決於用來訓練它們的數據，比如說，數據可能在一種人口中過度取樣，而在另一種人口中取樣不足。研究人員在臉部辨識軟體中發現了偏見，像是黑人女性要比其他族群更容易被錯誤分類。

能仰賴法定標準。要減少偏見，這的確是一件不算鋒利的工具。但是它也能引發強大的改變。

辛西雅．帕克（Cynthia Park）一看到那些數字就知道有件事不對勁。那是二〇〇一年，帕克是個和藹可親的德州人，帶有淡淡的口音，當時她是統計學家，替佛羅里達州布洛瓦郡（Broward County）的學校工作。她的團隊負責分析像是學生出席率和教師評鑑之類的數據。不過，在得到這份數據專家的工作之前，帕克曾在她家鄉德州擔任教師，教導一群她稱之為「嚴重具有天賦」的學生。帕克愛上了這些學生，愛上他們的古靈精怪和瘋狂的提問。因此，她對於佛羅里達州那些學業上有不尋常表現的學生感到好奇，她想知道他們是誰，表現如何。在她的統計團隊裡沒有人檢視這些資料，於是帕克決定自己來進行查詢。而她有了驚人的發現。

布洛瓦郡的學區有二十五萬名學生，是全美第六大學區，該學區參加資優課程的孩童看起來和一般人口完全不同。白人兒童在學生人數中佔少數，但是他們在被認定為資優的學生中佔了將近六成。非白人學生在布洛瓦郡內學校的學生裡佔大多數，但是在參加資優課程的學生裡只佔百分之二十八。在十幾所主要由非白人學生就讀的小學裡，沒有一個學生被認定為資優。

帕克在古怪的家人之中長大（她父親是個拙於社交的火箭科學家），她了解資賦優異的孩子也面臨著挑戰。她在德州的學生能夠針對時間旅行提出條理分明的論點，但走路時卻經常會撞到學校外面的繩球柱。一個深具藝術天賦的學生說他每次坐下來寫作就覺得好像有一塊磚頭壓在他頭上，於是帕克讓他口述他的作文。另一個學生在社交技巧上有困難，來學校時一頭糾結的亂髮。帕克帶來一根直尺，教導這個女孩究竟該站在離別人多遠的地方，才能避免讓別人感到不自在。在下課時間，她替這個女孩梳頭髮。帕克替那些容易分心的學生縫製了天鵝絨小枕頭，讓他們手上有東西可以擺弄，幫助他們專心。有一個孩子偏好砂紙勝過天鵝絨，非常努力地專心，把手指都磨出血來了。

帕克明白這些孩子就跟傳統上有學習障礙的孩子一樣需要特別的關注和資源。他們也一樣有著障礙：如此與眾不同可能會孤立他們，甚至使他們感到痛苦。這些學生不適合學校的主流文化，經常受到無情的嘲弄。他們需要一位了解他們的老師，能接受他們並且幫助他們。在布洛瓦郡，「資優」的標籤將確保他們在許多年裡得到額外的關注。

這使得布洛瓦郡的統計數字格外令人擔憂。如果這些數字是如此偏頗——而這在統計學上是無法想像的，就表示郡內有許多需要資源和關注的學生沒有得到資源和關注。

兩年後，帕克被派去負責資優課程。她決定她需要讓她所擔憂的事顯而易見而且不容否認。因為學校董事會的成員並不精通統計學，她需要讓她的數據來說話。

帕克決定把這些數字形象化。首先，她印出了一張該郡的大地圖。接著，她在每個被認定為資優生的學童的家庭住址上貼上一個紅點。布洛瓦郡是個橫的長方形，靠近佛羅里達州南端，大西洋沿岸有羅德岱堡和好萊塢市，比較內陸的地方則有珊瑚泉和韋斯頓等郊區社區。沿海地區的富裕家庭傾向於把孩子送進私立學校，內陸地區的家庭則傾向於讓孩子就讀公立學校。當帕克完成她的地圖，看起來就像是潮水把紅點從海岸捲來，讓它們沉澱在內陸那些漂亮整潔的地區，那是富裕的白人家庭所住的地方。資優的標籤明顯集中在白人最多的社區。

當時，在布洛瓦郡鑑別資優生的程序在一、二年級時展開。如果老師判斷一個孩童可能有資格參加資優課程，就會轉介孩子去學校心理師那裡作一個測驗。家長也可以聘請私人心理師來進行測驗。凡是被測出智商在一百三十以上的孩童就會被評估納入資優課程。由於幼年貧困和英語能力有限已經被證明會影響標準化測驗的成績，低收入戶學生以及英語非母語的學生被判定為資優生的門檻比較低，是一百一十五。

可是該郡學生的智商分數看起來很怪。分數並非正常分布，而是在一百二十九分時人數歸零，然後在一百三十分時（亦即被認定為資優的最低門檻）人數驟然升高。而且沒有一個孩子拿到不達門檻的一百二十九分。

後來分析這些數據的經濟學家蘿拉．朱里安諾（Laura Giuliano）帶著冷冷的幽默感告訴我：「高智商分數似乎是有市場的。」私人心理師表面上是被聘請來評估孩子，可是以每次幾百美元的價格，他們實際上是被雇來確保孩子被認定為資優。朱里安諾告訴我，當她自己的孩子接近入學年齡，其他的家長低聲告訴她哪些心理師是「好的」。「好」似乎意味著掌握了「發現」智商一三〇的技巧。

這種買來的智商是理解這種差距的一條線索：大多是白人的富有家長基本上是替子女買到資優生的名額。但是這仍舊無法解釋黑人孩童和拉美裔孩童、英語非母語的孩童、低收入戶孩童被鑑別為資優的人數何以如此之少。就算富有的白人小孩被鑑別為資優的人數超出正常比例，這也不該壓低其他孩童被鑑別為資優的人數。

帕克懷疑篩選過程的第一步可能有問題，亦即當老師和家長推薦學生去作測驗。於是在二〇〇三年十一月，她把那張地圖展示給學校董事會看，並且提出了一種鑑別資優生的新做法。帕克說，關於誰該接受測驗，布洛瓦郡不該仰賴任何人的個別判斷。該郡應該對每一個孩子進行篩選。面對那張凸顯出不平等的閃亮紅色地圖，學校董事會一致投票贊成。

二〇〇五年，布洛瓦郡展開了全面篩選。員工得到加班費，加班對該郡兩萬名二年級學生進行測驗。由於眾所周知智商測驗和其他標準化測驗都含有偏見，所選用的測驗是一種非語言的認知測驗，把這種風險降到最低。[37] 該測驗不依靠與任何特定文化有關的文字或圖像，而是測量解決問題的綜合能力。

在學生作過測驗之後，帕克的團隊就親手把用葡萄牙文、西班牙文和海地克里奧

37 有證據顯示，當時所採用的「納格利里非語言能力測驗」（Naglieri Nonverbal Ability Test）能避免產生帶有偏見的結果，白人、黑人和拉美裔孩童在第九十五百分位數的表現大致相同。

爾語寫成的家長同意書送到每個學校，讓家長能夠同意接下來的步驟。他們有技巧地回答家長的來電，那些家長擔心這張有關「特殊學生」的書面通知乃是表示孩子有行為問題。團隊成員要他們放心，說事情正好相反，說這是個好消息。

等到篩選程序完成，結果很驚人。在全面進行篩選之後，黑人孩童和拉美裔孩童被認定為資優的人數增加為三倍。在接下來那一年裡，有資格參加資優課程的另外數百名孩童中，有八成來自低收入戶或是英語非母語的學生。這些學生當中有許多人的分數明顯高出門檻，這表示即使是資賦特別優異的孩子從前也被排除在資優課程之外。問題不在於這些孩子的資賦不優異，而在於沒有人費心去把他們找出來。

改變不僅止於此。布洛瓦郡規定：只要學校裡有資優兒童，哪怕只有一個，該校就必須替這名學生設立一間特殊的「高成就學生教室」，配備有受過特殊訓練的教師和更進階的課程。然後這間教室就會把分數接近門檻的那些學生也收進去——例如，某個年級有四名資優生，而一間「高成就學生教室」可以容納二十四名學生，就表示分數緊跟在後的二十名學生也可以在這間教室學習。於是這些學生就也能從更快的步調、更豐富的課外活動、更高的教師期望和同儕支持中獲益。朱里安諾及其同事大衛．卡爾德（David Card）發現：在這種特殊教室學習的黑人和拉美裔「高成就學生」在數學和閱讀的成績大幅提升。在被安排進入這些教室之前，這些學生的數學和閱讀成績比不上智商相同的白人學生。在那之後，這個差距消失了。這些學生當中有更多人變得有資格繼續參加步調加速的課程，使他們走上新的學習道路。

事實上，黑人和拉美裔學生的整體數據情況都有了改變。事實證明，在進行普遍篩選之前，這些學生不僅比較不可能被篩選為資優，而且**更可能**被篩選出有學習障礙。而這種加強篩選反映在智商分數的整體分布上。在進行普遍篩選之後，黑人和拉美裔學生的分數分布圖和白人學生的分數分布圖變得一致。

另一個群體也從中獲益：女孩。帕克並沒有注意到女孩受到系統性的忽視，但即使是家長也免不了會受到性別偏見的影響。（家長在谷歌搜尋「我兒子是否資優？」的比例是搜尋「我女兒是否資優？」的兩倍半。）[38]在進行普遍篩選之後，資優課程中的女生人數從低於正常比例變成高出正常比例。

布洛瓦郡採用的制度重新規劃了作決策的路線，不依賴成年人對孩童的評估，完全繞過了判斷。帕克並沒有要求老師和家長正視他們的偏見，甚至沒有要他們去相信自己有偏見，而是找出了人為判斷可能會導致錯誤的那個時刻，然後設計出變通之道。

這種消除偏見的做法——改變程序，而不仰賴改變眾人——漸漸變得普及。學術期刊在審稿時移除了姓名。「哈伯太空望遠鏡」的管理委員會負責挑選哪些天文學家可以接觸其奧秘，最近開始隱去申請者的身分。針對十六年間一萬五千多名申請者所作的一項分析發現：在隱去申請者身分之前，男性的提案被接受的比例高於女性。在

38 另外，家長搜尋「我女兒是否超重？」的比例是搜尋「我兒子是否超重？」的兩倍。事實上，男孩超重的比例更高。

申請書上的姓名被抹去之後，這個差距實際上發生了逆轉。

職場也使用行為設計來減少偏見，這也屬於減少偏見的結構性措施。徵才過程容易受到偏見影響是因為人類直覺地使用「文化契合」（culture fit）來作出聘雇的決定；這表示面試者經常本能地偏好與他們自己相似的人選。「同質偏好」（homophily，字面上的意思是對同類的喜好）的現象意味著我們往往偏向和我們一樣的人。社會學家勞倫．里維拉（Lauren Rivera）的研究在一個細微的層面上顯示出「同質偏好」如何影響聘雇的決定。她對投資銀行、律師事務所和顧問公司所作的研究顯示：作出聘雇決定的人如果自己在大學時曾是運動員，就更可能選擇某個在大學時期從事運動的人，而且不僅如此，他們還更可能選擇某個和他們從事**同一種**運動的人。「同質偏好」是偏見造成雙重打擊的一個例子：偏見不僅對那些屬於被污名化群體的人不利，也有利於那些和作決定者最為相似的人。

研究還顯示出：在缺少統一的標準來挑選候選人時，人們往往會重新定義這些標準，以符合他們所偏好之人選所具有的特質。例如，在一項研究中，受試者看到男性和女性警察局長候選人的履歷，名字是麥可或蜜雪兒。這兩名警察局長候選人也被賦予兩組資歷中的一組，其中一組是具有豐富的「街頭」經驗，另一組則是受過正規教育但是經驗不足。有街頭經驗的候選人很強悍，在環境惡劣的街區值勤，而且和同事相處愉快。受過正規教育的候選人具有行政經驗，有政治頭腦，並且善於和媒體打交道。

在實驗中，研究者操縱了這兩份人選簡介，讓那個受過正規教育的候選人有時候是麥可，有時候是蜜雪兒。然後他們詢問受試者，哪些條件對於警察局長這個職位比較重要，還有誰應該被聘用。有趣的是：受試者認為受過正規教育的蜜雪兒和受過正規教育的麥可一樣聰明、具有溝通能力，而且有政治頭腦。可是當蜜雪兒具備這些資歷時，受試者決定這些是比較不重要的聘雇條件。當麥可具備這些資歷，這些資歷就被視為對這個職位至關重要。就連刻板印象中的女性特質，像是重視家庭，如果是被用來形容麥可，就也會被視為更加重要。最後，受試者選擇受過正規教育的麥可來擔任警察局長：他們調整了自己的要求來偏好他。描述這種情況的術語是「重新定義優點」（redefining merit）——在腦中重新調整標準，以符合已經受到偏好的人選。研究人員得出結論：要減少歧視，機構組織需要「在評估候選人之前就先設定檢視優點的標準」。

為了消除「同質偏好」、「重新定義優點」和其他形式的偏見，有些公司開始重新設計他們的面試流程。在科技公司，「白板面試」是招募過程中的一個典型步驟。應徵者被要求在評審面前即時解決一個編碼問題——用一名工程師的話來說，這些評審通常是「三個宅男在一個房間裡用腳拍打地板，一邊看手機」。這種做法有一些負面的後果。偏見很容易偷偷溜進評估裡。在抱持懷疑態度的現場觀眾面前用白板筆勾勒出自己的思考過程，這也可能給應徵者製造出額外的壓力。像「刻板印象威脅」——來自被污名化群體的人因為擔心自己可能會被視為證實了負面的刻板印象而耗費心神——這樣的人際關係現象可能會導致女性和來自代表性不足之群體的其他人儘管擁有相同的技能卻表現得比較差。近期一項研究發現，這種解碼面試和隨之而來的焦慮可能會降低一半的表現。

一家科技公司使用了一種模仿樂團隔著簾幕試奏的做法：應徵者拿到一個問題，讓他們在家裡或是在公司辦公室一個隱蔽的地方解答。所有的個人身分識別資料都從每個應徵者的解答中抹去，然後根據既定的標準來加以評估。該公司也事先統一了面試問題，旨在發掘該職位所需要的特定特徵，讓每個應徵者都能面對公平、平等的問題。此外，該公司也更改了在職位說明中所用的措辭，以確保它們能吸引廣大的觀眾，使用像是「深切關心」和「持久的關係」這類詞彙，來取代「狡黠」和「狂熱」。這些改變使得女性和所屬群體所佔名額不足的員工擔任技術職和管理職的人數大幅增加。改變「選擇架構」減少了帶有偏見的選擇。

結構化的決策過程能夠幫得了我的朋友克莉絲嗎？我們可以希望：如果醫生意識到自己可能具有偏見，動用內心資源來對抗偏見，並且使用支持性的診斷核對清單，就不會說她只需要放鬆；但我們永遠無法確定。歸根結柢，決定權還是在醫生手中。而真相是：缺少醫學知識再加上刻板印象並無法完全解釋女性所受到的次等醫療。如同「梅奧醫院」心臟科醫師雪倫·海斯（Sharonne Hayes）的說明，即使診斷毫無疑問（例如心臟病發作），而且醫療準則明確（例如事後要給病人服用哪些藥物），女性得到的醫療照護**仍然**比較差。這指出了一種更為根本的令人不安的現實。

一項不尋常的研究檢視了加拿大一千名由於心臟問題而住院的病人。研究者檢視了病人接受影像檢測、藥物治療和血管成形術的速度。但他們同時也請病人填寫詳細的個人問卷，關於他們的職業、生活方式和性格。雖然女性一般而言在接受檢測和治療上都經歷了較長的延誤，這種延誤在具有被刻板印象歸類為女性化人格特質（正在養育子女或是個性溫柔，或是承擔了更多家務）的病人身上尤其明顯，不管病人是男是女。換句話說，病人愈是符合傳統的女性形象，他們受到的醫療待遇就愈差。[39]

這表示就算臨床醫師用心良好，他們也許就只是貶低了與女性有關的特質。如同海斯所說，除非我們開始看重女性的生命，這種差別待遇就不會消失。幾年前我寫過一篇文章談醫學中的性別偏見，文章結尾是一個數字：生命原本可以被拯救的女性人數。一個編輯補充了一句，說這意味著拯救了許多母親、女兒和祖母，彷彿她們的生命價值不是固有的，而是需要被賦予。

因此，這指出了以「選擇架構」作為克服偏見的手段有其固有的弱點。這些做法有多可靠，取決於更大的價值體系有多堅實。布洛瓦郡的學校取得了成功，可是後來，當預算削減縮限了資優課程，甚至一度暫停了該課程，黑人、拉美裔、低收入戶、英語非母語學生被鑑別為資優生的比例就又漸漸回到從前的水準。一家知名的歐洲媒體

39 在「女性氣質量表」上的得分每增加一分，病人及時受到治療的機會就減少了百分之三十一。相比之下，在「男性氣質量表」上的得分每增加一分，病人及時受到治療的機會就增加百分之六十二。

公司測試了一個先導計畫，採用隱去應徵者身分的方式來招募新人，以使新進員工更為多元化，雖然這使得少數族裔進入聘雇決選名單的比例幾乎增加為三倍，這項先導計畫卻因為沒能得到管理階層的支持而終止。採用結構性改變的那家科技公司也增加了員工的多樣性，但是在某些情況下沒有能夠留住他們並且提拔他們，尤其是非白人女性。「選擇架構」的確有幫助，但是像這樣的結構性調整無法擊敗傾向於維持現狀的更為根本的力量。問題是：什麼才能呢？

Chapter 8 去除同質性

卡洛琳・克里亞朵—佩雷茲（Caroline Criado-Perez）是一位生於巴西、長住英國的記者，二〇一三年春天，當時二十八歲的她發起了一場她以為會安靜進行的活動，倡議把女性留在英國紙鈔上。監獄改革者伊麗莎白・弗萊（Elizabeth Fry）原本在五英鎊紙鈔上的頭像將被邱吉爾取代，於是克里亞朵—佩雷茲在網路上發起請願來翻轉這個決定，也翻轉「沒有一個女性作過什麼重要到足以讓她出現在紙鈔上」的訊息。沒多久，婦女就在「英格蘭銀行」外面抗議，她們打扮成歷史人物，像是領軍反抗羅馬帝國統治的凱爾特女王布狄卡（Boudicca）。

當「英格蘭銀行」宣布將把作家珍・奧斯汀的頭像印在十英鎊紙鈔上，克里亞朵—佩雷茲開始在推特上收到源源不絕的威脅。有一度，她幾乎每分鐘都會收到一則要強暴她或殺死她的威脅。當她向推特抗議，該公司建議她舉報這些推文。這需要針對每一則威脅完成一份有九個部分的問卷。警方最後出面干預，最終有兩個人被逮捕入獄。在輿論的壓力下，推特推出了一個「檢舉謾罵」的按鈕。這只是提供了一條不同的路徑通往那同樣繁複的九個部分問卷。

可是謾罵和騷擾並未停止，不僅對克里亞朵—佩雷茲而言是如此，對網路上成千上萬的人來說也一樣。二〇二〇年的一項分析發現：在美國國會女性候選人收到的推特訊息當中，百分之十五到三十九是謾罵，男性候選人收到的謾罵訊息則平均只佔百分之五到百分之十。受到謾罵的情形在非白人女性身上最為嚴重：「國際特赦組織」檢視美國與英國女性記者和議員所收到的推特訊息，發現做為一個群體，黑人、亞裔、拉美裔和混血女性收到謾罵訊息的可能性要比白人女性高出百分之三十四。單是黑人女性在推特上被騷擾的可能性就比白人女性高出百分之八十四。在半年內傳送給英國女性國會議員的兩萬六千則謾罵推文中，有半數是針對單單一位黑人女議員。在美國，在推特上受到謾罵比例最高（佔所有推文的百分之三十九）的候選人是伊爾汗・奧馬爾（Ilhan Omar），一位索馬利亞裔的美國女性眾議員。

這個問題從推特在二〇〇六年創立之來就普遍存在。二〇一八年，推特執行長傑克・多西（Jack Dorsey）終於承認該公司未能預見它可能成為謾罵的溫床。但是根據該公司的前員工所說，幾位創始人也在無意中把謾罵的機制建入了產品結構。任何人都能向任何人發送推文；按讚、轉發以及推文回覆的排序全都使推特適合被用來騷擾別人。

「推特擅長兩件事：即時資訊和謾罵。」曾在推特擔任工程師經理的萊斯利・麥里（Leslie Miley）告訴我。「兩者都以完全相同的方式散播。讓新聞內容得以瘋傳的載體也讓網路酸民和謾罵得以瘋傳。」推特的「演算法時間軸」根據它認為最吸引人和最相關的來排定它所顯示之內容的優先順序。對於引發焦慮和憤怒的負面內容，人們的參與度很高，不管他們是在閱讀新聞還是有害的評論。當新聞能被讀者放大並且傳播給廣大的讀者群，謾罵也能透過網軍被放大，並且針對非常小的讀者群——一個單一讀者。

麥里說：「該平台的建構方式使得把訊息當成武器來使用變得很容易，而且很難阻止。」

可是為什麼推特沒有能夠預見這個重大問題？

從電腦科學家馬爾文・康威（Melvin Conway）在電腦發展的早期所作的觀察中可以找到一個答案。康威注意到：一個軟體的結構總是反映出創造此一軟體的組織結構。如果一件產品係由四組不同的團隊研發出來，最終的版本就會有四個不同的部分。康威寫道：「組織一個設計團隊，這個行動本身就意味著關於設計的某些決定已經作出，不管是否明確表現出來……沒有一個設計團隊是既有組織而又不懷偏見的。」康威的洞見反映出一個更大的真相：軟體總是表現出打造它的那群人的基本特徵。

推特創始團隊的一個特徵是同質性：四個共同創始人都是年輕的白人男性。該公司有許多前資深員工表示：這種同質性製造出一個重大的盲點。推特的創建者沒有預見謾罵，因為網路騷擾——針對克里亞朵—佩雷茲的那種威脅到身體、嚇人的報復性謾罵——從來不在他們的上網經驗中。

當推特的共同創始人伊凡．威廉斯（Evan Williams）在一次訪問中描述他初次進入網路連結世界的經驗，他回憶起九〇年代初期身為內布拉斯加州的一個小孩使用網路電子布告欄時的激動心情。他撥號接通了網路，忽然就跟世界各地的人聯繫上了。他說，這讓他看出世上充滿了有才智的人，而且這些人充滿了想法，而「網際網路是個巨大的機器，從這些人的心智中取出某些位元，再放進另一些心智裡」。把所有這些心智連結在一起將成為他職業生涯的重點。他夢想著把思想從一個大腦無縫傳輸到另一個大腦，這個夢想在推特上得到了最純粹的表達。

可是對於任何一個來自邊緣化群體的人來說，連結所有這些心智所帶來的內在威脅從一開始就很明顯。即時的思想傳播也許是可以接受的，如果這些想法是善意的；如果這些思想充滿了仇恨和暴力，前景就成了惡夢。萊斯利．麥里在社群媒體尚未出現之前的早期網際網路中有過和威廉斯截然不同的經驗。由於他的前名，別人經常以為麥里是個女生（譯按：Leslie 是個中性名字，男女均可用）。其結果令人擔憂。麥里告訴我：「我經常被要求進入私人聊天室。如果我不想，我就會被罵作『婊子』。」凡是有過這種經驗的人就會預見推特可能會以哪些方式被用來造成傷害。「假如你找來不同的人坐在會議桌旁，他們就會問：『我們如何能給人們工具來保護自己不受謾罵者傷害，因為這種事曾經發生在我身上。』」麥里表示，「像我這樣的人就會說：『讓我們把這件事徹底考慮清楚。』」

即使是在推特的創始人明顯看出推特被當成謾罵機器來使用之後，他們也沒有採取行動。艾瑞爾・瓦德曼（Ariel Waldman）是很早就使用推特的人，也是推特創辦人的朋友，她在推特推出不久之後就收到了騷擾的推文，可是在她舉報之後，那幾個創辦人並沒有認真看待這個問題。伊凡・威廉斯對一名訪問者說，當推特推出「跟隨」（follow）這個按鈕，設計團隊思索這是否「令人心裡發毛」。這算不算跟蹤騷擾？「我們想過這件事，」他說，「我們就這件事開了很多玩笑。」這幾個創辦人的經驗和受到跟蹤騷擾之被害者的經驗有著巨大的心理距離，乃至於他們把這看成一個玩笑。[40]在推特創立十五年後，謾罵持續存在；在二〇二〇年所作的一項抽樣調查中，美國女性眾議員亞歷山卓・歐加修—寇蒂茲（Alexandria Ocasio-Cortez）所收到的推文裡有百分之十六點五都是謾罵。推特早期曾經嘗試禁止特定的攻擊性詞彙，但這些嘗試沒有弄清楚重點，顯示出公司領導人不理解問題所在。麥里說：「他們不明白重點在於情境背景，而不在於內容。」推文所用的特定詞彙並沒有謾罵所創造出的整體氛圍來得重要。

後果愈來愈嚴重。二〇一八年，臉書的一組員工在處理該公司稱為「虛假互動」的網路行為，例如，使用假帳號發文。一位名叫張學菲（Sophie Zhang）的年輕數據科

40 推特最後被用在真實世界的跟蹤騷擾上。在一個例子中，一名英國女子受到她在推特上無意中「跟隨」的一名男子多次騷擾，在那之後，她回到家時發現那個男子在她家門口。她報了警。在審判中，他聲稱他們在交往，並且把她在推特上「跟隨」他這件事當成證據。

學家主動發現了某些國家政治人物非比尋常的操縱行為，從亞塞拜然、印度到宏都拉斯。但是創立於美國，也把總部設在美國的臉書公司把資源都用在美國和西歐。張學菲將她的擔憂升級，認為公司領導人會處理這些問題，畢竟全球政治不在她的權限之中。每個人都承認這個問題很糟，但是沒有人扛起責任。張學菲獨自堅持下去，有時每週工作八十小時。她發現了在玻利維亞的操縱行為，但是無法處理，後來該國發生動亂，導致數十人死亡。「我個人曾在無人監督的情況下，作過影響某些國家總統的決定。」張學菲在二〇二〇年一份譴責該公司的備忘錄中寫道。她力有未逮，並且被告知要她把專注力放在別處，後來因為績效問題而遭到解雇。在這件事情上起作用的因素很多，但是假如這些國家的利益相關者是作決策的人，對這些危機感受到的急迫性是否會有所不同？

面對像創辦推特的團隊那種同質性（技術部門目前百分之七十四點八為男性，女性在軟體研發者中佔百分之十八），許多人只會搖搖頭，將之歸因於「培養管道」，堅稱這就只是因為沒有足夠的女性和非白人進入這些領域。可是如果問題在於培養管道，那麼在醫學、法律和商業等領域的領導階層就應該有很多女性：女性以相同的人數進入這些領域的培養管道已經有幾十年了。截至目前，《財富》世界五百強公司裡排名前十的執行長有一半是身高超過六呎的白人男性，這種特徵的組合在大自然中很少出現。事實上，全美國的成年人中只有百分之四點六五符合此一描述；難道執行長的培養管道中充滿了這種高大的生物嗎？

而且頂尖大學培養出主修電腦科學的黑人和拉美裔學生，其人數三倍於這些公司雇用他們的人數。雖然這些學生在數學、電腦科學和電機工程學士中佔了將近百分之十八，他們在谷歌、微軟、臉書、推特的技術人員中只佔大約百分之四。在十二年後，理工科的女性有半數離開了這個領域，她們通常指出偏見和社會環境為重要原因。雖然亞裔男性和女性獲得工程學博士的人數相等，但是「美國國家工程科學院」裡的亞裔女性只有亞裔男性的十分之一。

讓新血進入一個領域當然至關重要，一如在年紀還小時就擴大進入該領域的機會。可是由於使同質化根深柢固的力量十分強大，關注現有的培養管道也很重要。要確保那些已經進入一個領域的人不被阻撓，需要對培養管道進行結構性的改變。

物理學家佩可．細井（Peko Hosoi）離鄉背井搬到加州之後不久，她的電話響了。那是二〇〇二年，細井剛搬到帕薩迪納，準備開始在「哈維穆德學院」（Harvey Mudd）任教，那是一所以科學為主的文理學院。她是流體力學的專家，這門科學研究液體和氣體的流動，例如血液在微血管中的流動，或是氣體在宇宙膨脹時的流動。她才剛到學校不久，辦公室裡幾乎是空的。只有一張書桌，沒有電腦，還有一具市話，此刻正鈴鈴響起，令人不安。誰會打電話來呢？甚至沒有人知道她在那裡。

「我要找阿妮特．細井，」電話另一端的聲音說。這很奇怪，每個認識她的人都叫她佩可，這是她的日本裔奶奶在她小時候替她取的小名。「我是麻省理工學院機械工程學系的羅漢．阿貝亞拉特尼（Rohan Abeyaratne），我打電話來是要提供妳一個工作機會。」**什麼？**細井心想。這一定是個惡作劇。她在兩年前曾經向該系申請過教職，始終沒有得到回音，就連拒絕函都沒有收到。而現在，系主任毫無預警地打電話來，在電話裡提供工作機會給她？這是不可能的。

細井跟阿貝亞拉特尼說她要考慮一下。「哈維穆德學院」是個美夢——聰明的學生、很棒的同事、永遠陽光明媚的地方。可是如果她接受這個神秘的邀約，轉任麻省理工學院，她就也有機會和研究生合作，並且在世界頂尖的機械工程系從事研究。她的事業才剛剛展開，這種決定可能會改變她的職業生涯。

細井當時不知道那通電話是一項實驗的一部分。而實驗是在一個危機時刻展開的。

當時的麻省理工學院是個奇怪的地方。這我知道，因為我大學的頭兩年在那裡度過。在我大一新生宿舍裡的學生把一塊純鈉扔進查爾斯河，看著它在撞擊時爆炸，以此展開那一年。我們把異丙醇澆在走廊地毯上，然後點燃一個網球，玩起地板曲棍球。我們把娛樂預算用來買一個菲涅耳透鏡。

可是儘管麻省理工學院提供了智力上和身體上的刺激奇遇，對女性來說那也是個相當令人暈眩的經驗，雖然在我入學時，女生在大學部學生中佔了大約四成。為了讓我們感覺受到歡迎，學校做了個奇怪的嘗試，提供了「廁所導覽」——帶領我們參觀校園裡以前罕見的女廁。在學業上，各系的性別區分相當明顯：女生多半主修生物和化學，工程科系則多半是男生。在機械工程系，亦即後來提供細井工作機會的那個系，大學部學生中只有大約百分之二十四是女生。以全國而言，這個領域吸引的女性少於石油工程、核子工程和礦業工程。

「那使人感到孤立」，當年主修機械工程的朱娜．柯普利—伍茲（Djuna Copley-Woods）回憶。她小時候仰賴食物券過活，進入麻省理工學院是為了尋找通往經濟穩定的途徑。在實驗課上，她經常是唯一的女生，通常她都和沒有被其他人挑選為實驗夥伴的同學併成一組。她告訴我她沒有抗議，因為她不想「讓任何人因為和她同組而感到尷尬」。有一次，她在有重要考試的當天不小心睡過頭，醒來時考試再過幾分鐘就要結束。她趕緊穿上衣服衝進教室，請問教授她能否在剩餘的這幾分鐘裡參加考試。教授卻建議她放棄這門課。她照辦了。「完全感覺不到教授把我看成一個人。」她說。雖然麻省理工學院的學生總是聯合起來做作業，以撐過那些眾所周知的嚴格課程，但是朱娜．柯普利—伍茲大部分的作業都自己完成。「我不知道還有什麼別的選擇。」她說。

當時主修機械工程的其他女生還記得，機械工場裡的師傅會替男學生示範要如何使用那些機器。如果是女生需要協助，他們就只會替她把任務完成。女性學生還記得她們想要淡化性別差異，甚至覺得和女同學交朋友不太自在。我自己大一的時候，在選擇主修物理之前，我修了一門材料工程的入門課，那是和機械工程相近的領域。我對那位教授帶有霸氣的出色教學感到佩服，他講課引人入勝，播放與每一堂課的主題相應的音樂，有一次徒手把一本電話簿撕成兩半，來展示剪應力和拉應力的差別。我修這門課的成績優異，也燃起了我對這個領域的興趣。學期當中有一天，我走在校園裡時看見了這位教授。我鼓起勇氣告訴他我真的很喜歡上這門課。「噢。」他眨著眼睛說，「妳對所有的男生都這麼說吧。」我再也沒去找過這位教授。

後來，我遇到了另一位教授，他正在研究壓電體，那是能把機械信號轉化成電能的材料。他在他的研究計畫中給了我一個位置，該計畫由一個學長負責監督。可是會晤的地點一變再變。不知怎地（那時候還沒有手機），我沒有接到通知，於是總是出現在原先會晤的地點。到最後，我就不再去了。我改變策略，去找另一個領域的一位教授，這一次是在麻省理工學院的「媒體實驗室」。在我們面談的時候，他正在把錄音帶的磁帶捲回去，在交談時沒有看我一眼。我再也沒有去問面談結果如何。[41]這是我身為白人女性的經驗。我有一個同學是黑人，當她回顧過去的經驗，她用「可怕」來形容。

這種被排斥的感覺也存在於該校的女性教師身上。在佩可・細井接到那通電話之前，麻省理工學院被幾份有關女性教授地位的報告所震撼，那些有數據佐證的爆炸性報告係由理工科女性教師所促成。那幾份報告揭露：在理學院和工程學院，女性獲得終身教職的比例和男性相同，但是隨著時間的推移，女性教師的職場生活變得更加艱難，而男性教師的職場生活則變得更加輕鬆。女性在全體教師人數中佔百分之八，她們得到的資源比較少，薪水比較低，合作機會比較少，就連實驗室的空間也比較小——這是用捲尺仔細量測過的結果。她們比男性教師更常被要求更改教學任務，沒有受邀出席重要的會議，並且被排除在能為學術領導提供必要經驗的委員會之外。一位女性述及同事否定她研究工作的價值，雖然她的研究對他們自己的研究至關重要。

即使是旨在協助女性的一項措施最後也反而傷害了她們。為了幫助新手父母照顧子女，大學多給他們一年的時間來取得終身教職。可是當女性按照此舉的原意來使用這一年，男性卻利用這一年來加速他們的職涯發展，去世界各地舉行研討會，創立新公司[42]，並且推廣他們的研究。經濟學系針對此一有關終身教職之政策所作的研究發現，這種「性別中立的政策實際上擴大了研究型大學裡的性別差距」。

當女性開始在大學任教，她們以為自己就只需要表現優異，認為只有更重的家庭責任會阻礙她們成功。但是她們卻發現自己緩慢而持續地被邊緣化。這種邊緣化並沒有公開表現出來，也不是來自上層的指示，一如大法官安東寧．斯卡利亞所堅稱，但是其淨影響卻是有系統的排斥。儘管如此，女性獲得終身教職的速度仍然和男性同事一樣，這一點很了不起。但是其代價卻很高昂，乃至於有些女性大學教師害怕自己會

41 這位教授後來當上另一所大學的校長。
42 事實上，二〇一六年的一份研究發現，暫停取得大學終身教職的時間對男性和女性教師產生了相反的效果：增加了男性取得終身教職的機會，但卻減少了女性取得終身教職的機會。

成為女學生的「負面榜樣」。[43]

獲得在該校任教機會的大學新進女教師有四成拒絕了這個機會，這也許並不令人驚訝。因此，這構成了一個循環：孤立而不表歡迎的環境吸引不到多少女性，而這又使得孤立的情況更加嚴重。生物學家南西．霍普金斯（Nancy Hopkins）是理學院這份報告的發起人，她主張改善現有大學教師的文化至關重要。針對工程學院的報告，其結論是：要改變這種文化需要有足夠數量的女性。

機械工程系在這份分析中認出了自己。該系有七十名教師，在整個系史上一共聘用過五位女性，而在這份報告出來的時候就只剩下一位。面對此一現實，該系有一個選擇：它可以嘗試改善環境，然後耐心地等待女性教師候選人漸漸進來；或者它也可以嘗試主動聚集足夠數量的女性。前者就好比擺好餐桌，然後等待有人聽說此地有個派對；後者則是找到客人，親手遞交邀請函，然後派出司機去把客人接來。

辯論隨之展開。系上有些教師主張採取積極的做法，像是羅漢．阿貝亞拉特尼，他們的論點是：如果沒有積極招聘，他們就得永遠等下去。但另一些人對於優先增加女性教師的做法感到猶豫，他們的論點是：這些積極招聘來的教師沒有經過現有程序中的競爭，將來要取得終身教職會有困難。屆時所有這些努力都是白費。一位直言不諱的反對者提出了一個慷慨激昂的論點：如果女性獲得任何特殊待遇，其他的教師將會認為她們資格不足，從而貶低她們的研究。這個旨在幫助女性的計畫可能會反過來傷害她們。

這個反對者是誰呢?瑪莉・博伊斯(Mary Boyce),唯一一位由該系聘用之後還留在麻省理工學院的女性教授。她是該領域的泰斗,改變了對材料行為的科學理解。身為女性的支持者,她可能是想試圖保護她們免於受到更多不公平的對待。事實上,她也是那份有關工程學院的嚴厲報告的主要作者。

自從「積極平權措施」(affirmative action)出現以來,作為矯正過去與現在之不平等的一種手段,它一直引起辯論。如今,這種做法有許多定義;在此處的討論中,我認為它意味著優先選擇一位符合資格的女性候選人或所佔人數低於比例的少數族群候選人,而不選擇資格相同的男性或白人候選人。替這種做法辯護的人認為:它發掘了那些原本可能不會申請的人選,矯正了過去和現在的不公正,並且有助於創造出必要的足夠人數,來減輕所佔人數低於比例的族群所受到的孤立。懷疑這種做法的人則認為它不公平、欠考慮而且製造分裂。

懷疑者陣營的另一個說法是:這種做法可能會使那些已經受到歧視的人受到更多傷害。經濟學家湯瑪斯・索威爾(Thomas Sowell)同意博伊斯的擔憂,亦即優先聘雇

43 調查結果是如此證據確鑿,乃至於麻省理工學院的校長公開承認雖然他一直認為性別歧視「有一部分是個人感受」,現在他看出「現實在天平上遠遠佔了更大的比重」。以今日的標準來說,這似乎是帶有屈就意味的適度坦承。在當時,科學界因為麻省理工學院承認歧視而感到震驚。有些人擔心該校會被控告,但是沒有人提告。

女性會提供男性教師另一件工具來貶低她們。他感嘆：被採取積極平權措施的大學錄取的黑人學生在畢業時，他們的證書會「被籠罩在懷疑的陰影下」，由於其他人會懷疑他們的成就。法學教授理察．桑德（Richard Sander）認為透過積極平權措施而被錄取的學生在本身能力和校方的要求之間出現了「不匹配」的情況。就像麻省理工學院有部分教師認為被優先錄用的女性永遠無法取得終身教職，桑德聲稱這些學生被安排進入一所他們無法有成功表現的學校。還有一些人認為，身為積極平權措施的受益者會製造出一種內化的烙印，覺得自己不配去那裡。

但這些想像中的傷害是真實的嗎？桑德的假說已經被推翻了。針對密西根大學法學院二十七年的積極平權措施所作的研究發現，在平權措施下被錄取的學生的畢業率和其他學生幾乎相同（百分之九十六相較於百分之九十八點五），畢業後的收入也相似。他們做的社區服務也遠多於他們的白人同僚。在針對高等教育中之平權措施所作的里程碑研究《河流的形狀》（*The Shape of the River*）中，社會學家德瑞克．伯克（Derek Bok）和威廉．鮑文（William Bowen）發現：與「不匹配」的概念相反，學校愈是有選擇性，黑人學生的輟學率就愈低。此外，成就差異不是固定不變的，而是會有變動。當喬治亞理工學院發現黑人與拉美裔學生和白人學生之間有著成績差距，學校就開設了一個密集暑修課程；在兩年之內，這些黑人和拉美裔學生的成績就超越了白人學生。

伯克和鮑文也沒有發現受益於平權措施的學生有內化烙印的證據。雖然有些學生對於學校在錄取學生時把種族因素納入考量而感到不自在，但是在頂尖大學的黑人學生對自己大學經驗的感受其實比白人學生更為正面。哲學家安妮塔・艾倫（Anita Allen）本身也是平權措施的受益者，她指出：歷史上被禁止去做許多事的人也許會認為平權措施是對他們過去受到排斥的必要補救，是一種形式的補償，也是早就該給他們的「額外機會」。當律師艾許莉・希貝特（Ashley Hibbett）對哈佛法學院同學進行有關烙印和平權措施的問卷調查，他們的回答是如此不同，乃至於她承認她犯了「非裔美國人經常指責美國白人最常犯的錯誤」：假定她能藉由調查少數成員來替這個族群找出一個明確的模式。

當我就讀於麻省理工學院時，我的確感覺到索威爾所描述的「懷疑的陰影」。大學並不透露校方是如何作出錄取決定的；當時，麻省理工學院的平權措施相關政策包括「加強」招募女學生和少數族群學生。我到校時對自己的能力充滿信心，儘管中學時所作的預備普通。我的新生導師向我透露我入校的測驗分數和中學成績高於同組的男生，但是麻省理工學院大學部優先錄取女生的那種感覺像一片薄霧籠罩在空中。

在我去尋求課業輔導的時候，輔導教室裡往往坐滿了女生，令我感到沮喪。一進門，我就有心頭一沉的感覺，如今我明白那種感覺是羞愧，而且我納悶那些男性課輔員心裡會怎麼想。我們是否證實了負面的刻板印象？後來，我得知學校的兄弟會（會員包括半數以上的大學部男生）有彙集了前幾年考題和問題的「聖經」，成員可以在關係緊密的讀書小組中研讀。不公平被內建在學校的住宿結構中。[44]但是在當時，我把別人的誤解當成我個人的負擔，那也是一種持續的焦慮，害怕我會證明他們是對的。大一的時候我考砸了一次物理考試，在那之後我拚命用功，當我入睡時，馬克士威方程組都還在我眼皮後面旋轉。

心理學家瑪德蓮・賀爾曼（Madeline Heilman）研究平權措施對於女性在職場之績效評估的影響，要求數百名經理人考核一名假想的員工。如果他們被告知該員工是「透過平權措施雇用的」，那些經理人就認為她的能力比較差，除非有確切的證據證明她表現良好。即使是現在，麻省理工學院的女性學生仍會遇到別人以某種方式認為她們能力較差。如今，麻省理工學院的政策是「全面地」檢視一個學生的背景和資格。該校錄取的大學部學生中女生的比例的確高於男生。而這些女學生的畢業率和平均分數也比較高，這兩者都是學業優異的指標。針對女生錄取率較高的一個解釋是：女性申請者可能要求自己達到更高的標準才會提出申請。而害怕證實別人對她們的刻板印象可能也提高了她們的學業表現。

不管有沒有平權措施，針對邊緣化群體的污名似乎都存在。[45]當法學教授安吉拉・奧瓦基—維利格（Angela Onwuachi-Willig）及其同事分析了七所頂尖法學院學生的經驗——其中有四所採取了平權措施，三所則無——他們發現：無論學校的平權措施政策如何，黑人和拉美裔學生都同樣感覺被污名化。事實上，加州在二十五年前就禁止了平權措施，可是仍然有人藉由暗示這些學生不配在那裡而貶低他們。對於麻省理工學院的女性來說，不管有沒有受到優惠待遇，她們可能都會由於其他人對她們的負面刻板印象而受到貶低。畢竟，那份提出嚴厲批評的報告詳述了女性教師所受到的貶低，而她們並未受益於任何支持女性的平權措施。

瑪莉．博伊斯輸掉了那場辯論。該系開始針對該如何增加女性教師的人數制訂策略。在某種意義上來說，這是個工程學問題：要如何在現實世界的限制之下達成所想要的結果。首先，必須遵守麻省理工學院的招聘慣例，亦即每個被招聘進來擔任新進教師的人都有能力取得終身教職。這意味著要在自己的領域中成為**全世界**的頂尖研究者，所以該系必須相信所招聘的教師有潛力達到這個水準。（並非所有的大學都以這種方式招聘教師，但麻省理工學院乃是招聘它預期能夠取得終身教職的教師。）其次，具備所需資格的女性遠少於男性：在工程學和物理學領域的博士。

為了配合這兩個限制，該系在招聘中引進了一個重大的改變。在那之前，機械工程系替它想要發展的子域招聘教師——比如，不是單純的機械學，而是聚合物機械學。然後它就會邀請該子域的頂尖人選來申請。可是由於機械工程學的女性人才庫已經很

44 過了許多年，我才明白我自己優裕的出身就是這種排他性兄弟會的翻版。

45 另一方面，長期以來嘉惠富有白人學生的另一種形式的平權措施一般而言沒有受到質疑。哈佛大學錄取的白人申請者中有高達百分之四十三是校友親屬、運動員、捐款人子女和該校教師子女。在最近一項分析中，研究者得出結論：如果不具備這些特點，這些學生中大約有百分之七十五不會被錄取。據我所知，桑德並未針對這些學生是否「不匹配」提出任何假設。

小，任何特定子域的頂尖人選是女性的可能性微乎其微。於是該系改變了尋才的標準，從一個子域改成一個更廣泛的領域。聚合物機械學改成機械學，奈米感測改成一般的奈米工程。該系不再試圖找到在特定分支學科作研究的女性，而決定找到傑出的女性人選，然後把她們的研究主題當成該系優先發展的重點。以這種方式，他們擴大了尋才的範圍，大幅增加了可申請者的人數，而無須改變標準。

該系也改變了招聘的方式。在那之前，該系會刊登徵才廣告，等待申請和推薦。現在它積極尋找女性人選。系上教授打電話給全國各地的同事和系主任，請他們推薦人選。他們在過去的申請書中尋找曾被他們拒絕或忽視的人選——像佩可．細井這樣的人。收到申請書時，工程學院的院長會親自審閱每一份來自女性的申請書。如果院內各系拒絕了一個好人選，就必須說明原因。

細井接受了麻省理工學院的邀聘。邵陽（Yang Shao-Horn）也一樣，她是來自中國的冶金和材料工程師，當時在法國作博士後研究，她在鋰離子電池被廣泛研究之前就在研究這方面的創新。在接下來那幾年裡，機械工程系一共聘用了六位資歷無懈可擊的女性，包括一位推衍出指導產品設計之基本原則的機械工程師，還有一位研究奈米結構的年輕工程師。更多女性接踵而至：一位專攻非線性系統的電氣工程師，還有一位研究人類病原體傳播定律——打噴嚏的物理學——的應用數學家。

這些教授作出了重大發現。細井來到該系時是流體力學專家，但是系上研究生對機器人的興趣給了她靈感來融合這些興趣。她的研究推動了「軟機器人」這個領域的發展，這是能像章魚一樣收縮和伸展的機器人，能夠更安全地與人類互動。她也融合了生物學和設計，從剃刀蛤得到靈感而創造出一個挖掘機器人，並且發現了蝙蝠如何使用舌頭上的細毛來吸食花蜜。細井如今已獲得終身教職，也成為工程學院院長，屬於校內的領導階層。這位曾經被該系拒絕的工程師在各方面都成功扮演了她的角色。

在那些年裡聘用的其他女性教師研發出從沙漠空氣中汲取飲用水的方法，並且在發展具有電子電路功能的生物細胞上取得突破。在最初被聘用的那六位女性教師當中，有四位取得終身教職。麻省理工學院教師取得終身教職的比例是百分之四十七，而這批女性教師達到此一里程碑的比例是百分之六十六。

機械工程系一位資深教師向我坦承：這些女性的傑出成就顯示出從前的招聘程序大有瑕疵。「從前我們懷有偏見，」他坦白地說，「我們在選才過程中所作的唯一改變就是讓我們更難不去聘用她們。」優先聘用的做法並沒有招來資格較差的人，而是替傑出人才移除了障礙。

其他的重大變化也隨之而來。瑪莉．博伊斯成為機械工程系的系主任，而她分派女性教師去教系上的核心入門課程，讓學生早早就接觸到女性教師。該系也將課程現代化，提供一個新的機械工程學位，允許學生專攻像是機器人、奈米技術和永續性等新領域。結果是：學生能夠把對工程學的興趣和更廣大的社會情境結合，例如，讓學生不僅鑽研一種新燃料的物理特性，也鑽研這種新燃料對社會造成的影響。

另外還發生了一件該系沒有料到的事：大學部女學生主修機械工程的比例開始升

高。這個改變明顯可見：愈來愈多的女生出現在走廊上，彷彿她們是從空氣中凝結出來的。羅漢．阿貝亞拉特尼記得他在那些年裡從細井的辦公室門前走過。「從她辦公室裡進進出出或是聚在那裡的女學生人數驚人，」他說，「你能看出這些榜樣真的很重要。」

細井被聘用的那一年，女生在麻省理工學院主修機械工程的學生中佔百分之三十二點五。在之後那些年裡，隨著女性教師的人數增加，這個數字持續成長。截至目前，在麻省理工學院主修機械工程的學生中有百分之五十點四是女性。和大學部整體學生人數相比，女性在這個科系的代表人數超出比例。值得注意的是，這並不是一個全國性的趨勢；在喬治亞理工學院或是加州理工學院這些同等級的機構中，女性主修生的比例分別是百分之二十一和百分之三十。然而在麻省理工學院，該系的某些課程完全以女生居多。二〇一六年，在「機械振動」和「結構力學」這幾門課上，女學生佔了七成以上。

當我詢問細井，優先錄用會不會導致她質疑自己是否屬於麻省理工學院，她說不會。她說在這些領域有這麼多合乎資格的人，任何人想要被像麻省理工學院這樣的地方聘用，都得要夠優秀，也要夠幸運。每一個最終來到那裡的人，不管是什麼身分，都享有某種程度的幸運。她覺得自己的申請得到額外的關注就是某種形式的幸運。另一位女性教師的感受則不一樣：優先錄用的確會引發自我懷疑，她告訴我。此外，女性可以在沒有龐大人脈的情況下爬升到那一疊人選的頂端，這使得事情更為公平，但是這也表示爬升到頂端的男性通常具有政治頭腦和良好的人脈，這使得他們在未來具有優勢。這個解決之道也許不是沒有代價的。

可是作為一種生硬的手段，其效果在這個例子裡大得超乎預期。機械工程系當時打算減少系上教師的同質性，進行了大幅的結構性改變來達成這個目標。但是該系並沒有打算吸引大學部女生進入這個科系。它並沒有招攬大學部女生來主修機械工程，也沒有要求所有的新生都要修讀該系的課程，藉此來增加系上人數。它並沒有給予她們大量的鼓勵訊息，而是藉由使教師群多樣化，該系向學生展示了活生生的例子：已經有跟她們一樣的人成功了。

榜樣能做什麼呢？心理學家尼蘭賈納．達斯古普塔（Nilanjana Dasgupta）藉由把主修工程學的女生搭配學長或學姊做為輔導員，來試圖了解榜樣的影響。（一個對照組則沒有輔導員。）在一年的時間裡，這些輔導員和那些女生單獨碰面，建立起個人關係，並且提供建議。在那一年和下一年，當輔導結束，達斯古普塔發現在這兩個輔導組別裡的女生都漸漸擔心起課業的難度。兩組女生都把輔導員描述為樂意幫忙而且盡心盡力。

可是在這項研究的進行過程中，只有那些有女性輔導員的女生仍然覺得自己屬於這個領域，也只有她們仍然感覺到身為工程師的自信和才能；至於那些有男性輔導員或是沒有輔導員的女生，歸屬感和自信心都大幅滑落。而正是這些感覺——而非成績，決定了她們是否會堅持留在這個領域。那些有男性輔導員或是沒有輔導員的女生，有許多在大一結束時就轉換了主修。那些有女性輔導員的女生則全數留在工程學系。

達斯古普塔把這些發現描述為一種徵兆，表示榜樣起了「社會疫苗」（social vaccine）的功能，替那些所屬群體佔有名額不足的個人「接種」，使他們免於受到刻板印象對他們自身能力感受造成的負面影響。值得注意的是：這些輔導員甚至不是教師——她們只比被輔導的學生高幾個年級。但是她們使那些女學生能夠想像自己將來在這條路上獲得成功。

二〇二〇年夏天，麻省理工學院的機械工程系成立了一個新的工作小組，來解決少數族裔在該系代表性不足的問題。研究指出：如果黑人女學生有黑人做為榜樣，她們就更可能會有歸屬感，而主修工程學的黑人女生只要得知一個機構裡有黑人理工科教師，就會有更大的歸屬感。截至二〇二〇年六月，麻省理工學院機械工程系的一百一十二名教師當中只有四名是黑人。

阿瑟根·亨利（Asegun Henry）是這四名黑人教師之一，他提到了他自己成長路上的榜樣。他在佛羅里達州長大，從沒想過自己可以當個教授。他告訴我，一想到教授他就想到肘部貼皮的燈芯絨外套；他從不曾見過像他自己這樣的教授。後來，當他就讀於傳統上是一所黑人大學的佛羅里達農工大學，他開始跟著一位黑人工程學教授作研究。有一天他經過那位教授的辦公室，透過敞開的門，他看見這位教授在工作。教授穿著T恤和運動鞋，把腳蹺在桌子上，聽著饒舌歌手Rakim的歌曲。就在那一刻，他明白了，「我可以做這個工作。我可以當個教授，而且無須改變我自己。」眼見為信。

亨利說：「這種意象十分重要。要求一個人成為他從未見過的東西是很難的。」

在別的地方也能看到榜樣的強大作用。世上第一位女性西洋棋特級大師於一九七八年在喬治亞這個國家獲得此一頭銜。在傳統上，西洋棋一直是喬治亞婦女生活的一部分（根據民間傳說，西洋棋組是新娘嫁妝裡很重要的一部分），而在那之後有更多的西洋棋冠軍接續產生。如今，在世界前一百名女性西洋棋手當中，有六位來自這個小國家：以其人口來推估，所佔比例是應佔比例的一百二十五倍。

尤其重要的是：真實世界的榜樣不僅讓承受偏見的人能夠對抗逆境，他們也能藉由改變其他人的觀感來削弱逆境。在印度的西孟加拉邦，一九九三年頒布的一條法律規定所有地方村莊委員會中有三分之一的領導權要保留給女性。由於這些村莊是隨機選擇的，這套新制度成了一個可觀的真實世界實驗，可以用來檢測女性配額的影響。研究其效果的經濟學家發現：單是在政治中引進這些女性榜樣就提高了村中女孩的教育抱負。使她們更可能想把婚姻推遲到十八歲以後，也使她們想找到一份需要受過教育的工作。而這也提高了父母對女兒上學的期望。女孩做家務的時間減少了，父親也更希望女兒成為村中領導者。在這項政策執行之前，男孩上學的時間比較長，識字率高於女孩；在那之後，這個差距消失了。在某些情況下甚至出現了逆轉。

當我向佩可．細井問起榜樣的影響，她使用了一個數學比喻。有時候在數學裡，為了進行一項任務，你必須先證明一個數學物件存在。要這麼做，你需要創造出一個「存在證明」，說明這個物件**能夠**存在。一個實際的例子就是證明它能夠存在的一個好論據。細井說這就是學生所需要的——不見得是一個他們想要仿效的人，而是一個存在證明：證明某一種特定的生活是可能的。

二〇一八年三月，在老天給波士頓降下兩英尺大雪的那一週，我站在麻省理工學院一個巨穴般的大廳邊緣，那裡被稱為七號大廳。我有十多年沒去過那裡了。一個年輕女子伏在旁邊一張桌子上，急促地敲打著一台筆電的鍵盤，筆電上貼滿了太空總署的貼紙。學生們在「無盡長廊」上湧動，那是一條長達兩百五十公尺的走廊，連接著校園裡的主要建築。每一年有兩次，陽光會從麻省大道的入口照進來，貫穿整條走廊，在灰色大理石地板上射出一道電弧。

沿著這條走廊走到一半，在另一個光線明亮的廣場上，學生在兜售校園活動的門票。這一週，莎士比亞劇團在宣傳《李爾女王》，那是把原著主角換了性別的版本，而大廳末端的學生則在分送無比派（Whoopie Pie，譯按：一種夾心甜點）。畢竟三月十四日這一天剛好是Pi日。我和學生們談論他們的生活和學習，看得出這個地方顯然已經改變了。女學生解釋，主修機械工程學的女生數量已經這麼多，表示出這是一個她們能夠有所發揮的領域。

一個學生說她是在大一參加了研究太陽能汽車的團隊之後對這個領域產生了興趣，那個團隊全部由女生組成。一如在達斯古普塔的研究中，她的輔導員是年紀較長的學生。另一個學生描述她和幾名女同學研發出一件產品，使用光學字元辨識來把一篇文字轉化成3D點字文。她是那麼習慣和女性一起工作，乃至於在發展專利時，她驚訝地發現專利的世界裡大多是男性——以前她沒有想到這一點。一個大四學生自豪地描述她在機械工程系的畢業班上領導一項計畫。她的團隊研發一種對抗帕金森氏症症狀的醫學器材，那是一條藉由振動來使神經衝動轉向的腕帶，使實際上患有帕金森氏症的病人能夠使用他的手而不至於顫抖。一個有衣索比亞裔和華裔血統的學生說她在這個系上感覺「真正受到支持」。

和我交談的一些學生指出：男生在課堂上的參與度似乎更高，他們會提出問題，並且主動回答。可是一個女生解釋：當她不在課堂上提問，是因為她認為教授的諮詢時間更有助於討論複雜的問題。「我喜歡討論，」她說，「如果問題簡單到在講課時就能回答，我可能就會自己去查，或是自己想出答案。」

而且一說到她們的女性教授，她們全都神采飛揚。「你每天都和她們互動，」一個剛畢業的學生說，「你看見她們有多麼傑出。」一個女生咧開嘴露出大大的笑容，向我說起她的傳熱流體教授。「我**愛**她，」她說，「她是那麼熱情，那麼博學。我打電話給我媽，說：『我的熱力學教授是個女性，而且她很**厲害**。』」

她這番話指出了這種結構性改變所引發的連鎖反應，其影響仍在持續。那位熱力學教授蓓特．葛蘭特（Betar Gallant）本身也曾是麻省理工學院的大學部學生，那是在第一波女性教授來到該系任教之後。她小時候並不是典型的工程師類型，不會修烤麵包機或是電腦，甚至曾考慮過要成為小說家。當她的工程師父親在她讀中學時去世，她把探索這個領域當成感覺與他更親近的一種方式。在大學時，她試探著學習機械工程。然後有一天在實驗室，她的教授轉向她，隨口針對她自己的研究說了句評論。那位教授是邵陽，是該系在改變政策之後聘用的第一批女性教師之一。

下課之後，葛蘭特立刻發了封電子郵件給邵陽，問她的實驗室裡是否有空缺。最後葛蘭特就以該項研究撰寫她的論文，這項研究也使她後來拿到博士學位。如今她專門研究重量超輕的高能量電池，比如今的鋰電池在效能上還要強一個數量級。她認為自己的研究之路有一大部分可追溯到那句隨口的評論。「很少有教授看見我，」她說，「所以當有一位教授看見了我，那意義非凡。有人和我交談——那意味著你在這裡，而且和你交談是值得的。」

值得交談。在那一刻，我想起了老同學朱娜・柯普利—伍茲，想起她的教授叫她放棄那門課。我想起自己羞愧得臉紅，當我的教授用調情來轉移一句有關學術的評論。我被視為一具身體，柯普利—伍茲則根本沒被看見。在一個不曾準備接納我們的文化中，帶領我們當中任何人前往任何地方的這條因果鍊子是多麼脆弱，多麼容易斷裂。

幾天後，我參觀了麻省理工學院的一個機械工程實驗室，藍色和橙色的羽毛在那裡的ＬＥＤ螢幕上旋轉，隔間裡擺滿了機器魚和合成水獺毛。我和兩個研究生坐在一起——艾莉絲來自德州，薩瑪來自沙烏地阿拉伯。在薩瑪的筆記型電腦上，我們觀看了一段縮時攝影的影片，是她進行的一項實驗，讓兩種液體起交互作用。起交互作用的液體隨處可見，從乳脂在咖啡裡像煙霧一樣散開，到超新星的爆炸；在宇宙誕生之初，液體就向彼此移動。可是我們在螢幕上看見的形狀以前從不曾被影片捕捉到，而且現有的物理學也沒有預測到。有一個真正的數學定理在起作用，但是這世上沒有人知道這個定理是什麼。單是破解這一點就夠難了，遑論其他。

「當個先驅聽起來很理想化，」艾莉絲說，「可是誰想當先驅？我就不想。當個在先驅之後進來的人很好。就像有人說：『這裡很好！加入吧！』」

艾莉絲告訴我她不想當先驅的那一刻使我靈光一閃。這個觀點看似簡單：在一個科系、一個領域或一個組織裡成為第一個或唯一一個具有你這種身分的人，這種角色不是每個人都想扮演的，也不是每個人都適合。我們替先行者歡呼，但是這條路孤單寂寞。先驅要時時面對自己的「另類」，必須對抗旁人的刻板印象、旁人的不自在、或是公然的敵對。為了存活，在對他們比對其他人更為嚴苛的環境中，他們必須能夠保持一種幸福感。

這意味著：除了具備完成工作所需的所有正規技能，一個領域裡的第一個女性、第一個黑人、第一個美國原住民或第一個拉美裔必須要具備一組和工作內容無關的額外技能和特質。這些個體要在文化具有排他性的許多組織裡發揮作用，就需要具備一組隱性的條件——我們可以稱之為「先驅條件」。

以工程領域為例，工作所需要的技能可能是一流的技術敏銳度、創造力、團隊合作能力和良好的溝通能力。可是在工程領域的先驅除了必須具備所有這些能力，**也還**

要能夠忍受孤獨，**也還要**不受到攻擊性評論或輕視性評論的影響，**也還要**設法在一個可能公然懷有敵意的文化中自處。要在不受歡迎的環境中生存，先驅必須在未必有歸屬感的情況下作出貢獻。工作技能和先驅技能甚至有可能互相牴觸：研究可能需要團隊合作，可是一個先驅可能必須在孤獨中成長。而且先驅必須滿足那些隱性的條件，同時和那些無須具備這些條件的人有同樣水準的工作表現。

朱娜．柯普利—伍茲後來成為一位專業機械工程師，最近替美國太空總署二〇二〇火星探測計畫設計攝影機。可是在她的工作上，她通常都是她任職部門裡唯一的女性。她說她之所以能生存下來，是因為她「很怪」，無視社會規範。她說她有一雙連心眉；有一次，一個同事甚至帶了時髦的衣服給她，溫和地敦促她穿上。但是這種粗枝大葉使得她能在懷有敵意的環境中成長。如今，當她描述她在職業生涯中不得不聽到的一些性別歧視言論，有時候她會大笑。別人會對她覺得這些歧視言論好笑感到震驚，她說。可是她表示：如果她無法一笑置之，她就絕對不會留在那些工作職位上。那是個額外的條件。其他的女性一個接一個地離開了那些組織。「很多人都離開了。」她說。

這是同質化組織的另一個危險，一個深刻而很少被察覺的危險：它們人為地**縮小**了代表人數低於適當比例的人才庫。它們要求這些人選不僅要具備明訂的條件，也還要具備那些沒有明言的特質。兩者兼備的人才不管在哪個族群裡都是極少數。針對平權措施方案的一個抱怨是：它人為地提高了代表人數低於適當比例之族群在某一所學校、某一個組織或某一家公司裡的人數。可是同質性的環境也人為地提高了來自主流文化的人數：而他們所需要的技能要少得多。

像麻省理工學院機械工程系那樣的結構性改變不只改變了一個多樣性指標，而是啟動了一個連鎖反應。改變教師成員的組成增加了現有的榜樣，從而吸引了更多女學生進入這個科系，而這又使得像艾莉絲這樣的女學生無須再具備先驅條件。在其他情況中也能看見結構性改變引發了下游效應。一九九四年一項名為「朝著機會搬遷」（Moving to Opportunity）的計畫旨在減少居住隔離的現象，這種現象是由於過去和現在對某些居民的排斥與歧視所造成。在這項計畫中，政府向巴爾的摩、洛杉磯、芝加哥等城市的幾千戶低收入家庭隨機發放了租賃補助券，讓他們搬到較富裕的城區，多數為拉美裔和黑人家庭。在這些家庭裡成長的孩子成年後所賺取的收入提高了百分之三十一。他們上大學的比例比較高，成為單親家長的可能性比較低，日後住在貧困街區的可能性也比較低。這是另一個由上而下、產生了持久變化的干預措施。

在印度的西孟加拉邦，我們看見了後果以同樣的方式產生。在那裡，結構性改變擴大了女性的政治參與，甚至超出了法定的配額。在替女性保留村委會領導職位的法律生效之後經過了兩屆選舉，女性在其他民選職位的人數增加為兩倍。在看見女性成效斐然地領導多年之後，村民如今更可能選出女性來擔任並未保留給女性的職位。到了該項研究在二〇〇九年發表時，村委會領導人中有大約四成是女性。

女性領導人在西孟加拉邦的存在也改變了所作出的政策決定。雖然一個人的社會身分不見得能預測其行為或政策立場，但研究西孟加拉邦配額制度之影響的經濟學家發現：女性領導人的確作出了不同的政治決定。她們在修築道路、翻修衛生所和衛生設施上投資更多，也優先注重飲用水和灌溉。做這些事使她們更能體現村民的願望，比起那些沒有婦女配額的村莊領導人。

任何一個領域如果被有限的人類經驗主導，都會發現自己由於取得人類聰明才智的途徑受限而受到阻礙。機械工程學也不例外。阿瑟根・亨利向我描述他的經驗如何塑造了他對工程學的態度。因為他不認為自己跟這個領域的傳承有什麼關係，他比較沒那麼尊敬這個領域的傳統，也比較不害怕去質疑這些傳統。雖然他注意到他的同事偏好優雅的解決方案，但是在逆境中求勝使得他傾向於採用「蠻力」方法來解決問題。這種特質最近使他得以否定一個廣被接受的模型，關於熱如何在固體中移動。

出身傳統上受到排斥的群體可能也使人比較不在乎傳統的學科界限。這方面的數據還很少，而且我們不該以偏概全，但是研究指出女性進行的跨學科研究更多，而且所跨的領域也更多。例如，針對英國研究人員所作的一項研究發現：百分之二十一的女性在其研究中引用了七種以上的領域，而這樣做的男性則只有百分之八。在一個複雜的世界裡，能夠擺脫人為的傳統學科界限變得愈來愈重要。麻省理工學院機械工程系教授莉蒂亞・布羅伊巴（Lydia Bourouiba）在研究機械工程、流行病學和醫學的關係，研究疾病傳播的力學。她融合各領域的研究顯示出「世界衛生組織」針對新冠肺炎所頒布的社交距離規範，所依據的對流體的理解已經過時。舊的模型認為含有病毒的飛沫可以分成兩種大小：大飛沫和小飛沫。事實上，一如性別，飛沫存在於連續體。而且，布羅伊巴指出：飛沫在湍流般的氣體雲中移動，含有冠狀病毒的噴嚏可以噴射到二十六英尺之外。

單靠一個領域中人才的多元化並不能消除偏見，也不能去除偏見在一個環境中造成的傷害。事實上，最近有一項隨機研究發現：即使是在女性佔了相當比例的領域，例如獸醫界，人們建議給女性的薪資仍舊比較低；那些覺得性別偏見已經不再是問題的人最可能會這樣做。我遇到的那些麻省理工學院學生提到她們仍然在女性教師所受到的對待中看出偏見；男學生對她們的質疑比對男性教授更為強烈，而且她們會由於表現出在男性之中被視為正常的行為而被描述為「強硬」。

儘管女生在主修機械工程的學生中佔了半數以上，學生中的性別偏見仍舊存在。機械工程系一位資深教授跟我說，他仍舊在某些大學部課堂上看見一種模式，亦即一個安靜的女生發表一個意見，而那些男生反射性地漠視她所說的話。這位教授提到，女生的技能通常和那些男生一樣好或是更好。他告訴我：因為這種情況發生了太多次，現在他在學期一開始就指出這種可能性，並且警告學生不要這樣做。

偏見也仍舊存在於教師群裡。某一年，機械工程系大學部學生的前十名裡有七名是女生，而這位教授聽見教師群中有人嘀咕說她們一定是修了比較容易的課程。他作了調查，發現她們是在該系所開設的最難的課程中拿到了最佳成績。但有些教師仍舊這樣假定。

邵陽——那位研究電池的工程師，她和佩可．細井同時來到麻省理工學院，並協助蓓特．葛蘭特進入該領域——指出：雖然大學部學生的統計數字很可觀，許多不平等的情況移到了更高層級。她認為瑪莉．博伊斯塑造了該系，並且使該系變得更強，但是博伊斯已經不在麻省理工學院了：如今她是哥倫比亞大學工程學院的院長。我曾多次請求她表達意見，而她沒有回應。在蘇珊．霍克菲爾德（Susan Hockfield）擔任麻省理工學院校長時，她把邵陽帶進了重要的委員會。但是霍克菲爾德現在不再是校長了。

如今，邵陽注意到：她的技術能力不受到質疑，但是她的判斷力和領導力仍舊不像她的男性同事那樣受到信任。而判斷力和領導力是可能讓她在大學裡擁有更大影響力的特質。她希望看到更多在上層的改變——更多的女院長，另一位女校長。邵陽指出：如果有表彰女性科學家和女性工程師的活動，決定誰該上台的仍舊是男性。這些決定也應該由女性來做。她說：「讓年輕女性上台露臉不是解決之道。那是權力的一種表現。」

的確，要改善一個具有偏見的環境，增加多樣性只是一個步驟。它並不能保證公平，也無法維持長期的成功。要確保人們在需要他們的領域成長茁壯並且留下來，同時確保他們能晉升到自己能力所及的層級，所需要的不僅是一次由上而下的結構性改變，而需要文化上的改變。

Chapter 9 建構包容性

烏切・布萊克斯托克（Uché Blackstock）在紐約市布魯克林的皇冠高地社區長大，小時候她以為大多數的醫生都是黑人。比如她母親是「國王郡醫療中心」的腎病學家，她的小兒科醫生也都是黑人，一如她母親的同事，「先見黑人醫師醫學會」（Provident Medical Society of Black physicians）和「蘇珊・麥金尼・史都華女性黑人醫師醫學會」（Susan Smith McKinney Steward Medical Society for Black women physicians）的成員。布萊克斯托克和她的孿生姊妹會跟著去參加會議，會議往往是由她母親主持。在小學時，她們看著她發言；到了中學，她們會記筆記。加入醫學界似乎是可以實現的願望，甚至是自然而然的。到了上大學的時候，布萊克斯托克知道她也想成為醫生。

布萊克斯托克進了哈佛醫學院，幾十年前她母親也在該校就讀。她坐在「波恩斯坦大廳」裡上課，牆上掛著校史上顯赫人物的油畫肖像，那些人的種族和性別鮮明地象徵著醫學領域的排他性歷史，也象徵著在早些年代她會被禁止進入此一領域。在急診部門擔任住院醫師期間，她努力和護士建立友誼，她注意到那些護士有時候會對男性住院醫師表現得恭敬友善，但卻會怠慢她。後來，在擔任主治醫師和大學教師期間，布萊克斯托克醫療的病人會以為她是來替他們換床單或是推他們去作電腦斷層掃描的。有時候，她坐在病人床邊，詳細討論他們的醫療，事後病人會向醫院員工抱怨，說他們從來沒見到醫生。其他醫生也會在心理上貶抑她：有時候她會在電話中協調病人的醫療，而在電話另一端的男醫師會以對護工講話的方式對她下命令——**替我在病床邊準備好這五件東西。**事後，當他得知自己先前是在和一位醫師說話，他就會道歉。

但她熱愛急救醫學——她覺得這就是醫學最典型的形式。她喜歡急診室的步調和多樣性，這一刻處理一個小孩發炎的耳朵，下一刻救治一個肺塌陷的男子。她開創了教導使用超音波的課程，讓醫科學生學習不僅把超音波用在產前檢查上，也用來評估心臟周圍的液體或是腹部的出血情況，她認為這種科技是「下一代的聽診器」。她成了急診部門的明星。她指導過的學生寫紙條給她，說「遇見妳是我在這個學校最享受的事情之一」，後來她也在其他機構任教。

於是她對那些使她停下來思考的事情保持沉默，比如她才訓練過的年輕白人男性似乎以不可思議的頻率獲得晉升，升到像是醫學副主任這樣的職位。這些職位具有實際的權力，替部門制訂實務做法和政策，然而他們才剛受完訓練。這個過程似乎並不透明，候選人是被挑選出來的。感到擔憂的不是只有布萊克斯托克，其他的非白人師生也對晉升的公平性竊竊私語。他們也注意到評分很主觀，以及這對非白人學生不利。但是他們擔心說出來會使別人替他們貼上「惹事者」的標籤。布萊克斯托克也保持低調。**做好你的工作，別製造事端。**她父母這樣教導她。她告訴我：「有很長一段時間，我從來沒真正說過什麼。」

然後，她終於得到了說話的機會：她受邀負責該校女性及非白人教師的招募和晉升。布萊克斯托克抓住了這個機會。她滿腦子都是想法。「我**就是**那個角色。」她說。但是她很快就發現自己陷入困境。她和工作人員舉辦了一個研討會，來教導全體教師關於「微歧視」（microaggression）這種行為，那是加劇疲勞和精神損耗的日常經驗，事後她的辦公室被告知這個詞彙太具有煽動性。當哈佛醫學院決定移除「波恩斯坦大廳」裡的油畫肖像（就是她當學生時對她構成壓力的那些肖像），以創造一個比較不具排他性的環境，她替這個決定辯護，而有人傳話給她，說領導階層有些人對她的行動不以為然。個人指導和榜樣被證明能有效促進邊緣化群體的成功，可是當她建議推行新的個人指導計畫或是表彰女性的貢獻，她被告知這些想法太把男性排除在外。

她也發現：一如異議不被鼓勵，公開的討論也不被鼓勵。布萊克斯托克發現自己擁有校方聲稱想要的獨特觀點，但是卻被阻止發言、行動或是作出真正的決定。他們沒有徵求她的想法，在她分享想法時加以拒絕。她的角色似乎是當個多元化的象徵，卻不能作出實際的改變。當她明白了這一點，她感到反胃。

她也注意到這當中的諷刺：她的職位是在「多元化事務處」。她的職務之所以存在，是為了吸引、留住並且拔擢那些與她同類型的人：醫學院教師當中的非白人女性。可是在五年之中有三個黑人女性、一個拉美裔男性離開了這個事務處。如今又走了一個。在將近十年之後，布萊克斯托克決定辭職。學院院長們要求和她會晤。她把她的擔憂告訴他們：關於學校的氣氛，關於害怕受到報復，關於感覺受到審查。「這就是我們做事的方式，」她被告知。「妳必須要適應這種文化。」就這樣，布萊克斯托克辭去了教職，離開了學術醫學界。

布萊克斯托克經歷的挫折感和疏離感常見得可悲。針對美國五所醫學院所作的一項研究發現：來自代表性不足之族群的教師說他們受到孤立、歧視、刻板印象威脅，他們的學術興趣不被尊重，也因為每次都身為指出不平等情況的「那個人」而感受到壓力。[46]百分之四十四的少數族裔醫師離開了學術醫學界，一如百分之四十七的女性，而白人和男性醫師的離職率大約在三成左右。這個模式在各個領域都一再出現：二〇二〇年，「美國律師協會」所作的一項調查發現，高達七成的非白人女性曾考慮過要離開這個行業或是已經離開了，她們往往覺得自己被人低估。二〇一七年，有七名非白人記者離開了《休士頓紀事報》（*Houston Chronicle*）的編輯部，使得留下來的同事傳遞了一份請願書，請求管理階層改善其做法。大約在同一時間，在「明尼蘇達州公共廣播電台」，十名離職者當中有七名不是白人。估計有四成的女性工程師離開了工程界。在不同的人口群體中，非白人女性說她們覺得自己在職場上最不被接納。

「當我說這些是日常經驗時，我真的是這個意思。」阿吉莉．哈帝（Ajilli Hardy）說，她是個在職業生涯中期的工程師，曾經在能源業、航空業和其他「移動緩慢的大型工業」工作。哈帝是個擁有麻省理工學院博士學位的黑人女性，她說這個問題有許多層次：由於缺少制度性的回應，也由於同事看見不公平的待遇而默不吭聲，經常性的偏見變得更加複雜，不管是微妙的還是公開的。確保她的貢獻得到適當的認可和重視又是另一件耗費心力的事。在某些工作上，她能夠找到「剛好足夠」的同事來使她的日子差堪忍受。「剛好足夠的意思是你能夠度過每天的生活。」她說。但她也待過一些公司，在那裡她連一個像這樣的同事都找不到。在這些工作中，她不得不作出令她心碎的決定：即使她喜歡那份工作本身，但公司文化使得她待不下去。偏見能夠使人連把工作做好都很難。

來自邊緣化群體的數十名受訪者都對這種心情和故事心有戚戚焉：充滿才華、熱情、能量和想法的個體，渴望貢獻和領導，但是卻受到阻撓，被消耗，直到他們除了離開別無選擇。這些經驗包括每日發生的偏見，包括晉升時被略過，在會議中被說服放棄自己的觀點，貢獻不被承認，本身的判斷和專業能力不被信賴。還有社交上的孤立，沒被邀請參加專案計畫，或是被排除在社交聚會之外。這些經驗織成了一張綿密的排斥之網。而這種經驗還會更加苦澀，當組織宣稱重視多元化，卻被揭露為只是個幌子。這一點有時候是在領導人沒能插手干預嚴重的偏見、騷擾或霸凌時被揭露出來，

46 這些教師當中有許多人可能不是來自富裕的家庭，因此由於讀醫學院而欠下了太多債務，對他們來說，低薪的學術醫學界也被視為一種財務上的犧牲。

有時候則是當組織就在新做法可能帶來實際改變的那一刻收回承諾，就像在布萊克斯托克的例子裡。

要創造出比較不帶偏見的環境，單是增加團體的多樣性——增加女性或是任何代表性不足的群體——然後希望會有好結果，這是不夠的。如果替團體增加多樣性的人覺得自己不被重視、不受歡迎，多樣性就是一場只贏了一半的戰役。當組織辜負了來自邊緣化群體的人，以微妙或公開的方式使他們覺得自己不受重視，他們招募的人才就只會流失。

雖然愈來愈多人意識到創造包容的環境需要積極且有意義的努力，「包容」究竟**意味著**什麼卻不是很明確。缺少一個單一的普遍定義，它變成無所不包，從和旁人建立具有意義的連結，到參與決策，再到能取得內部訊息。有些研究者假定：在包容的環境中，人們有發言權和歸屬感。研究人力資源的莉莎．尼許（Lisa Nishii）教授根據二十年的研究，指出一個包容的環境具有三個特點：公平而不帶有偏見的實務做法，對人們「完整的自我」抱持歡迎和尊重的態度，渴望尋求不同的觀點。有許多研究中藉由提問來評估包容性。你覺得自己受到歡迎嗎？你的想法重要嗎？你有歸屬感嗎？

公司通常透過主觀陳述——人們是否感覺自己受到歡迎、受到重視、受到傾聽——來評估公司的包容性。可是如同商業學教授蘿賓．艾利（Robin Ely）所指出：人們有可能感覺被重視、被尊重、被包容，但實際上卻並沒有被包容。例如，在布萊克斯托克擔任領導職務之前，她的確覺得自己普遍受到歡迎，她告訴我。她的醫學研究和教學受到尊重，她的同事和院長都很友善。可是那是在她試圖用她的獨特觀點去影響組織的運作之前。當她想用她的聲音來促成改變並且產生更大的影響，當她不僅想要感覺被包容，而且想要有實質的影響力，她被包容的限度就變得很明確了。

尤其是非白人女性會陳述自己遇到了這種障礙。如同麻省理工學院機械工程系教授邵陽所指出：她在科學上的敏銳度如今已被接受，但是針對更大的策略性問題，像是招聘或規劃，她的判斷就沒有被接受。身為一名非常年輕的記者，苗族出身的杜瓦莉・謝考陶（Doualy Xaykaothao）覺得自己受到鼓勵。可是當她想要有更大的影響力，她看出她的主管比較想把她放在一個受限的角色裡，在那個角色裡她並不作出任何真正的決定。「你只是可以上場，」她說，「而那不是我們想要的——我們當中那些認真的人，那些真心投入我們所從事的工作的人。」

「包容性變成意味著一種平淡無味、讓人感覺良好的事，」艾利說，確保每個人的生日都被慶祝，圍成圓圈坐著，分享想法。「可是誰的想法會被付諸實施？」她問。「當一個人的觀點和現狀有所牴觸，會發生什麼事？」感覺受到歡迎，有歸屬感——這些是重要的。分享想法也很重要。然而，艾利說，「我們可以傾聽每個人的發言，卻仍然按照慣有的方式做事。」

「我不想要生日卡，」謝考陶告訴我，「我想要真正造成影響。」

真正的問題不該只是人們是否感覺受到歡迎，而是他們是否具有影響力。這可以藉由檢視決策權力的實際分配來衡量。在一家典型的公司裡，組織表通常赤裸裸地揭示出真相：從權力的分配可以看出組織重視誰。

因此，挑戰在於如何達成深層的結構性包容。如何將不同的觀點納入權勢的最高層？要得到答案，我們可以求教於法國一家經營不善的法律事務所裡一位坐困愁城的義大利律師。

二〇〇四年，吉安馬爾科．蒙塞拉托（Gianmarco Monsellato）是「塔吉」公司（Taj）的傑出合夥人，這是法國一家專精於複雜稅法的法律事務所。當時這是家二流公司，而且規模正在縮小。這一年，蒙塞拉托被請求擔任執行長。他接受了。一支輸球的足球隊的頂尖球員現在成了教練。他立刻明白了一件事：他需要一支更好的團隊。

可是他受到限制。蒙塞拉托沒有辦法引進額外的資源——他無法籌募資金或是招聘一批新員工。他必須設法只用現有的資源來解決問題。他被告知：這就是你的團隊，現在設法讓它贏。

當蒙塞拉托檢視他的選項。他想起幾年前目睹的一件事。一位律師當時在接受有關晉升和獎金的績效評估。她有半年的時間在休產假，另外半年則全職工作。檢視她績效的委員會在評估她的工作成績時，把她當成是全年都全職工作，因此計算出她達成了替她設定之工作目標的百分之五十。該委員會當時也在評估一位全職工作的男性，他達成了他工作目標的百分之七十五。委員會作出結論，認為這名男性的成績超過那位女性。在蒙塞拉托看來，如果考慮到這位女性只工作了半年，她其實是達成了百分之百的工作目標。那個達成七成五工作目標的男性得到了晉升和獎金，那個百分之百達標的女性則沒有。

蒙塞拉托看出：一位好律師受到了懲罰，原因無他，就只是因為「我們的數學不好」。具有高度潛力的人沒有得到機會。他尤其看出這個環境對於有子女的女性懷有偏見。「我們是在告訴女性，只要妳沒有小孩，妳就能在這裡獲得成功，」他說，「我們絕對不會對身為父親的人這樣說。我們預期他們會有家庭。」

這種做法令人擔憂，而原因是多重的。顯然，這家公司正在失去人才。此外，研究顯示，不能公平地評估員工，所創造出的環境會使人不願意付出最大的努力：感覺自己受到不公平的對待會侵蝕員工對公司的忠誠。而法律這個行業需要員工作出大量的個人投入——蒙塞拉托稱之為「高投入領域」。他意識到：不公平會趕走法律人才，而且這也是理所當然。期望員工對一個沒有公平對待他們的組織效忠是荒謬的。蒙塞拉托看出：公平是個企業決策。

於是，成為執行長之後，蒙塞拉托所做的第一件事就是試圖消除公司實務做法中的不公平。他整頓了晉升過程，確保員工以他們實際在職的時間接受評估。如果一位女性因為請產假而有半年不在，對她的評估就以所設定目標的百分之五十為基準。單是這一點就產生了立竿見影的效果；一旦女性的貢獻得到公平的評價，她們忽然就開始得到晉升。

蒙塞拉托也要求，晉升必須根據客觀的標準和可衡量的數據。在這項改變之前，經理人有時候會使用主觀的判斷。他們可能會對委員會說「我認為這個人沒那麼投入」或是「我認為這個人的表現不夠好」。現在，經理人如果沒有使用客觀的標準，就會受到質疑。如果男性和女性受到晉升的情況不均衡，經理人就必須解釋理由；如果蒙塞拉托認為這些理由不具有說服力，他就會取消這些晉升，把整個程序重新再來一次。蒙塞拉托也檢視了薪資：如果員工同工卻不同酬，經理人必須加以解釋或是糾正。在有差異的時候，「我們最後總是把薪資提高，」蒙塞拉托告訴我，「因為沒有胡說八道之外的解釋。」

除了這些結構性的改變之外，他也在塑造公司文化的日常互動上作了調整。當公司裡的男性發表性別歧視的言論，他會私底下把他們拉到一邊，說：**也許在你還在求學的時候，這種笑話似乎是可以接受的。但我們不是在學校裡了，別再說這種話了。**他確保每個員工都可以參加特殊任務，而不是只有一小撮受到偏愛的人，也確保只有當女性員工也在場時才會作出重大決定。他意識到女性如果有了小孩，在職務上就會受到阻礙，無法完全參與，因此確保每個員工在有需要時都可以兼職工作，而且兼職工作者仍然可以成為合夥人。一旦晉升乃是根據可衡量的工作成果，而非誰待在辦公室裡的時間比較長的主觀印象，那麼早一點離開去接小孩、晚一點進辦公室，或是居家辦公就沒有關係。

最後，蒙塞拉托為女性創造出通往領導階層的途徑，不僅主動拔擢她們至領導階層，也替她們把風險降到最低。有些女性擔心把工作重心從日常法律工作轉移出去將意味著失去她們的技術專業。如果她們在擔任新的領導角色時失敗，她們可能就會失去工作。她們想得沒錯：這的確有風險。如果她們必須要更努力工作才能得到現在的職位，步入一個不確定的新職位就更加冒險。

於是蒙塞拉托制訂了一條政策：如果新的職位不合適，員工可以回到原本的職位。他把自己的客戶轉讓給公司的女性律師，但是為了使移交更順利，他告訴客戶，如果六個月後他們對新律師不滿意，他就會再把客戶收回。沒有一個客戶回來找他。他說六個月後他們全都對他說：「她比你更好。」

值得注意的是：這些改變當中沒有任何旨在改變女性行為的計畫，不管是她們的談判技巧、人脈建立、服裝、舉止，還是自信。

「女性沒有什麼問題，」他說，「問題出在環境。」

在蒙塞拉托進行改革之後的那幾年裡，該公司女性權益合夥人的比例提高了。在美國的律師事務所，女性在權益合夥人中只佔了兩成；在「塔吉律師事務所」，她們的佔比提高到五成。合夥人位階中包括有子女的女性，高階管理職位也有半數由女性擔任。而且女性在該公司收入最高的前十名員工中佔了足足一半。該公司躍升為法國的一流法律事務所。在蒙塞拉托擔任執行長的那十二年裡，公司營收增加了七成。

蒙塞拉托說，客戶群成長的部分原因在於公司員工變得更快樂了，而客戶喜歡和快樂的人合作。信賴增加使得員工能夠更加坦誠地和彼此打交道。公司裡的一位女性去找她主管，說：「聽我說，我和我先生打算要再生一個小孩。在接下來這六個月裡我就會懷孕，明年我就要請產假。我們可以作些什麼計畫？」這位律師沒有因為害怕受到報復而隱瞞自己將要懷孕，而能夠替她的短期離職預作準備。

男性也從這種增加的信賴中獲益。公司裡的一位男性在處理家務事時遇到困難，他向主管說明了自己的情況。她告訴他儘管花時間來解決他的困難，而他的同組同事在他不在公司時協力分擔他的工作。等他在六個月後回來，他們歡迎他歸來。

這些朝向包容和平等的轉變不僅限於性別。在一個對穆斯林充滿偏見的國家，「塔吉律師事務所」也成為率先將一位穆斯林律師晉升為權益合夥人的大型法國法律事務所。馬利克·杜阿維（Malik Douaoui）在法國出生，父母是阿爾及利亞人，他們是穆斯林，屬於原住在卡比利亞山區的少數族裔。他在巴黎市周邊貧窮地區的家中成長時說的是卡拜爾語，那是柏柏語的一種。他父親在工廠工作，他母親目不識丁。「沒有人提到我的前名是馬利克而不是文生（譯按：文生〔Vincent〕是典型的法語男性名字），」他告訴我，「對你的評價看的是你的能力。」

可是蒙塞拉托為什麼成功？一個原因是他使用了正確的策略。當社會學家法蘭克·多賓和亞歷珊德拉·卡雷夫打算查明哪些干預措施真正改變了權力的分配以及不同種族、族裔、性別的人在領導職位所佔的比例，他們分析了美國八百多家公司三十年的平等就業數據，也訪談了數百名員工。

他們發現，一些常見的職場程序減少了女性和少數族群在管理階層的人數。設定績效評比通常起不了作用，可能是因為這些評比最終是主觀的，而且複製了經理人的偏見。旨在客觀衡量應徵者技能的求職測試失去作用，因為經理人操縱了這個制度，忽視測試的結果而挑選受他們青睞的應徵者。增加記錄投訴的正式程序往往導致反彈，反而減少了女性和少數族群在管理階層的佔比。

不過，另一些程序的確改變了領導階層的多樣性。個人指導特別有效。多賓和卡雷夫發現：當領導者正式指導員工時，非白人女性以及拉美裔和亞裔美國男性在領導階層所佔的比例提高了百分之九到百分之二十四。在某些產業，像是電子業，個人指導使得黑人男性和白人女性在領導階層的佔比增加了一成以上。

另一個有效的干預措施是透明度。如果可供爭取的職位及其條件被告知每個員工，而不是秘密地找人填補了職缺，白人女性和拉美裔女性在管理職位的佔比就增加了百分之五到百分之七。如果晉升的途徑被清楚地表達出來，而非隱而未宣而且可能改變，黑人男性和亞裔男女在領導階層的佔比就會增加百分之七到百分之十。第三個成功的策略是究責。事實上，如果有一個人或一組人監督這些程序，而經理人知道自己的決定可能會被質疑，多樣性的增加幅度就會更大。在引進「多元化工作小組」五年之後，非白人以及白人女性在管理階層的佔比增加了百分之十二到百分之三十。

在「塔吉律師事務所」，蒙塞拉托把這三種方法全用上了：他做的比個人指導更多，特別拔擢了女性，替她們鋪平了道路，並且降低了她們升職時固有的風險。他確保了晉升的明確標準。而且他檢視經理人是否公平，並且追究那些行事帶有歧視的人，藉此建立起問責制度。

除了正確的策略之外，還有一件事促成了蒙塞拉托的成功，這件事在有關多元化和包容性的談話中往往被忽略。亦即他進行這些改變時懷著一種很特別的心態，也有著很特別的動機。

在一項經典研究中，商業學教授羅賓・艾利和大衛・湯瑪斯（David Thomas）試圖了解為什麼有些採行多元化措施的組織運作良好，另一些卻不然。湯瑪斯（現在是「莫爾豪斯學院」的校長）曾經被請求協助一家陷入困境的顧問公司；作為交換，該公司同意被當成研究對象。艾利研究了一家法律事務所，另外他們倆一起研究了一家銀行。而他們注意到一件引人注目的事：這些組織的種族多元化程度相似，也都有非白人員工擔任握有權力的職位，但是員工的實際體驗差別很大。在一些組織中，不同種族的員工在有些團隊裡感覺受到尊重和重視，在另一些團隊裡則覺得不被重視和信賴。艾利和湯瑪斯發現：這個差異似乎源自各個團隊對多元化的想法和回應——最初尋求多元化的目的，多元化帶來的價值，以及期望多元化能達成什麼。

一些團體專注於多元化的道德層面：提倡多元化是減少歧視並且矯正過去不公正現象的一種方式。例如，在那家顧問公司，組織認為多元化是件正確的事。接受艾利和湯瑪斯訪談的一位經理人說：非白人員工幫助該公司「實踐我們對於平等和公正的理想」。在這裡，多元化並不被期望以任何有意義的方式去改變公司業務的運作。

在其他案例中，艾利和湯瑪斯發現多元化被視為接觸客戶和打開市場的一種方式。他們所研究的那家銀行仰賴黑人員工來滿足以黑人為主的當地客戶的銀行業務需求。如同一位黑人經理所說，顧客很重視銀行業者對他們的深入了解。一名白人經理解釋：假如公司裡全是白人，「我們和社區之間的關係就會非常緊繃」。在這裡，公司的多元化是接近客戶並且得到客戶認可的一種手段。

這兩種做法都製造出令人擔憂的職場文化。在那家道德責任佔了主導地位的顧問公司，種族差異被淡化，以支持「無視膚色」的態度。事實上，這意味著每個人都必須「按照白人文化的標準」被同化。討論種族的唯一理由是決定某個人是否有歧視行為。一位受訪者指出：白人非常害怕自己會「被指責為種族歧視，這差不多是在公司裡可能發生在一個白人身上最糟的事，只比斷手斷腳好一點」。來自邊緣化群體的員工也遇到家長式和施恩式的態度，像是得不到誠實的反饋意見。艾利和湯瑪斯寫道：在這些團隊裡，種族身分「成為白人憂慮的來源，也是許多非白人員工無力感的來源」。他們也寫道：諷刺的是，當公司只專注於公平，這意味著沒有別種方式來思考差異；意見分歧具有道德上的風險。衝突被避免。不信任和反感日益滋生。

在那家銀行的有些部門，追求多元化是為了狹隘的商業利益，而黑人員工的反應不一：有些人覺得受到賞識和認可，另一些人則覺得被低估和抑制，為了職業前途而隱藏自己的某些面向。一名黑人職員懷疑自己是否被視為具有深度專業能力，還是只是個擅長「確保文書作業齊全、檔案資料井然有序」的人。事實上，該銀行的這些部門給人的感受是個兩級系統：一個地位比較高的部門以白人為主，負責處理富裕的全國性客戶；另一個部門的聲望比較低，大多數員工是黑人，替當地的零售分行服務。

然而，多元化還有第三種做法，能避免另外兩種做法的弊端。在這種觀點中，多元化被視為必要，因為不同的技能和觀點被視為至關重要，不僅是為了吸引特定顧客，也為了機構本身的進化。例如，在那間法律事務所的一個重要部門，領導人開始相信來自不同背景、擁有不同生活經驗的人提供了重要的識見來源，能夠對公司產生深遠的影響，從策略到營運。當衝突出現，就被直接處理，因為解決衝突對於該組織的未來至關重要。

由於差異被視為重要資源，該公司也努力使每個人融入組織。員工被鼓勵從彼此的經驗中學習，公司期望他們對新的觀點感到好奇，並且願意修正自己的信念和行為。公司本身也必須願意改變過去做事的方式。這樣做的結果是：來自邊緣化群體的員工感覺自己被傾聽，而非被抹煞。他們的觀點的確改變了公司的運作方式。差異沒有被迴避或淡化，因為這樣做會是浪費了得到新資訊和新洞見的機會。員工覺得由於自己獨特的貢獻而受到尊重和重視，因為他們的確受到尊重和重視。

管理學教授馬丁．戴維森（Martin Davidson）經常被請去協助那些在致力於促進多元化上失敗的公司。據他說，那些獲致持久包容性的組織都有學習和成長的態度。把差異視為財富，能使人把衝突視為成長的機會，而不是需要避開的地雷。「踏進一個多元化的環境，我們必須先假定『我不知道這裡是怎麼回事』。」在他三十年的職業生涯中，他觀察到：最善於駕馭差異的人會不斷尋求增進自己對他人的認識。凡是多元化的情境都可能會產生衝突和混亂，抱著學習的態度可以化解這種緊張，並且將之轉化成有用的材料。

戴維森說，這種做法對於來自邊緣化群體的人也有幫助。他告訴我：「身為黑人，最令我感到自由的一件事，就是假定我遇見的每一個白人都不僅僅是另一個白人。」他認為從他遇見的每個人身上都能學到東西，這個想法使他感到自由。不過，社會心理學家伊芙琳·卡特說這種做法有一個重要的限制條件：它只有在一個安全的環境中才能起作用。如果來自邊緣化群體的人要卸下心防，關鍵在於每個人都要努力創造出一種無害的氣氛。

戴維森說，即使人們不願意從彼此的差異中學習，他們還是**能夠**有效地一起工作。他們仍然能夠把事情做好。可是這些情況本身是脆弱的，無法長期持續。它們不會受益於多元化帶來的豐富洞見，而且在遇到衝突時無法持續下去。它們可能會落到學者莎拉·阿邁德（Sara Ahmed）描述為「形象管理」的情況，使一個機構看似具有包容性，實際上卻只包容極少數人。

這正是烏切·布萊克斯托克的經歷。只要沒有衝突，她就能夠在醫學院裡工作。只要她不想打破現狀，她就被大家接受。可是一旦她提出具有變革性的新想法，一旦她想要用她的觀點來提議作出改變，那個脆弱的情況就瓦解了。領導者沒有把她的觀點視為可提供豐富識見的寶庫。他們不認為自己可以向她學習。該組織想要多元化的面孔，但不想要多元化的頭腦。

在「塔吉律師事務所」，蒙塞拉托引進的改變旨在善用所有的頭腦；就像艾利和湯瑪斯所研究過的一些團隊，蒙塞拉托認為差異對於公司業務至關重要。他認為公司之所以經營不善，是因為它沒有反映社會。「從前我們是個十九世紀的老派紳士俱樂部。」他說，主要由白人和男性組成，和一個不斷改變而且互相連結的世界脫節。

其他公司的領導者在聽了「塔吉律師事務所」的改變後，有時會把蒙塞拉托拉到一旁，堅稱自己公司運作得挺成功。「恐龍也這麼說，」蒙塞拉托回答，「在隕石撞擊地球之前。」蒙塞拉托說，大多數領導者想要減少自己可能會遭遇的挑戰，因此他們會拔擢跟自己一模一樣的人。（如同前文所見，「同質偏好」也起了作用。）可是在蒙塞拉托的想法中，跟你**不像**的人才是你最該雇用的人。他們是最能質疑你的人，而且經過審視和辯論的想法能夠產生更好的決策。「要不就是你對，要不就是我對，因為我說服了你，」他說，「在內部受到的質疑愈多，外部受到的質疑就愈少。」

蒙塞拉托不厭其煩地指出：他使「塔吉律師事務所」多元化不是出於慷慨。「身為男性，他說：『性別多元化是我們成功的一個主要因素。』我不在乎時尚潮流，也不在乎表示友好。那是為了生意。」

當然，在一個等級分明的組織裡，分享權力與決策的可能性有其限度。可是如果一個環境是公平的，如果一個組織歡迎差異並且看重差異，如果影響力不局限於某個多數群體的成員，這些都會有助於創造出具有包容性的經驗。一位名叫蘇菲．布雷吉—德拉皮（Sophie Blégent-Delapille）的合夥人接替蒙塞拉托成為該公司的負責人。被問到辦公室的氣氛，她說那些改變使得職場生活每天都變得更好，不僅是對女性來說，而是對每個人來說。一個公平的環境就是一個工作起來更愉快的地方。「在我看來，這在他的成功中佔了八成。」

所謂「多元化的商業理由」廣被吹捧為追求多元化的理由，可是多元化並不是隨意撒下就能施展魔法的仙塵。事實上，並沒有證據顯示，單是使員工多元化就能自動帶來好處。有些研究發現多元化團體作出較佳的決策，並且以更複雜的方式來思考（例如，性別混合的團隊生產出的技術專利被引用的次數最高），可是另一些研究發現多元化團體表現較差。針對四十年來有關組織多元化的研究所作的一項檢視發現：多元化團體雖然往往比同質化團體更有創造力，卻也可能更容易產生衝突和溝通不良，如同馬丁．戴維森所指出的。

但是這些不一致的結果有其邏輯。商業學教授瑪莎．馬涅夫斯基（Martha Maznevski）分析了幾十年來對多元化團體的研究，發現多元化團體的表現的確優於同質化團體，不過是在非常特定的條件下：如果人們能夠互相理解並且借鑑彼此的想法。意思是，如果他們能夠從彼此身上學習。艾利和湯瑪斯在分析了一家銀行將近五百家分行之後得出了類似的結論。他們也發現：雖然多元化本身不能帶來更好的績效，但是當所有員工都被鼓勵分享洞見、在心理上感到足夠安全以向彼此學習，在這樣的分行裡，多元化的確改善了績效。安全感使人願意承擔風險，吸收新資訊，並且成長。如果一個分行能夠善用每個人的才能，其結果令人驚豔：在白人和非白人員工都感覺受到支持的分行當中，的確是最為多元化的分行表現最好。多元化和業績之間的連結乃是一種真誠學習的氣氛。

而在這一點上，領導者至關重要。艾利說：「所需要的是文化上的改變，而領導者是組織文化的管理人。」領導者制訂政策並且示範出能被接受的適當行為。這又反過來影響人們的行為方式以及彼此互動的方式，影響他們的日常經驗和感受，最終塑造了他們的發展軌跡。

消除日常實務中的偏見是必要的，但還不足以創造出一個真正具有包容性的環境。要營造出包容所有人的氛圍，日常實務必須建立在從差異中學習和重視差異的基礎上。而這樣的環境未必得是工作場所。這種動力在人們生活、敬拜和學習的場所都發揮了作用。事實上，關於真正的包容能產生的影響，有一個非凡的例子，發生在一個通常不會讓人聯想到自在和歸屬感的環境裡：數學教室。

數學家費德里科．阿迪拉—曼提拉（Federico Ardila-Mantilla）生長於哥倫比亞，是個對學習不感興趣的學生，但是具有數學天賦。在波哥大的中學裡，他大多數的課程都不及格，這時有人建議他申請麻省理工學院。當時他不曾聽說過這所學校。出乎他意料的是，他被錄取了，而且還拿到了獎學金。在數學上，他表現出色。他的一位教授是個毒舌的理論數學家，以把聽眾比作一群牛而惡名昭彰，這位教授習慣把尚未被解開的數學問題塞進家庭作業裡，但是並沒有告訴學生。這些問題從不曾被**任何人**解開，而阿迪拉解開了一個。他後來在麻省理工學院取得數學學士學位和博士學位。

可是他在大學也感覺到孤立。這有部分和他本身內向有關。（有個笑話：外向的數學家就是和你講話時會看著你的鞋子而非看著自己鞋子的人。）另一部分則和文化有關。身為拉丁美洲人，他在數學系屬於少數族群，而且他在美國的數學界感到不自在。沒有人試圖公然排斥他，但是他感到孤單。在數學上，和其他人合作能夠開啟新的學習和思考方式。可是他在麻省理工學院的九年裡，他只和其他人合作過兩次。

當時他並沒有清楚看出這個問題。可是後來，當他成為教授，他注意到一個模式。阿迪拉教過的那些繼續攻讀博士的女學生、黑人和拉美裔學生也說過他們感覺到孤立和受到排斥，說他們試圖加入一個學習團體，卻發現沒有人想和他們合作。事實上，研究也指出：來自少數族裔的理工科學生在大學校園裡經常感到孤立，而女性理工科學生發現自己經常受到詆毀和低估，甚至是在她們的表現優於男性時。

眾所周知，數學界是個同質性高的學術領域，大多是白人男性或亞裔男性，而數學家雖然並未被視為男子氣概的典型，數學界的文化卻是大男人主義而且帶有攻擊性。阿迪拉告訴我：「辱罵性的語言完全是常態。」雖然這個基調是由數學界的前輩定下，但是年輕一輩的教授也繼承了這個傳統。阿迪拉以前教過的研究生安德列．溫達斯—梅蘭戴斯（Andrés Vindas-Meléndez）描述了他在加州大學柏克萊分校主修數學時請一位導師簽名，那位教授對他說：「你永遠成不了數學家。」在溫達斯—梅蘭戴斯走出去的時候，那位導師說：「不要讓你自己難堪。也不要讓系上難堪。」

對於如今在舊金山州立大學任教的阿迪拉來說，這是個顯著的問題：他的學生中有六成來自少數族裔。將近半數是家族裡的第一代大學生。於是阿迪拉決定去做數學家在面對巨大難題時會做的事：從專注於一個較小的問題開始。他著手在自己的課堂上創造出一種新的數學環境。

首先，他必須重新想像數學文化可以是什麼樣子。為了避免延續大男人主義的攻擊性，而使課堂成為一個讓學生感到自在、受到支持的地方，他制訂了一份課堂協議。要求學生承諾在自己和班上同學的學習中「扮演積極、有耐心、寬厚的角色」。要營造出適當的氣氛也意味著重新思考他要如何談論數學。數學家經常使用像是**顯而易見**或**很容易看出**這樣的套語，學生如果沒有立即覺得一個概念很簡單，這樣的話語可能會讓他們深深感到挫折。在數學裡，努力解決極其困難的問題是學習過程的一部分。阿迪拉說：「一個具有挑戰性的經驗很容易就會變成一個使人感到孤獨的經驗。」尤其要確保學生不要在早期的挑戰中感到氣餒，因為現在難以看出的東西可能會隨著時間而變得比較容易。他從教學中剔除了這種通常會令人氣餒的數學語言。

其他的改變隨之而來。阿迪拉觀察到只有少數學生會在課堂上發言，於是在他提出一個問題之後，他要求要看到三個人舉手，才會讓任何人發言。第一隻手通常很快就會舉起，有時候第二隻手也舉得很快。最後，第三隻手會試探性地舉起。然後他會以相反的順序請學生分享他們的想法。學生終於領會了，他說，而在這個過程中，學生明白了自己的發言都會受到歡迎和鼓勵。在學期開始時只有少數人勇於在課堂上發言，到了學期結束時大家都會開口。

「許多學生感受到壓力，覺得必須把他們真實的自我留在教室門外。」阿迪拉說，尤其是當他們來自在數學界不起眼的群體。於是他想方設法邀請他們把更多的自我帶進數學裡。他會播放音樂來使教室更令人感到自在，然後邀請學生帶來他們自己挑選的音樂。在一堂微積分課上，他交代的作業是一個經典的難題：確定一個罐子最理想的形狀，讓容量最大，而製造時使用的材料最少。為了探索這個問題，他也請學生從家裡帶一罐食物來。有些罐子反映出學生的文化背景：炸豆泥罐頭，或是椰奶罐頭。另一些學生則帶來了時髦的罐裝椰子汁和果汁。

學生發現：從材料的觀點來看，矮胖的炸豆泥罐頭最有效能，而通常高高瘦瘦的椰子汁罐頭看起來比較大，效能卻最低。這個習題引發了一場熱烈的討論，關於文化、食物以及市場上的競爭價值。阿迪拉意識到，他無須要求學生討論他們的身分，例如藉由寫一則關於炸豆泥的應用題。他可以就只是使一番對話成為可能，然後帶著好奇和開放的態度來聆聽。慢慢地，隨著學生的分享，一個數學社群開始形成。

這個社群後來擴大了，當阿迪拉在舊金山州立大學和哥倫比亞的菁英學府安第斯大學之間發展出合作關係。他透過影片用英語進行聯合課程。兩組學生都對彼此感到佩服——安第斯大學的學生注意到舊金山州立大學學生的投入和敬業，而他們的進階數學背景則又反過來啟發了舊金山州立大學的學生。最終的作業是兩人一組完成的，而如同阿迪拉所說，合作是在「從西班牙語到英語的整個範圍」中進行。許多美國學生是拉美裔，在家裡只說西班牙語，現在他們也學習用西班牙語來在高級數學課上溝通。阿迪拉注意到，這種國際夥伴關係被證明為最有成果，這是差異在真誠學習的氣氛中具有生產力的另一個例子。

為了進一步鞏固這個剛形成的新社群，阿迪拉在哥倫比亞創辦了一個數學研討會，現在已經成長到包括來自二十個國家的人，大多數是拉丁美洲國家。專家和學生一起合作解決問題，分享尚未解開的問題，互相打氣，甚至一起跳騷莎舞。阿迪拉也替這個研討會制訂了一個協議，明示了該研討會的目標：「向每個參與者提供有意義、有挑戰性、具鼓勵性，而且有趣的經驗。」所有與會者都被要求大聲讀出這個協議，並且在小組中加以討論，思考他們自己將如何為達成這些目標作出貢獻。

「數學是人性的，」如今把阿迪拉視為導師的安德列．溫達斯—梅蘭戴斯說，而該研討會沒有隱藏這一點。「解出答案之後鼓掌，跳騷莎舞，這些都是人類的經驗。」這種做法產生了深遠的影響。例如，該研討會並沒有明言提到非異性戀社群，但是一個與會者表示：身為同性戀男子，他在數學研討會上從不曾感覺如此自在。溫達斯—梅蘭戴斯說，在那種環境中，學生覺得有能力去嘗試解開令人生畏的問題，有時候超出他們自以為的能力極限。

同樣的效果也發生在阿迪拉的課堂上。「我們往往會有誰是優等生、誰是劣等生的想法。」阿迪拉告訴我。在典型的學校環境中，考試成績好或是能夠快速解決問題的學生被認為是最好的學生。阿迪拉提供了通往成功的其他途徑，把開放式問題當成作業，這更接近科學的實務。過去也許表現欠佳的學生展露出新的優勢。「我見過在考試中得低分的學生，」他告訴我，可是當他們本身直接深度涉入數學時，「他們能夠展示出一種非常不同的成果。」

例如，為了一份歐氏幾何學和非歐幾何學的期末作業，一個原住民後裔的墨西哥學生想要了解他的祖先是如何進行數學運算的。該學生建造了「卡斯蒂略金字塔」的複製品，那是馬雅人祭祀蛇神的神廟。該神廟是這樣設計的：每當春分和秋分，落日投下的光影會像一條蛇從台階頂端滑到底部的明亮蛇頭。該學生發現了重建該結構所需要的數學知識，連同那條蛇的波狀光線。阿迪拉說，這份作業的水準明顯高於這位學生以前所展現出的能力。「當學生看見自己被反映在課程中，他們能做出的成果就有了質量上的改變。這真的令人感動。」[47]

47 看到自己被反映在課程中能夠造成差別，這個想法也在其他地方得到印證。在亞利桑那州的土桑市，曾經有個名為MAS（墨西哥裔美國人研究）的計畫，以協助提高該地區墨西哥裔美國學生的學業成就。該課程包括墨西哥裔美國人和拉美裔美國人的歷史、文學以及與該社群有關的社會議題。針對該市八千四百名學生所作的一項分析發現，參與該計畫的學生的表現優於其他同學，畢業率較高，通過標準化測驗的比例也比較高，雖然他們起初進入計畫時的平均成績和測驗分數普遍低於同儕。該計畫在二〇一〇年被取消。

畢竟，數學是切身的，是有情感的。「凡是從事數學的人都知道這一點。我只是不認為身為一個社群，我們有情感上的自覺和詞彙來談論這一點。」

而在學習中體驗到的感受會對人們的發展軌跡產生實質的影響，一如在職場體驗到的感受。尼蘭賈納．達斯古普塔發現：歸屬感相當能夠預測學生能否在一個他們所佔人數不足的領域堅持下去。許多研究指出：感覺被接納和擁有歸屬感——這是包容的特徵——幫助人們去努力克服困難並且提高了他們的成就。這也有助於他們保持動力，留在他們所選擇的領域。

以阿迪拉的學生為例，包容產生了驚人的影響。和安第斯大學合開的第一屆聯合數學課有二十一名學生，其中有二十名後來取得數學及相關領域的碩士學位，他們有半數來自舊金山州立大學。十五名學生繼續攻讀數學及相關領域的博士學位，其中十四名已經當上了教授。即使是在一所菁英大學，這也是個驚人的數字，而在像舊金山州立大學這種並不頒發博士學位的大學更是史無前例。許多這些學生起初並沒有攻讀數學博士學位的意圖。自從該計畫創立以來，在參與計畫的兩百名學生當中，有五十名後來取得了博士學位。美國這邊的參與者幾乎全都是女性，或是來自傳統上在數學界所佔人數不足的少數族裔。

阿迪拉說：「這樣說感覺不太謙虛，可是學生說置身於這樣的環境是讓他們選擇以數學為業的原因。」曾有另一位教授勸他不要讓系上難堪的溫達斯—梅蘭戴斯說，在遇到阿迪拉之前，碰到具挑戰性的問題，他的自動反應是假定他不知道該如何去破解。阿迪拉鼓勵他先不要作出這種判斷。「費德里科認識我到現在已經有七年了。他會說：『好，這是個抽象的問題，讓我們先從一些具體的例子著手。』」溫達斯—梅蘭戴斯也完成了數學博士課程，今年秋季將回到柏克萊作博士後研究。對溫達斯—梅蘭戴斯和其他人來說，阿迪拉肯定是個榜樣——是一個「存在證明」，如同佩可·細井所說。但是阿迪拉也創造出一個讓學生可能成長茁壯的環境。溫達斯—梅蘭戴斯說：「費德里科是博士層級裡第一個讓我看出我能夠成功的人。」

要創造出不會有系統地排斥某些人的文化，重要的是要能坦然承認差異。最近一項針對將近七百名大學生所作的研究發現：事實上，承認差異會影響對偏見的感知，甚至可能有助於學生的成績。這些學生被分配去上一門線上教學的化學課、物理課或數學課，被告知兩種教學理念之中的一種，或是成為控制組。在其中一種中，學生聽了一段音訊歡迎詞，教師（一名中年男子）說明學生應該記住彼此之間的共同點，說這將有助於合作和學習。學生還收到一份教學大綱，進一步說明課堂是個學生能夠蓬勃發展的地方，記住彼此的共同點能夠增加同理心和更良好的互動。

另一組學生則聽到了一段不同的歡迎詞，要他們記住彼此之間的差異；他們拿到的教學大綱聲稱顧及彼此的差異將能促進更好的互動。如果被告知的是「承認差異」的理念，非白人學生（包括黑人、拉美裔、東亞、南亞、美國原住民、中東、夏威夷原住民學生）會認為教師比較不懷偏見，比起主張要學生專注於彼此間共同點的教師。

相反地，白人學生則認為教師在承認差異時**更加**有偏見，而在提出「無視膚色」的理念時最沒有偏見。

事實上，我訪談過的許多人都把別人承認他們獨特背景的時刻描述為真正受到包容的實例。多明尼克．德古茲曼（Dominique DeGuzman）是舊金山的一名電腦程式設計師，屬於LGBTQ社群，他記得在奧蘭多市夜店發生針對同性戀社群的槍擊事件之後，她公司裡的LGBTQ員工感覺特別脆弱。德古茲曼說：領導者能夠承認該事件的存在以及所造成的傷痛，這一點格外重要。

德古茲曼也指出我們需要體恤「隱性少數族群」，例如出身勞工階層的人，他們對於超時工作的要求可能和出身富裕家庭的人有不同的體驗。凡是在工作上有高度不安全感的人就可能比較無法抵制較長的工時或是週末工作。

忽視一個人的身分可能會讓此人感覺自己格格不入。萊斯利．麥里曾是一家大型科技公司的少數黑人主管之一，當他得知該公司正在接待一群知名的黑人領袖，而他並未受邀，甚至並未被告知有這場活動，他感到震驚而且傷心。那本來可以是公司裡有人認可他身分的關鍵時刻，但他們卻完全錯過了。

培養具有包容性的環境也需要領導者設定正確的基調。梅卡．歐克雷克（Mekka Okereke）是一位奈及利亞裔美籍工程師主管，有一次在會議中大家討論起一封寄給外部的電子郵件。有人試圖展現出幽默感，說這封電郵「讀起來應該像是由我們公司寄出的，而不像是由奈及利亞人寄出的」。會議室安靜下來，其他人都看向歐克雷克，不確定他會有什麼反應。歐克雷克深深吸了一口氣，說：「嗨，我是梅卡。公司的電郵系統和通知系統全都由我負責。很遺憾，發送這封電郵的反正還是奈及利亞人。」他緩和了這個局面，並且明確表示傷人的話語不會被容忍。不過，後來他又說，雖然他不介意用幽默來替自己辯護，但是在那個關鍵時刻，本來可以由一個同事出面處理這番帶有偏見的話語。

尤蘭達．戴維斯（Yolanda Davis）是亞特蘭大的一名軟體經理，她描述了以前一位特別擅長培養包容性的經理：他創造出機會來建立真正的人際連結，贊助遊戲之夜和聚餐，讓大家分享來自他們所屬文化的食物。隨著信賴逐漸增加，要進行棘手的交談感覺上就比較安全。戴維斯記得她的經理問起關於「點頭示意」的事——黑人可能會以這種微妙的方式向另一個黑人打招呼。她向他解釋：「在一個別人把你當成隱形人的世界上，這是表示對方意識到你的存在，是對你的存在表現出尊重。」

回憶起這番交談，戴維斯說：「那是個特別的時刻。我解釋了，而他懂了。」那是一番培養出理解的坦誠對話，如果沒有互信和歸屬感，這番對話就不會發生。如今戴維斯也努力在她自己的團隊裡培養出這種坦誠，例如從她的印度同事那兒得知他在南印度農場上長大時所遭遇的阻礙，得知印度的膚色歧視和種性制度。

當然，人們有多想把自己的身分帶到職場或學校，其程度因人而異。而且即使是在一個歡迎大家這麼做的環境中，要承認差異而又不至於讓人感覺自己像個珍奇的標本，這可能很難。一個剛畢業的大學生向我說起他上過的一門寫作課，老師一再提到他是韓裔美國人這件事，並且經常建議他寫韓裔美國人的故事。這種過度的關注使這個學生感覺格格不入：他並不特別想把自己的身分拿來作為寫作題材，甚至不曾在課堂上提起過自己的身分。

但是阿迪拉請學生帶食物罐頭到課堂上來的做法就是個很好的例子，關於如何帶著體貼和關懷來歡迎差異。他沒有強迫學生，也沒有要求學生在覺得不自在時進行分享，而是創造出一個能讓大家帶來自己完整身分的空間，表明他們受到歡迎。透過語言和班級政策、透過一個充滿尊重、好奇和互相鼓勵的環境，他傳達出的訊息是每個人都有成功的空間。他並沒有催促學生透露自身的經歷，但是對這件事持開放態度，並且在對方分享時帶著尊重和專注來聆聽。

假如布萊克斯托克遇到的那幾位院長相信她的觀點是一份寶貴的資產，並且以開放的態度和好奇心來看待她的擔憂，那麼會發生什麼事呢？也許他們會說：「**跟我們談談妳的獨特經歷。說說妳看見了什麼。我們想要了解，我們想要改正。**」他們忽視她的擔憂，也不重視她的洞見，這使得布萊克斯托克無法留下。離開學術界之後，她成立了自己的組織，致力於消除在健康以及醫療照護上的種族差異，並且成為國內炙手可熱的專家。學術醫學界不想要的人才如今創造出一種新的醫學文化，一如阿迪拉創造出一種新的數學文化，在他們這樣做的過程中也鼓舞了其他人。

Chapter 10 打破文化

改變個體的思想、心靈和習慣是改變偏見的一種方式。如同我們所見，另一種方式則是改變程序、結構和組織文化。當然，這兩者是交織在一起的：個體創造出程序、結構和組織文化，而這些又反過來塑造個體的思想和行動。但是，我們也是一種更大的文化——我們生活在其中的大環境——的產物。改變也可以從這第三個起點著手。事實上，一些研究偏見的學者，像是心理學家格倫．亞當斯（Glenn Adams），已經呼籲把焦點從個體的心靈和思想轉移到「去改變這些心靈和思想所屬的社會文化世界」。重塑現實世界，從更「上游」之處來對抗偏見，一點一點地消除偏見的根源。

不過，媒體對世界的呈現也具有影響力，而且要改變這些呈現可能也比較容易。如我們所知，媒體經常以刻板印象來描繪邊緣族群，從電影《衝出康普頓》預告片中的黑人男性到新聞中的墨西哥移民，再到電視影集《反恐危機》裡的中東人。《反恐危機》雇用了出生於埃及的藝術家來替拍攝現場添加具有寫實效果的塗鴉，由於影集中對中東人的描繪令他們火冒三丈，他們用噴漆以阿拉伯文寫上：「《反恐危機》是個笑話，而我們笑不出來。」

以負面形象呈現被污名化的群體顯然有害處，可是以正面形象來呈現他們只是個開始。過去這幾年來，北非裔法國心理學家阿德拉提夫．埃爾拉菲（Abdelatif Errafiy）和德裔美國心理學家馬庫斯．布勞爾（Markus Brauer）仔細檢視了如何能夠利用媒體來改變歧視行為，而把研究焦點放在法國對阿拉伯人的歧視上。雖然在直覺上，用正面形象來取代負面形象似乎是正確的做法，埃爾拉菲和布勞爾的研究指出也許有一條更好的途徑。

在一組實驗中，研究人員製作出大型光面海報，上面的照片是幾個阿拉伯裔的人。在法國，他們標出了每個人的名字、年齡，以及一個重要而獨特的性格特徵。在一個女子的照片旁邊，海報上寫著：**雅米娜，五十九歲，樂觀**。在另一張照片底下寫著：**艾查，三十歲，吝嗇**。在海報下端則用大型字體寫著：**多樣性是我們的共同點**。

埃爾拉菲和布勞爾隨後在法國的醫療場所、中學和大學向幾百個人展示了這些海報。每一個場所都有一組相同的環境，其中一個有海報，另一個則沒有。例如，在一個物理治療師的診療所，海報展示在候診室裡；另一間相似的診療所則沒有掛海報。在一組中學裡，這些海報掛在教室裡和門上，在另一組中學裡則沒有海報。

研究者發現：在候診室或是進出教室時接觸到這些照片海報的人，之後在行為上對阿拉伯裔的人表現得比較不帶偏見。作為實驗的一部分，接受物理治療的病人看見了這些海報，幾週之後再來回診，這時海報已被移除。一個阿拉伯裔的人坐在候診室裡（自稱也是病人，但其實是研究者的同事，為了實驗目的而坐在那裡）。比起不曾見過那些海報的人，這些見過海報的病人坐得離那個阿拉伯裔的人比較近。

在中學裡，當學生被請求支持一份抗議歧視阿拉伯人的請願書，那些見過海報的學生更可能會在請願書上簽名。見過那些海報的大學生更願意志願支持一個伸張阿拉伯人權利的團體。在另一個實驗中，一個阿拉伯裔的女子（她也是研究者的朋友），在受試者面前打翻了她的包包。在控制組中只有百分之五十九的人向她伸出援手。在看過海報的那一組中，有百分之九十一的人幫忙那個女子撿拾從她包包裡掉出來的東西。

為什麼一張凸顯各種性格的海報會產生這種效果？這似乎和差異的概念有關——不是阿拉伯人和非阿拉伯人之間的差異，而是阿拉伯人本身之間的差異。那張海報並沒有試圖藉由向法國人介紹阿拉伯傳統或是凸顯正面的榜樣來培養正面的態度，而是強調在被認定為阿拉伯人的群體中個體的差異有多大。刻板印象是建立在一個概念上，亦即一個群體的所有成員都有共同的特徵，而研究顯示：如果人們把一個群體視為同質，他們對該群體中的個體就的確會懷有更多偏見。相反地，我們愈是認為一個群體乃是由彼此間差異極大的個體所組成，我們就愈不會對他們懷有刻板印象。那張海報之所以可能起了作用，一個原因在於藉由強調阿拉伯人並非全都一樣，它們使其他人無法再用刻板印象去看待阿拉伯人。那兩位作者寫道：「如果成員被視為彼此不相似，就幾乎不可能對他們全體懷有同樣的感覺。」

這張海報同時呈現出正面和負面的特質，這一點似乎特別重要。另一個版本的海報──只包含像是「樂觀」、「親切」、「誠實」之類的正面特質──效果就沒有那麼好。

這種做法──強調一個群體身分中的差異──和常見的提倡多元文化意識的活動背道而馳，那些活動通常是強調一個群體和其他群體的相異之處，例如呈現一個群體的文化或習俗。在任何一個多元化的社會中，這都是個具有嚴重影響的挑戰：一方面要承認並且歌頌群體之間的差異，另一方面則要避免造成不同群體之間更加壁壘分明。

二〇〇二年，「聯合國兒童基金會」和製作兒童電視節目《芝麻街》的「芝麻街工作坊」接洽，詢問他們是否願意替科索沃製作該節目的另一個版本。科索沃的大小和康乃狄克州相仿，當時是聯合國保護區，但有些人將之視為塞爾維亞的一省，當時剛剛脫離一場毀滅性的種族衝突。在那場戰爭中有一萬多人被殺害或是失蹤，將近一百萬名阿爾巴尼亞人和十五萬名塞爾維亞人逃往鄰近國家，有時是乘坐曳引機和拖車。「聯合國兒童基金會」的官員認為《芝麻街》也許是設法解決民族仇恨的一種方式。雖然一項針對科索沃成年人的和解活動似乎沒有發生效果，但是針對學齡前兒童的和解活動或許能夠奏效。《芝麻街》在美國的種族融合中發揮過作用，或許也能在科索沃取得成功。

當時，塞爾維亞人和阿爾巴尼亞人在地理上是隔離的：各民族居住在不同的地區，孩童去上不同的學校。許多科索沃的孩童甚至從未遇見過另一個民族的孩童。當一個塞爾維亞小女孩被問到：「為什麼妳和阿爾巴尼亞小孩上的是不同的學校？」她回答：「因為我們是塞爾維亞人，而他們是阿爾巴尼亞人。」「差別在哪裡呢？」小女孩想了一下說：「我不知道。」訪問她的人問：「妳會想要見一見阿爾巴尼亞小孩嗎？」「不會。」她說。她不知道差別在哪裡，只知道這些差別非常重要。

《芝麻街》同意了，並且招募了包含阿爾巴尼亞人和塞爾維亞人的製作群來協力製作這個節目。製作人之間的關係非常緊張，一度甚至不確定這兩群人能否同意聚在同一個房間裡來打造這個節目。然而，在接下來那幾個月裡，該團隊的確協力合作了。在他們製作該節目的那個小房間裡，窗戶加裝了鐵柵欄，以保護他們免受街上騷亂的影響。一度曾有一場暴亂爆發，使得該計畫中斷了好幾個月。

製作群在製作之初就決定替該節目取兩個不同的名字，分別是阿爾巴尼亞語的 Rruga Sesam 和塞爾維亞語的 Ulica Sezam，將分別用相對應的語言來配音。該節目省略了《芝麻街》教導字母和字詞的基本單元，因為阿爾巴尼亞裔的父母不會接受塞爾維亞文和西里爾字母，而塞爾維亞裔的父母也不會接受阿爾巴尼亞文和拉丁字母。由於無法以視覺呈現字詞，製作群創造出一部「圖畫辭典」。如果要教「太陽眼鏡」這個詞，節目中的孩童會戴上奇形怪狀的太陽眼鏡，並且用不同的語言說出這個詞。就連要把節目名稱放上螢幕都會在政治上掀起波瀾，於是製作群最終決定就只讓孩童大聲喊出節目名稱。

由於科索沃的孩童接受學前教育的機會有限，該節目的課程有著直接的實際目標，像是教導孩子數數以及注意安全。而一個主要的中心思想是學習尊重並欣賞不同族裔的孩童。他們從未在現實生活中相遇，但他們也許能透過《芝麻街》這個節目相遇。

製作團隊拍攝了幾十段實況影片，分別拍攝了塞爾維亞兒童和阿爾巴尼亞兒童和祖父母一起烹飪、慶祝節日、和家人相處，或是玩遊戲。這些畫面和傳統的《芝麻街》招牌內容互相穿插，像是布偶短劇和動畫。實景鏡頭的重點在於讓孩童認識彼此，甚至也許能夠認同彼此。**那個小孩和她奶奶一起烘焙，就跟我一樣。我和我的兄弟姊妹一起玩，就像那個小孩一樣。**

製作群也希望孩童去認識敵對族群，但不要把他們的注意力全放在兩個族群之間的差異上，因為這可能會加深刻板印象。對另一個族群了解太少會導致恐懼和憎恨，而過度強調是什麼使人屬於「另一邊」則可能會導致偏見。

夏洛蒂・科爾（Charlotte Cole）當時擔任「芝麻街工作坊」國際教育部門的主管，她說要平衡這兩個目標很難。製作團隊需要將這兩個族群區分開來，同時也要呈現出每一個族群本身的多樣性。他們也需要呈現出這兩個對立族群的共同點。為了達成這個目標，他們在實景鏡頭中盡可能納入人數眾多的不同兒童。在一段影片中，分別拍攝了一群塞爾維亞孩童、一群阿爾巴尼亞孩童和一群吉普賽孩童，同時有一個小孩唱著：「我們是小孩，我們也許和彼此不同」，「在這個世界上，每個人都有獨特的地方」，「有些人精力旺盛，有些人很安靜」，但是「我們都會生氣……我們笑起來都一樣」。孩童被呈現為個體，有不同的經驗，但本質上沒有差異。

一個獨立研究小組被請來研究該節目的效果，檢視這些孩童是否學會了數數、辨識數字、安全地過馬路。但該小組同時也檢視了那個關鍵性的問題：這個節目是否改變了科索沃的孩童對彼此的想法？它是否發揮了某種人際接觸的作用，讓孩童對另一個族群有了更細緻的概念？就像洛杉磯瓦茨區參與「社區安全合作夥伴計畫」的警察對於他們所服務的社區有了更完整的概念一樣？

這項研究找來了五百多名五、六歲的孩童，其中大多數在這之前不曾看過這個節目。（在作這項研究之前，只有百分之二的塞爾維亞兒童和百分之二十三的阿爾巴尼亞兒童看過這個節目。）在他們觀賞這個節目之前，這些小觀眾被問到他們對於不同的小孩有什麼感覺。**你可以和一個不會說你的語言的小孩一起玩嗎？如果是吉普賽小孩呢？你會主動接近這個族群的小孩嗎？如果一個阿爾巴尼亞小孩請你幫忙，你會幫助他嗎？你可以想像一個塞爾維亞小孩需要幫助嗎？**接著半數的小孩觀賞了至少十二集以他們母語播放的《芝麻街》，另外半數的小孩則沒有看。

研究人員發現：在阿爾巴尼亞孩童和塞爾維亞孩童當中，那些觀賞過《芝麻街》的孩子面對其他人的態度更加開放。他們更可能想要和一個吉普賽小孩互動，也更願意和不會說自己語言的小孩玩耍。在塞爾維亞孩童當中，表現出互相尊重的百分比從三十七提高到六十八；在阿爾巴尼亞孩童中，這個百分比從二十三提高到三十三。經過此一介入，觀賞過《芝麻街》的孩童也比較樂意去幫助屬於一個敵對族群的小孩。當孩子被問到他們為什麼可以這樣做，他們提出的理由表示出他們在想像另一個孩子的內心經驗。「他不知道該怎麼辦才好。」他們說。還有別的理由嗎？那些孩童回答：

他什麼都沒有。

他孤孤單單的。

他迷路了。

可能會有路人把他帶走，帶到很遠很遠的地方。

不管怎麼樣，都應該去幫助一個小孩。

因為夜裡可能會有野狗把他吃掉。

在一些細微之處，他們開始認同敵對族群的小孩。**我們都會生氣，我們笑起來都一樣。**[48]

電視節目和電影中的呈現能夠改變一個人看待「他者」的方式。而這些呈現能做的事還不僅如此：它們也能改變一個群體看待自己的方式。要了解這是怎麼起作用的，我們可以參考一個不尋常的實驗，該實驗發生在最可怕、最具破壞性的歧視事件之後。

在一九九四年盧安達種族大屠殺期間，估計有八十萬人遇害，大約佔了少數族群圖西族七成五的人口，殺害他們的人乃是與胡圖族所領導的政府立場一致的個人。進行這場種族滅絕的包括受到政府支持的團體和一般平民。

這場衝突的根源很複雜。歐洲殖民者加劇了胡圖族和圖西族的分裂。關於胡圖族和圖西族這兩個類別在殖民前時期的意義雖然還有爭論，但一般而言，這種分類和職業、角色、地位的關聯要大於和種族的關聯，而且人們可以從一個族群轉入另一個族群。殖民者把圖西族提升為代理菁英，建立起嚴格的種族壁壘，並且鼓吹刻板印象（圖西族「自豪」而「有禮貌」，胡圖族「豪爽、吵鬧、開朗」）。一九三〇年代，比利時殖民當局藉由發放民族身分證而固定了種族的劃分，按照口述歷史來決定族別。據說他們甚至根據人們所擁有的牛群數量來劃分種族，把圖西族的地位賦予那些擁有十頭牛以上的人，雖然這已經被證實為誤傳。

一九五九年胡圖族的一場起義使得佔多數的胡圖族在盧安達於一九六二年獨立時掌握了權力，許多圖西族人流亡國外。在之後那幾十年裡，雖然這兩個族群之間爆發了暴力衝突，但是胡圖族和圖西族也彼此通婚，並且生活在種族融合的社區裡。一九九三年達成的和平協議解決了胡圖族政府軍和圖西族難民軍隊之間長達三年的戰爭，可是隔年胡圖族總統遭到暗殺，這個和平協議就被推翻了。

當時，許多盧安達人在收聽一個名叫 RTLM 的新電台。該電台於一九九三年開播，按官方的說法這是家私營電台，但是其電力來自胡圖族總統官邸內的發電機。該

48 依照「接觸理論」的概念，製作該節目的過程也幫助了製作群裡的成年人。他們聚在一起，為了一個共同的目標而合作，亦即給他們的孩子一個更好的未來。在這個過程中，這些製作人也漸漸對彼此更加包容。

電台在音樂和喜劇節目當中穿插了叩應節目和反圖西族的評論，把圖西族人稱為「蟑螂」，一再把他們描述為「渴望權力」的族群。「你可以用一支乾草叉趕走大自然，但是它總會再回來，」一個播音員說，「這種渴望是超自然的。」

當暴力衝突展開，該電台鼓勵胡圖族去消滅「蟑螂」，有時甚至還說明去哪裡可以找到攻擊目標。一名記者指出：當那些種族滅絕者四處遊蕩時，他們可能一手拿著大刀，另一隻手提著收音機。研究RTLM電台的學者發現：愈是能收聽到該電台節目的人，對種族屠殺的參與度就愈高。暴力也蔓延到那些收音機接收訊號良好的村莊附近。電台在這場殺戮中起了強大的作用，乃至於審理盧安達種族屠殺事件的「國際刑事法庭」主張：是該電台的鼓吹使得那場種族屠殺成為可能。該電台的創辦人被判定犯下了種族滅絕罪。

十年後，一群盧安達人連同荷蘭的一個非營利組織和一個猶太裔美國心理學家（他是猶太人大屠殺的倖存者）開始思考：電台是否不僅能被用來製造仇恨，而也能成為療癒的手段？他們一起發展出一齣廣播肥皂劇，名叫《新曙光》，用意明顯在於改變盧安達人對暴力與和解的想法。在那場種族大屠殺之後，盧安達立法禁止討論種族問題，因此《新曙光》的編劇講述兩個虛構的山頂村莊的故事，這兩個村莊一向和平相處，直到他們受制於煽動偏執和暴力的領導者，這些領導者提升了其中一個族群的地位。之後在這齣肥皂劇裡發生的暴力事件反映出曾經發生在盧安達的事件。在那之後，《新曙光》裡的一些人物致力於促進溝通與和平，並且大聲疾呼，反對領導者傳達出的訊息。來自敵對村莊的兩個年輕戀人譜出了戀曲，並且建立了一個由年輕人領導的和平聯盟。兩個村莊最終和解，並肩耕作土地。

《新曙光》裡的故事也穿插了有關偏見起源的訊息，例如指出普通人也可能會變得暴力。這齣廣播劇也傳達了旁觀者介入的重要，以及跨越族群差異的愛情關係有助於減少偏見。所有這些故事的目標都在於設法改變盧安達人的看法以及對彼此的態度。

但事情並未如此發展。心理學家伊麗莎白・利維・帕魯克在一年的時間裡讓盧安達人每個月聚在一起聆聽這齣廣播劇，以研究這齣肥皂劇產生的影響。（一個對照組則聆聽了一齣有關健康的肥皂劇。）由於盧安達人通常都是一大群人聚在一起聽收音機，參加者也是以四十個人為一組。在為期一年的研究後，他們被問到一系列有關他們想法的問題。異族通婚是個好主意嗎？旁觀者的介入重要嗎？

在某些方面，這齣廣播劇失敗了。一年過去，帕魯克發現：聆聽《新曙光》並未影響這些人對於異族通婚的好處或是旁觀者之責任的看法。他們聽到了異族通婚可以促進和平，但是他們並沒有更相信這個說法。他們聽到了旁觀者介入很重要，但是他們對這個說法仍然抱持中等程度的同意。然而，另一件事有了改變：這些人對於自己**應該**相信什麼的想法改變了。聆聽了《新曙光》的人會說：「我不想鼓勵我的子女和另一個族裔的人結婚，但是我應該要鼓勵。」他們不認為大聲反對有害的訊息很重要，但是認為他們**應該**要大聲說出來。這齣肥皂劇傳達出「寬容」是現在所流行的觀念，也傳達出哪些觀點和行為是現在被認為最可取的。

《新曙光》似乎並沒有改變人們的信念，而是起了傳達出規範的作用。正如帕魯克告訴我的：「媒體並沒有告訴人們該怎麼想，但是它告訴他們其他人是怎麼想的。媒體表達出公眾共識。」

而事實證明，公眾共識能夠改變人們的行為方式：如果人們得知某一種行為是常態而且正在流行，他們就更會去做。例如，在一項研究中，飯店浴室裡擺著告示牌，鼓勵客人為了保護環境而重複使用毛巾。一組客人看到的告示牌上寫著：重複使用毛巾有助於保護環境。另一組客人看到的告示牌上則寫著：有百分之七十五的飯店住客為了保護環境而重複使用毛巾。比起那些只被請求保護環境的客人，那些得知大多數住客都重複使用毛巾的人也這麼做的可能性明顯提高。

在另一項研究中，家庭被鼓勵使用電扇來代替空調，以節約能源。每一個家戶都收到各種鼓勵訊息當中的一則：使用電扇可以省錢、這是對社會負責的舉動、這能減少溫室氣體，或是他們大多數的鄰居都這麼做。被告知節約能源在鄰居中盛行的那一組所減少的能源用量最多。

常態行為的力量是如此強大，它們影響了人們的所作所為，即便他們的行為是不被允許的：如果要阻止不良行為，告訴人們其他人也這麼做，就反而會增加這種行為。在一項研究中，「石化林國家公園」（Petrified Forest National Park）的研究人員測試了一種做法，藉由張貼告示來勸阻遊客竊取林木，告示上說有太多林木遭到竊取，對森林造成了損害。可是這些告示反倒使得竊取林木的行為增加了。該項研究的作者，心理學家羅伯特·席爾迪尼（Robert Cialdini）寫道：「在『有許多人在做這件不可取的事』這句陳述中潛藏著一個呈現出常態行為的有力訊息：『很多人都這麼做』。」

因此，儘管《新曙光》這齣肥皂劇的訊息並未改變人們的個人信念，卻的確改變了他們的行為，這或許也就不足為奇。作為帕魯克那項研究的一部分，每一組聽眾後來都得到一組手提音響和該節目的錄音。在商議該如何分享那個音響時，在前一年裡聽過《新曙光》的人更願意互相合作，比起那組聆聽健康節目的人。聽過《新曙光》的那一組人進行了更多協商，提出了更多關於分享的建議，也進行了更坦誠的溝通。《新曙光》並未改變人們對於合作、溝通和寬容的想法，但是它的確改變了他們實際上合作、溝通和彼此包容的程度。

如同帕魯克所指出：信念和行為之間的這種對比反映出那場種族暴力爆發的方式。盧安達人告訴她「暴力就像雨水一樣降臨」，彷彿暴力是在沒有預警的情況下突然出現的。暴力並非由長期存在的個人偏見所推動，而是受到文化訊息的鼓勵，這些訊息使殺戮成為能被接受的、可取的行為。那個電台所傳達的訊息是每個人都有偏見，而殺戮是正常的。聽眾所以為的這份共識釀成了種族大屠殺。「偏見是社會性的，」帕魯克告訴我，「一旦你認為共識和你站在同一邊，很多事情就會發生。」

旨在減少偏見的媒體干預措施，像是《新曙光》和科索沃的《芝麻街》，通常是在極端的、往往訴諸於暴力的衝突情況中被採用，而非被用來減少不自覺的歧視。但是改變媒體中的呈現和常態行為也能影響更普遍的日常偏見。

在一項研究中，紐約州西部一所大學的白人學生被問到是否願意回答一份簡短的問卷，關於他們對於不同之社會族群的態度。半數學生受邀去了解附近地區其他人的態度，並且被告知當地大多數人都很尊敬黑人。另外半數學生則沒有得到這份有關常態行為的資訊。然後，等他們答完問卷，在每一個學生離開時，都有一個黑人學生或白人學生路過，並且掉了一疊紙張。在那些沒有得到有關其他人想法之資訊的學生當中，只有百分之三十六停下來協助那名黑人學生。在那些被告知當地大多數人都很尊敬黑人的學生當中，有百分之八十六的人停下來幫忙。

心理學家史黛西．辛克萊（Stacey Sinclair）等人指出，與他人同調的動機甚至能夠影響非常微妙的偏見表達。在他們的研究中，參與者作了一個「內隱聯結測驗」，檢測對黑人持有的種族偏見。負責替某些參與者作測驗的人穿著素面無字的 T 恤，替另一些參與者作測驗的人所穿的 T 恤上印著 ERACISM（反對種族歧視）。重點是暗示把這句標語穿在身上的人是反對種族歧視的。當替學生作測驗的是身上有那句標語的人，學生的測驗分數顯示出的偏見就比較少。即使是看似自動表達出的偏見也受到他們對其他人所持信念之想法的影響。

藉由操縱人們所感知的常態，即使在極其不同的背景中，也可能重塑一個人對於自身所屬群體之思考與行為方式的想法。但是以媒體中的呈現來說，使用這些工具變得複雜，因為誰是「我們」和「非我們」取決於是誰在觀看。如同「芝麻街工作坊」

的夏洛蒂·科爾所說：「當我在學習了解自己的時候，來自另一個群體的人在學習了解他者。當我在學習了解他者的時候，來自另一個群體的人是在學習了解自己。」

此外，誰屬於或不屬於我們本身的群體，相關的概念也是文化的產物。是文化教導我們誰在這些類別之內，誰在這些類別之外。如果偏見主要源自於我們喜歡把人類加以分類，那麼，如果這些類別可以被改變呢？如果有可能使這些類別不那麼僵化呢？

這個疑問帶我去到了瑞典的斯德哥爾摩，那裡有一位幼兒園園長這二十多年來參與了一項不尋常的實驗，致力於創造出一所不再重視性別的幼兒園。

蘿塔·拉賈林（Lotta Rajalin）的實驗開始於一九九八年，當時瑞典政府頒布了一個命令，要求幼兒園必須為男孩和女孩提供同等的機會。當時，拉賈林是「尼可萊幼兒園」的園長，這所幼兒園位在斯德哥爾摩的老城區裡。她和同事懷疑小孩子可能會不公平地對待彼此。有可能是男生拒絕和女生一起玩，或是女生避開同坐在美勞桌旁的男生。為了查明這種不公平源自何處，老師們決定開始拍攝孩童每日的互動，希望能捕捉到這類偏見。老師們互相拍攝彼此做著日常工作，例如和孩子們一起畫畫，安慰他們，解決紛爭，鼓勵他們午睡。當他們聚在一起觀賞拍下來的影片，他們殷切地想要看出糾正孩童行為的機會。可是出乎他們意料之外，行為問題根本不是出自於孩童。

瑞典在性別平等上排名全球第四，這個國家進步到有一個專門用來表達性別平等的瑞典文詞彙 jämställdhet，而這些訓練有素、用心良苦的老師卻發現自己就以不同的方式來對待男孩和女孩。當孩子哭泣，老師們看見自己安慰女孩的次數多過男孩。當他們把小孩抱起來，他們會把女孩摟得更緊，面朝自己，抱男孩時則保持距離，並且讓男孩面朝外。在一段又一段的影片中，老師們看見自己更容忍男孩發出噪音、跑來跑去、吵吵鬧鬧，而會告訴女孩們要安靜、和善、樂於助人。他們對女孩的衝動表現出不耐，期望她們更有自制力，但是對男孩卻沒有表現出同樣的期望。當孩子圍坐成一個圓圈，老師們更歡迎男孩發言。

「我們很震驚，」拉賈林告訴我，「對幼兒園來說，那是一段很不好受的時光。」她意識到，要執行政府要求提供平等學習環境的命令，老師們得要先改變自己。

在接下來那幾年裡，那群老師開始一步步地改變自己的行為方式。如果男孩想哭，老師就讓他們哭，並且用與對待女孩同樣的溫柔來安慰他們。他們用同樣的方式抱起孩子。他們不再要求吵鬧的女孩安靜下來，由著她們像男孩一樣吵鬧。老師們也開始翻轉他們所讀故事中的人物性別，一個淘氣的孩子可以是個女孩，而一個乖巧討喜的小孩可以是個男孩。一天開始時，他們不再說「早安，男孩和女孩」，而說「早安，朋友們」。每一次當他們提到某個孩子，他們不說「他」或「她」，而只用那個孩子的名字。

那些老師最後開始使用一個新字：hen。這個字是一個中性的代名詞，於一九六〇年代開始被採用，而在二〇一五年被收錄在瑞典文字典中。幼兒園老師開始用這個代名詞來稱呼那些性別不明的人，例如來參加求職面試的廚師。其目標在於鼓勵孩子不再認為某些職業屬於男性，某些屬於女性。老師們在講故事的時候也開始使用這個中性的代名詞，用來稱呼故事裡一隻調皮的熊或是小貓。

隨著這所幼兒園的做法逐漸為人所知，社區裡有些人表現出帶有敵意的反應。塗鴉出現在幼兒園的建築上。批評者譴責這是一所反烏托邦的學校，將孩童洗腦，要消除「男性」和「女性」的概念。拉賈林有一本剪貼簿，留著所有她收到的恐嚇郵件。

當一組心理學家來到這所學校，他們問：「尼可萊幼兒園」是否消除了性別的概念？世界各地的兒童在十分幼小的年紀就對性別很敏感——嬰兒就能區分男性和女性的臉孔，到了三歲時，孩子強烈偏好與自己性別相同的玩伴。如同發展心理學家麗貝卡·比格勒的研究所證明，文化強烈影響了兒童對社會類別的適應。由於不強調性別，「尼可萊幼兒園」是否從孩子看待世界的方式中移除了「男性」和「女性」的類別？

為了找到答案，研究人員拿了一些孩童的照片給這所幼兒園的學生看，並且請他們指出其性別。他們把這些回答拿來和就讀斯德哥爾摩普通幼兒園的學生的回答相比較。結果發現「尼可萊幼兒園」的學生仍然會分辨男生和女生。他們就跟斯德哥爾摩其他幼兒園裡的孩子一樣能夠輕鬆地區分性別。

不過，「尼可萊幼兒園」的孩子不同之處在於他們對於男孩和女孩的**看法**。和其他同齡孩子相比，他們比較不會假定女孩和男孩會偏愛哪些玩具。他們也比較可能會選擇另一個性別的陌生小孩做為玩伴。換言之，他們比較不會依靠性別作為思考的捷徑。他們看見了男孩和女孩，但他們比較不會用刻板印象去看待他們。

這其實並不是計畫的一部分。原本的目標是讓老師平等對待孩子，確保他們都有同樣的機會成長和發展。在這個過程中，「尼可萊幼兒園」達成了第二個更微妙的目標：他們改變了孩童看待彼此的方式。將來的研究或許會探討和其他人相比，這些孩子會如何看待那些不適用於性別二分法的人。目前的研究指出這些孩子能夠感知社會類別，但是對這些類別比較沒有刻板印象。的確有一種方法可以讓人看出差異而不見得會導致歧視。那些老師並沒有消除性別的概念，但是他們開始改變了性別的意義。

拉賈林如今開設了第二間幼兒園，名叫 Egalia，意思是「平等」，建立在與「尼可萊幼兒園」相同的原則上。該校的目標是反對各種形式的歧視——不管是性別、階級、性傾向、種族和民族。在我抵達時，戶外遊戲時間剛剛結束，三歲到五歲大的孩子衝進門裡。拉賈林招呼他們，帶著近乎淘氣的喜悅。當我們步行穿過幼兒園，小孩子以之字形繞過我們，有時會撞上她的腿，就像金龜子撞上窗玻璃。

拉賈林的臉上布滿皺紋，表情豐富。她說她本身的存在要歸功於一個重視兒童的國家——她的父母在二次大戰的暴力中從芬蘭被送到瑞典，和瑞典家庭一起生活。拉賈林在瑞典長大，她說她小時候個性衝動而且狂野，別人總是對她說她這個樣子是不被接受的，說她得要冷靜下來，安靜坐著，要乖巧。「如果你對一個小女孩說：『噢，妳是這麼乖巧而且樂於助人。』她就會想要樂於助人。日後她也許想要狂野，而她會因此感到內疚，因為大人想要她當個乖巧的女孩。」相反地，「平等幼兒園」和「尼可萊幼兒園」的老師對於他們給予幼小孩童的信號及其可能的影響有所自覺。批評這所學校的人抱怨該校是在把一些思想灌輸給孩子。「每個人都在把一些東西灌輸給孩子，」拉賈林直截了當地說。「重點在於你想不想要對你所做的事有所自覺？」

在某些方面，為了讓孩子擺脫與性別有關的期望，該校所作的努力是顯而易見的。一個身穿閃亮「彩虹小馬」T恤的男孩朝我跑過來，告訴我那匹小馬的名字，然後一溜煙地跑走了。女孩穿著裙子，有些男孩也穿著裙子。男孩留著很短的短髮，有些女孩也一樣。娃娃屋和建築類玩具被當成「建築工具」擺在一起。在木工房裡，真正的鋸子在巨幅的豹紋掛毯底下一字排開。男性教師的數量要比我在任何一間幼兒園裡見過的都多。而且老師避免用性別將孩子分類，甚至不用表示出性別的代名詞來稱呼任何一個孩子，而只用每個孩子的名字。

在其他方面，「平等幼兒園」就像一所典型的幼兒園。午餐時間，我把自己擠進一張小小的兒童座椅，孩子們把裝著營養麵包和清淡蔬菜湯的大碗傳遞下去。少數幾個孩子會說英語，我問其中一個五歲大的孩子喜歡和誰一起玩。他唸出了一堆名字，男生女生都有。然後他停下來，咬了一口麵包。「每個人，」他說，一邊嚼著麵包，「你！」但是他告訴我他最喜歡的活動是剪紙。

午餐過後，在一間由真正的樹枝搭建而成的遊戲室裡，三個男孩像小狗一樣翻滾。孩子們在一間遊戲辦公室裡閒晃，裡面有一個沒有插電的鍵盤、一個掛外套的衣架和一盆人造盆栽——一個現代化的幼兒工作場所。圍成圓圈而坐的時間由一位文靜的教學助理帶領，他名叫馬丁，教的是數學，但有時候重點是關於感受，或是告訴孩子可以好好做自己。很明顯，這所學校給孩子很多自主權。當成年人在木工房裡監督鋸木，孩子們可以不用兒童尺寸的工具，而選擇標準尺寸的鋸子，哪怕是鋸齒最多的。

這所學校似乎根本不是真正的「不分性別」，而只是不根據性別去糾正孩子。孩子並沒有被勸阻去扮演特定的性別角色。有穿著粉紅色洋裝的女孩，也有玩卡車的男孩。有些孩子吵鬧，有些孩子安靜，男孩女孩都一樣。似乎沒有人在意。一件粉紅色的芭蕾舞短裙掛在一個鉤子上，誰想去試穿都可以。目標在於避免主動去區分孩子的性別，而就只是讓他們自由地做自己。

而要做到這一點真的很難，老師們告訴我。安娜・羅德里格斯・賈西亞（Ana Rodriguez Garcia）成長於西班牙，她說當她開始在「平等幼兒園」工作，她注意到自己對性別的預期是多麼根深柢固，也注意到她的習慣性反應是多麼不假思索。她意識到就連一句看似無害的讚美，例如對一個女孩說「這件洋裝真漂亮」，都根植於一個假定。這句話假定的是：女孩子的目標就是要漂漂亮亮的。同時這句話也傳達出一個訊息：漂亮是重要的。這會造成深遠的影響，因為如同拉賈林對老師們的叮囑：凡是大人讚美和獎勵的事，小孩子就會做得更多。

對賈西亞來說，弄清楚她的立即反應並且加以改變，這需要時間。但現在她的反應不同了。她說：「如果一個孩子說『看看我的洋裝』，我會說『噢，穿起來舒服嗎？』

而不是給予肯定。我或許也會說『我看見你穿了一件洋裝。跟我說一說這件衣服吧。』為什麼『漂亮』該是孩子們唯一聽見的話？」

賈西亞告訴我：她的那些假定是如此本能，乃至於她沒有意識到自己有多麼依賴這些預設的模式，直到她無法再使用它們。當她遇到一個名字看不出是男是女的小孩，她能感覺到她的大腦渴望得到這份資訊，彷彿她必須先知道這孩子是男是女才能和他打交道。「那不是事關緊要的資訊，」她說，「但是我的大腦想要知道。」

賈西亞這番話讓我想起了我二十多歲時的一次經驗，當時，「性別光譜」的說法在美國還不是主流。當我在一場研討會上遇見了一個我無法歸類為男性或女性的人，我在交談時尷尬地結結巴巴。後來我明白，我之所以感到不自在，是因為我無法使用預設的互動模式。從前我沒有意識到我用一種方式和女性打交道，而用另一種方式和男性打交道，直到這兩種方式我都無法使用。

隨著時間過去，賈西亞感覺到那份渴望減少了，但它並未完全消失。她說：「很多人以為對抗刻板印象就只是拿走汽車玩具和洋娃娃，但是你得要在你自己身上下功夫，並且持續對抗你自己的傾向。」她仍舊感受到根深柢固的想法帶來的壓力。例如，那個穿著「彩虹小馬」T恤的男孩既喜歡動粗，也喜歡穿裙子，而賈西亞發現自己很難接受這兩種特質出現在同一個人身上。另一位教師說她其實寧可不要知道孩子的性別。沒有這份資訊，她就不必去抗拒自己根深柢固的傾向。一位助理教師如今注意到在他自己女兒就讀的學校裡，老師會說「嘿，女孩們，來吧，男孩們」。在他來到「平等幼兒園」之前，他也會這麼說。「在這裡工作的這五年裡，我改變了跟孩子們說話的方式，」他說，「現在我會說『朋友們』。」

避免給孩子貼標籤的做法也不僅限於性別。賈西亞告訴我，在西班牙，老師很快就會替孩子們貼上標籤：霸道的孩子，暴力的孩子，需要額外協助的孩子。可是替一個孩子貼上「霸道」的標籤就把一個固定的、與生俱來的特徵加在孩子身上。在「平等幼兒園」，老師們會替孩子的行為尋找情境理由，然後弄清楚孩子在那一刻需要什麼。同時，如同在許多育兒環境中都日漸盛行的做法，他們盡量避免對一個孩子的天賦作出評論。評論孩子的天賦也會限制孩子，因為小孩子對於大人的肯定和認可感覺非常敏銳。當一個小孩熱切地分享一幅畫，我們會忍不住想說：「你是個很棒的藝術家！你應該成為一個藝術家。」但是該校的老師不會這麼說，而會問：「你為什麼畫這顆蘋果或是這棵樹？你畫它的時候很開心嗎？」

有鑑於瑞典文化對兒童及其發展的關注，這種學校會出現在瑞典也許並不令人驚訝。瑞典屬於最早批准《聯合國兒童權利公約》的國家，這份公約有五十四條條文，申明兒童有權利表達意見、被聆聽，甚至是保有隱私。（美國尚未批准此一公約。）當我步行經過斯德哥爾摩老城區那些冰淇淋顏色的建築，我注意到道路上有個圖案，上面是一個成年人牽著一個小孩的手。梯階旁邊有迷你坡道，方便把嬰兒車推上推下。這類設施有些是在二十世紀出現的，藉由使生育子女變得更有吸引力來增強國力。法律和政策持續確保照顧小孩能和工作相容。（瑞典語中甚至有一個單字 vabba 來表示

「待在家裡照顧生病的小孩」。）但值得注意的是強調孩子乃是自主的自我。瑞典是全世界第一個把對兒童體罰視為犯罪的國家。法律規定「對待兒童必須尊重他們的人身和個性」。

拉賈林的學校令我印象深刻之處在於它們對性別的處理方式符合一種更宏大的童年哲學：兒童是重要的人，應該對自己的生活有支配權。他們不是有點可笑的迷你版成年人，而是完整性應該受到尊重的人類。一名教師向我解釋：如果有個小孩說了些什麼使她發笑，因為那些話很荒謬，或是無意中很逗趣，她會試圖掩飾她在笑。如果孩子的本意是嚴肅的，發笑就是一種傷害。「這也是在灌輸一種觀念——表示你不重要。」

看著「平等幼兒園」的老師和孩子們相處，我開始把性別平等視為一個更大目標的一部分：減少對兒童本身的偏見。事實上，把兒童視為次等、沒有價值，使他們的尊嚴受到貶低和攻擊——這也是偏見的一種形式。一九七二年，精神病學家切斯特·皮爾斯（Chester Pierce）和蓋兒·艾倫（Gail Allen）指出：對兒童的偏見是所有其他形式之壓迫的基礎，因為其廣泛實行「教會了每一個人如何成為壓迫者」。改變「對兒童的歧視」將能夠替改變其他形式的壓迫奠定基礎。

當然，兒童在發展上需要成年人的指引。但是這份必要性往往變成了一種佔有，父母把子女視為資產或是他們本身的延伸，而每一個貶抑的舉動都向孩子表示出他們低人一等。皮爾斯描述一個成人要求小孩去替他拿東西，認為這具備了任何一種壓迫的所有四個面向：壓迫者控制了被壓迫者的空間、活動力、時間和精力。孩子的壓力隨著交出其中每一項而增加。事實上，成年人對孩子的統治也許是我們每個人所經驗到的第一種統治形式。

相比之下，瑞典這兩所學校的任務在於創造出一個讓兒童自決的環境。老師們謹慎說話，努力自我克制，都是為了同一個目標：尊重孩子的基本自我。如果說這些孩子被灌輸了什麼，看來就是他們本身完整性不容侵犯的這一種哲學。

去參訪那所學校時，我想到我多麼常把自己的刻板印象和假定投射在孩童身上。有多少次我對朋友的女兒說「這件洋裝真漂亮！」或是對另一個朋友的兒子說「你的力氣真大！」如果我遇到一個男孩和一個女孩，我不會說「哈囉，男孩和女孩」。那聽起來顯然會很荒謬。可是在一群孩子面前，我們會不假思索地說出「哈囉，男孩們和女孩們」，在這樣說時鞏固了這些類別的界線。不知道有多少次我因為一個小孩無意中說出了好笑的話而大笑出聲，而孩子就只是疑惑地看著我，因為他說那些話是認真的。我用輕蔑的語氣讓他們覺得自己比較沒有價值。我用不屑的手勢把他們當成比較沒有價值的人來對待。我也想到自己和成年人的互動——每一次當我自己建構意義的需要產生了假定和推測。你一定很生氣，你不應該有這種感覺。你應該。你必須。你是。

拉賈林園長和她幼兒園裡的老師了解自由不是一件事，而是兩件事：有**去作**什麼的自由，但也有**不受制**的自由。為了給予學生去成長、去探索、去選擇的自由，她也必須給他們不受制於旁人期望的自由。從更大的意義上來說，那是免於受到偏見影響的自由。創造出這種可能性的機會就存在於每一次互動中，存在於每一個輕如鴻毛的時刻。唯有當成年人認真看待這些時刻，孩子才能夠以其複雜而不可縮限的自我進入這個世界。

我們都是如此，在我們與其他人相遇時，不管是實際上還是在想像中，不管是事關重大還是微不足道，仰賴固有的觀念和迷思、仰賴統計數字和刻板印象來解讀我們遇見的對象，包括幼小的兒童，這樣做比較容易，也比較省事。這是我們的習慣，也是我們所受的訓練。我能夠為了其他人而犧牲這份便利嗎？我願意嗎？我們能夠在彼此之間這樣做嗎？我們願意嗎？

我去參訪那所幼兒園那一天結束時，我坐在院子裡，看著那些小孩互相追逐、叫喊，等著家長來接。院子中央有兩張長椅，做成馬的形狀，淡淡的油漆大多被磨掉了。一個小孩穿著一件有警車圖案的T恤和一條藍色裙子，尖叫著衝進一間遊戲室。一個很小的小孩晃到我這兒來，把一本書塞進我手裡。那是理察・斯凱瑞（Richard Scarry）的一本經典繪本，翻譯成了瑞典文，用圖文識別日常生活中的物品。**汽車、飛機、火車、卡車**。這本書的程度對我們兩個來說正合適，而我們有了一番初步的交談，交換了有關動物和食物的詞彙。這是多麼大的責任啊，教一個小孩如何替這世上的東西標上名稱。

等我們讀完那本書，一名教師把我們介紹給彼此。我得知那個小孩是個女生。假如我先前就知道她的名字，我會以不同的方式來對待她嗎？假如她具有其他明顯可見的差異，我會立刻動用偏見嗎？她的故事才剛剛開始，她才要開始把世界分門別類。而這個世界也才剛開始替她披上各種意義，就像一組顯眼的鎖鍊，這些意義可能與她無關，但會給她帶來優勢或劣勢，推動她向前，拖累她後退。但是在這個院子裡曾有過那麼一刻，在我得知她的名字之前，當我們一起翻閱那本書，說出那些字彙。院子的圍牆在我們上方框住了一大片天空。

結語

我們能夠克服那些無意識、並非有意，或是未經檢視的偏見嗎？我著手寫作此書是因為我想要找出答案。現在我相信這個答案是肯定的。我從我在此書中介紹的故事和研究中看見了改變的證明，在幼兒園教師和一些教授身上，在板球球員和村莊居民身上，在警察身上，就像洛杉磯瓦茨區的那位巡警，他說他再也不會重拾執行警務的「老方式」。我在自己的家人和朋友身上看見了改變的證明，也在自己身上看見了。這種轉變——放棄未經檢視的錯誤觀念和代代相傳了幾百年乃至幾千年的直覺反應——需要很大的努力，而且在努力之前，還得先有改變的意願。但我也看見，懷著開放的心態，改變的決心隨著知識的增加而變得更加堅定，就像一株樹苗接觸到陽光和雨水之後長得更加強壯。

要改變自己的思考習慣無法速成，也不是件簡單的事，即使是對那些本意良好的人來說也一樣。它也不是萬靈丹。減少個人的偏見並不會終結差距和社會上的不平等：差距和社會上的不平等都是歷史的遺物，由於排斥、機會不均等、榨取式的經濟政策，以及其他建立在腐敗基礎上的種種不公平的結構。只有大規模的制度變革——從改造公共安全和監獄到廣泛的經濟補救——才能糾正這種嚴重的長期不公。

但是由衷的個人改變所扮演的角色再怎麼強調都不為過。法律和制度產生自人類的內心、動機和意識。政策是由人制訂的，去解釋政策、執行政策和遵守政策的也是人。我們可以破除結構或法律，但是我們仍然要靠人類的心智去想像其替代品。此外，如果缺少內心的轉變，政治或社會行動有可能會重新創造出使原本的錯誤得以存在的那種階級分明的壓迫性思考。要避免這種可能，我們必須打破有害的、未經檢視的思考模式，練習用新的眼光看待彼此和自己，並且建立起支持這種轉變的文化。所有這些努力都替規模更大、更有系統的修補鞏固了基礎。

本書中所探討的做法提供了一些起始點。我們可以從注意到自己帶有偏見的反應著手，這些反應往往是習慣性的，很難看出。可是一旦看出，我們就能加以質疑，並且打斷這種慣性。我們可以練習正念，來幫助我們更清楚地觀察到這些反應，同時更善於調節我們內心的景觀，讓偏見比較無法主宰我們的反應。我們能夠和與我們不同的人建立起有意義的合作關係，這樣做能夠使我們用更完整的方式來看待別人。

此外，我們可以在機構和組織中建立起結構化的決策過程，以減少偏見在日常實務中的作用。藉由有創意地重新設計在職場上、學校裡和其他地方通往機會的管道，我們可以替那些被污名化或邊緣化的人增加機會。同時，我們可以確保自己所屬的組織重視所有成員，承認那些傳統上受到排擠的人所作出的貢獻是一筆重要的財富。我們可以有意地傳達訊息給孩童和成人，重新思考我們在媒體中所作的呈現，以避免強化有害的假設。我們也可以推廣和彼此打交道的新規範，使得減少偏見成為普通而自然的事——一種日常的練習，一種普遍的行動。

所有這一切隱含的是一種幽微的轉變：心的改變。當我開始寫作此書，我以為我是在寫一本科學著作。我的計畫是閱讀、研究、綜整最佳證明，然後和讀者分享我的發現。我以為這趟旅程將是直截了當，以為它將是科學的、向外看的——彷彿當我們研究這個世界時，不總是也在某種程度上探索自己。但我所發現的也揭露了我自己。

隨著外在和內在的偏見以及壓迫的機制變得明顯，我打消了最初的計畫。這個過程變成了某種更深層、不斷自我重複的東西，每一個新的揭露都讓我再回去檢視我自己的假定，然後讓我帶著調整過的看法回到我的社群，只為了再從頭來過。舊日沿襲而來的本能反應和迷思一再浮現，就像大海把污染物一波波地沖上海岸。可是隨著練習，我變得更加警覺，更善於捕捉這些碎片。

這趟旅程最重要的部分是犯錯然後從錯誤中學習。當我寫的一篇文章被我所尊敬的人批評為「種族主義者的父權作風」，那讓我看見了自己思維中我以前沒看出來的東西。起初，我防衛性地拒絕這種說法，具體表現出哲學家瑪麗蓮・弗萊（Marilyn Frye）對所謂「白人」的所有評述：「我們不喜歡被質疑。我們想要解決問題。我們想要提供幫助。我們想要被視為好人，願意做任何事來恢復並凸顯我們的美德。」最後，我漸漸得以懷有一份不熟悉但是由衷的謙遜。一旦我不再堅持認為自己是公正的，我就能誠實地盤點自己的恐懼、錯誤、技能不足和偏見，這些導致了我以傷害了他人的方式行事。這種情況一次又一次地發生，當我面對自己心智上受到的制約，關於各種社會身分，包括我自己的社會身分。

這些時刻令人深深感到不舒服，甚至是痛苦。我認為走這條路時的情感層面是一個尚未被充分研究的領域，這是個重要的問題，因為它很容易推翻改變的過程。情感會使人作出不理性的行為，使人走上產生反效果的極端，就像在 **#MeToo**「反性騷擾運動」一波又一波的揭露中，有些男性發誓再也不跟女性單獨會晤。面對自己懷有偏見的事實，會喚起自己乃是共犯的羞恥感，從而引發自我鞭笞、放棄和麻痺的循環反應。如果一個人在嘗試之後失敗了——例如，造成了無意的傷害，這會提高羞恥感，或是引發尷尬和懊悔，使人完全放棄努力。社會心理學家伊芙琳・卡特研究一些組織中的種族問題，她在工作中看見白人經常在遭遇失敗後抽身，乃至於她認為這件工作中最重要的一點就是在犯錯之後還能堅持下去。正念和「自我疼惜」（self-compassion）是在穿越這片情緒地景時可能會有所幫助的技巧。

要根除偏見，了解歷史能起的作用是另一個尚未被充分探究的層面。探討「馬利假說」——認為一個人對種族歧視的感知會隨著對過去的認識而增加——的研究指出：熟悉歷史可以是改變的動力。對我來說，追溯社會偏見的起源就像是追溯一開始造成血液感染的膿腫。

例如，男尊女卑的概念是在特定時代的特定文化中展開。其中一部分是逐漸用男性神祇的形象來取代女性神祇，例如希臘女神狄蜜特（Demeter）變成了聖德米特拉（Saint Demetra），最後變成了聖德米特里（Saint Demetrius），神性權威就這樣一步一步地有了男性臉孔。如今，那些把上帝想像成白人男性的人更可能認為人間的主管也應該是白人男性。把父權社會的出現視為發展中的一種現實，而非永恆不變的事實，這是個啟示，是照亮了整片地景的一道閃光。因為謊言重複多次之後並不會變成真理，而是變得看不出來。了解了這種演變，如今我能看出男尊女卑的概念就像一個公理深深嵌在我身處的文化基礎中，包括這個文化的中心思想、語言和象徵。

作家舒拉米斯．費爾斯通（Shulamith Firestone）在逐漸陷入瘋狂時的一個清醒時刻問她妹妹：「妳是站在我這一邊嗎？妳站在妳自己這一邊嗎？」明白父權社會思想的歷史也幫助我察覺有時候我沒有站在自己這一邊，察覺我把謬誤內化了，低估了自己和其他女性的權力。我愈是理解到這些觀念乃是人類發明出來的，它們就愈發無法掌控我。同樣地，認識了「性別表現」（gender expression）的歷史之後，我開始認為強行把性別和性取向塞進兩個類別之一是缺少歷史觀的野蠻行為，否定了人類經驗的複雜現實，就像我祖父因為用左手寫字而受到處罰一樣荒謬。

研究種族歧視的歷史也同樣帶來了漸漸增加的自由，讓我擺脫其控制。白人被困在「他們不理解的歷史中」，詹姆斯．鮑德溫寫道，「在他們理解這段歷史之前，他們無法從中解脫」。當我讀到十九世紀醫學期刊裡那許多有關種族的妄想，例如認為非裔美國人有病、老朽、將「自然而然地」走向毀滅，那就是個使我理解的時刻。當我讀到一名芝加哥醫生奉勸白人社會「應該促進這個滅絕的過程」，那股理解的力道是如此具體，使我忍不住站起來，走出房間。黑人作家奧德雷．洛德（Audre Lorde）

寫道：「我們從來就不該存活。」而這是實話，相當真確：種族主義的謊言以及病態地認定一群人應該滅絕，這些都被揉進了社會意識中，甚至是被那些立誓不造成傷害的人。我的身體顯示出我的理解。幾世紀的壓迫、鎮壓、隔離和暴力在如今的偏見和歧視中達到頂點，忽然之間，這一切在我看來都是白人的精神錯亂。

本書著重於那些遭受偏見的人所受到的傷害，這種傷害包括身體上、物質上、經濟上、心理上和心靈上。書中沒有特別去關注那些受到正向偏見的人所享受到的物質利益和其他資源：不勞而獲的優勢。書中更少提及隱藏在這些優勢中的傷害。但是，如同鮑德溫所寫，這張門票是有代價的，而壓迫——不管是公然侵犯人權，還是日常生活中的偏見和歧視——也會損害壓迫者本身。這絕對不是說社會邊緣群體的經驗和那些享有優勢者的經驗乃是相等的：這完全無法相提並論。我想說的只是：在盲目地訴諸偏見時，懷著偏見的人也失去了一些東西。除非那些最佔優勢的人認真地看待他們自己也以某些方式受到了損害，任何理解都將是片面的，而行動可能會被一種「利他主義」的感覺誤導，而非根植於人類互相依存的現實。如果理解不完全，他們就可能受制於那種支撐著許多正義工作的救世主心態。

所失去的是什麼呢？偏見行為削弱了信賴，加深了疏遠和隔離，而信賴乃是真實可靠的人際關係的基礎。另外還有所謂的「統治者的常見惡習」，哲學家莎曼珊·維斯（Samantha Vice）列出了「冷漠或無情、懦弱或不誠實、沒有想像能力也沒有同理心，或者就只是懶惰」。在那些享有特權者的腦中一直有著錯覺——未經檢視的習慣性扭曲，關於一個人是誰，來自何處，誰有權或無權享有安全、舒適、機會和照顧。

甚至也會有所謂的「道德傷害」（moral injury），哲學家南希・謝爾曼（Nancy Sherman）將之描述為一種內心衝突，源自於犯下了道德上的過錯，覆蓋了自己的人性意識。那是承認自己沒有達到「符合好人的標準」。也許「白人的脆弱」或「男性的脆弱」或是在壓力下出現的任何類似的心理不穩定，其實就是感覺到舊日的道德傷害與自己有著關聯，那甚至可能是由一個人的祖先所犯下的。當享受著特權或優勢的人在面對這些議題時哭泣或是防禦性地抗議，那就像是一隻動物在處理身上傷口時的反應，一處從未被承認而是任其潰爛的傷口。

在寫作此書的過程中，我得知我的家族曾是蓄奴者。我一向比較了解和認同我的父系家族，他們是猶太裔移民，在十九世紀末期和二十世紀初期逃離迫害而來到美國。我的母系家族信奉基督教，長期以來對自己的過去保持沉默，在美國的歷史可以追溯到十七世紀。我知道他們在十九世紀搬到加州，並且在建築業和罐頭工廠工作。研究家譜紀錄時，我得知他們有些人是從阿肯色州、密蘇里州和維吉尼亞州搬過來的，而且至少有一支家族曾經蓄奴。從來沒有人提起過他們。

我第一次看見這些祖先是在一張照片上，是我在父母家的一個紙盒裡找到的，塞在茶匙和紙張之間：一個神情嚴肅的蒼白男子，他的黑髮妻子穿著硬挺的裙子，臉上的表情無法解讀。他們的女兒艾妲站在他們後面：她是我外祖父的祖母。我拿著這些人的照片，是他們使我的生命成為可能。我想到他們加諸於其他人的傷害，以及這種傷害報應在他們身上的方式。他們內心有某種東西破碎了——也許是那種身為人類家族成員的感覺。這種破碎一代代地往下流傳，無法量化。我記得外祖父躺在醫院病床上時緊緊握著我的手，他由於酗酒幾十年而面目全非，他把我們全都連在一條鍊子上。我放下那張照片，走出戶外，躺在地上。這段歷史是我的歷史，在我身上，造就了我。我傾注於大地的悲痛既是理解，也是釋放。

如果一個人和一個家族能夠承載一種道德傷害，那麼一個國家及其人民或許也能。美國就和許多其他國家一樣尚未正視自身罪行的深度，從加諸於原住民身上的暴行和蓄奴制度開始。美國尚未處理對其國民所造成的傷害，也尚未處理對自己道德中心的損害。歷史就這樣成為心理學，過去的老規矩成為現在的直覺反應。如果不去正視過去，我們就無法理解過去，也無法採取必要的行動去加以修補。

正視有關一個國家或一個家族的真相，或是正視自己的思考習慣，都需要同樣的技能：有意願去正視現實；有決心繼續尋索，即便你並不喜歡你看見的東西；有情感技能去管理並度過人類成長時必然會感到的不適；並且有勇氣去採取行動。當我檢視並正視自己的偏見，我和這個世界的關係開始有了改變。友誼變得更加深刻而豐富，不管對方的社會身分和我是否有許多相似之處。困難的談話變得更容易處理；隨著我變得更加自信，我得以修補我和其他人的關係，要冒險進入不熟悉的領域變得更容易。如果有人跨越了社會差異向我伸出友誼之手或表示信賴，我就熱切相迎，知道在這番交流中會有我所需要的資訊。

在寫作此書的大半時候，我都在苦苦琢磨一件感覺像是矛盾的事實：一方面，強調差異可能會加深本質論的刻板印象，從而增加偏見和歧視；可是另一方面，淡化差異又可能會引發不被看見、不受尊重的感覺。最後我明白要從中選擇是錯誤的，也是不可能的。我們是這一切的總和：我們有相似之處，都需要歸屬感、新鮮空氣、蔬菜和人際連結；我們也有與生俱來的差異，源自我們的祖先和我們的身體，也源自於那些早已死去的人所創造出的環境；我們是個體，就像一個人類的虹膜特徵一樣獨一無二。洛德寫道：「我們沒有跨越人類的差異而建立起平等關係的模式。」問題不在於看見差異，而在於我們替這些差異附加的價值和意義。如果我們能夠深入地對抗我們的偏見，看見彼此的所有面向，也許我們就能開始創造出洛德所想像的模式。

我們或許也能夠設法對其他人的經歷感同身受。南非學者普姆拉．戈博多—馬迪基澤拉（Pumla Gobodo-Madikizela）指出這種想像乃是關懷的前奏，也許是愛的前奏。戈博多—馬迪基澤拉任職於南非的「真相與和解委員會」，她寫道：笛卡爾的名言「我思故我在」反映出一種獨立於他人之外的個體存在感，而事實上，我們存在於彼此之間，並且透過彼此而存在：我們的人性取決於我們將人性賦予他人的能力。此一真理超越了終結偏見的商業論證，強化了文化論證，並且支持了正義論證。我們終結偏見是為了別人，也是為了自己。

去除了錯覺和否認，我們可能成為什麼樣的人呢？我們可能成為更值得信賴的人，而且將會變得更自由。

國家圖書館出版品預行編目資料

隱性偏見：為什麼我們無法平等看待每個人？打破「慣性思維」的認知陷阱/ 潔西卡.諾黛兒(Jessica Nordell)著；姬健梅譯--初版.--臺北市：平安文化, 2022.11
面；公分. --(平安叢書；第740種)(我思；16)
譯自：The end of bias : a beginning : the science and practice of overcoming unconscious bias
ISBN 978-626-7181-29-4(平裝)

1.CST: 差異心理學 2.CST: 偏見

173.71 111016587

平安叢書第0740種

我思16

隱性偏見

為什麼我們無法平等看待每個人？
打破「慣性思維」的認知陷阱

The End of Bias:
A Beginning: The Science and Practice of Overcoming Unconscious Bias.

Copyright © 2021 by Jessica Nordell
Complex Chinese translation edition © 2022 by Ping's Publications, Ltd.
Published by arrangement with The Cheney Agency, through The Grayhawk Agency
All rights reserved.

作　　者—潔西卡・諾黛兒
譯　　者—姬健梅
發 行 人—平　雲
出版發行—平安文化有限公司
台北市敦化北路120巷50號
電話◎02-27168888
郵撥帳號◎18420815號
皇冠出版社(香港)有限公司
香港銅鑼灣道180號百樂商業中心
19樓1903室
電話◎2529-1778　傳真◎2527-0904
總 編 輯—許婷婷
執行主編—平　靜
行銷企劃—鄭雅方
美術設計—兒日設計、李偉涵
著作完成日期—2021年
初版一刷日期—2022年11月
初版二刷日期—2023年12月
法律顧問—王惠光律師
有著作權・翻印必究
如有破損或裝訂錯誤，請寄回本社更換
讀者服務傳真專線◎02-27150507
電腦編號◎576016
ISBN◎978-626-7181-29-4
Printed in Taiwan
本書定價◎新台幣450元/港幣150元

• 皇冠讀樂網：www.crown.com.tw
• 皇冠 Facebook：www.facebook.com/crownbook
• 皇冠 Instagram：www.instagram.com/crownbook1954
• 皇冠蝦皮商城：shopee.tw/crown_tw